Storica paperbacks / 14

Alessandro Vanoli

La Sicilia musulmana

Società editrice il Mulino

ISBN 978-88-15-26608-8

INDICE

INTRODUZIONE

Cominciamo da lontano: da una terra così grande da non sembrare un'isola e dal mare che la circonda, separandola e congiungendola al tempo stesso con altre terre. Ma a questo inizio aggiungiamo subito un'avvertenza: geografia e clima influiscono, è ovvio; ma è sempre pericoloso fare di essi il motore della storia: i «caratteri originari» (per usare un termine che qualche decennio fa ebbe una certa fortuna storiografica) troppo spesso sono stati usati per costruire miti identitari e facili letture del passato. E la Sicilia, ovviamente, non è sfuggita a simili pericoli: di volta in volta il suo clima, il suo presunto isolamento mediterraneo, così come la sua altrettanto presunta centralità, sono stati visti alla base di una particolare tipicità isolana; quella tipicità che avrebbe fatto della storia di Sicilia un'esperienza speciale, unica, diversa dalle altre. E la convinzione di una simile tipicità, di una tale unicità storica, è anche parte ovviamente del mito di un'isola sempre uguale a se stessa malgrado le ondate di popoli conquistatori che ne hanno segnato la storia[1].

Una convinzione e un mito in fin dei conti ben presenti: hanno attraversato la letteratura sino all'ultimo secolo, da Giuseppe Tomasi di Lampedusa[2] a Leonardo Sciascia e Gesualdo Bufalino (che propose la suggestiva idea di «isolitudine»)[3] e hanno influenzato non poco la storiografia, tanto italiana quanto straniera[4].

Detto ciò, mare e terra esistono e vanno comunque spiegati; e questo soprattutto perché, al di là di ogni facile determinismo, mare e terra possono davvero aiutarci a capire molto di quanto accadde al principio del IX secolo, quando gli eventi, a lungo preparati, condussero all'occupazione islamica dell'isola.

Le isole si possono guardare dal loro territorio oppure dal mare che le circonda. Sono punti di vista che non necessariamente collimano (e che peraltro rivelano anche qualcosa di colui che guarda). Difficile dire se nelle pagine che seguono sarà possibile tenere sempre nel giusto equilibrio tali piani. Sicuramente bisognerà parlare di entrambi, e facendolo tener conto della rete di relazioni e di scambi che ha legato gli uomini all'interno di quel territorio e, contemporaneamente, l'isola alle coste più lontane. Intanto possiamo cominciare dal mare.

Come tutte le isole, anche la Sicilia fu parte di un sistema di navigazione antico, geologico se vogliamo: definito da una combinazione di tecnologia, geografia e clima[5]. Venti e correnti erano due forze potenti (e spesso opposte), che determinavano i percorsi stagionali lungo le coste (il periodo usuale della navigazione era da aprile a ottobre). Una navigazione non facile, complicata dai limiti tecnologici delle navi (ad esempio la difficoltà di sfruttare il vento a favore) e dai rischi costituiti dalle secche o dai banchi di sabbia. Si navigava per lo più di cabotaggio, nei pressi della costa. E in questo sistema le isole ricoprirono talvolta un ruolo di fondamentale connessione[6]: erano le tappe necessarie per affrontare un mare aperto altrimenti difficilmente navigabile.

Tutto questo è ben noto ma ricordarlo qui aiuta a capire meglio alcuni rapporti antichi che l'isola intrattenne col mondo circostante. Ormai sappiamo bene, grazie soprattutto ai dati che l'archeologia continua a fornire, che la Sicilia fu unita da legami culturali e commerciali alle altre regioni del bacino mediterraneo sin dall'età paleolitica. Per secoli, per millenni, le vie d'acqua furono ben più veloci delle vie di terra; e anche quando ormai l'impero romano d'occidente cominciava a essere un ricordo, dalla Sicilia era ancora possibile raggiungere in due settimane di navigazione le coste iberiche o quelle greche; e in una settimana il golfo ligure o (venti permettendo) la laguna veneta. Ma soprattutto bastava una giornata di navigazione per giungere sulle coste africane: una vicinanza che si tradusse in un rapporto costante e, per molti versi, profondo.

Naturalmente, al di là di quanto l'ambiente potesse determinare, la posizione dell'Isola (come ovviamente di qualsiasi altra regione) rispetto al resto del Mediterraneo non fu mai immutabile e variò, ad esempio, a seconda dei rapporti con i vari centri di cui fu periferia, o dell'importanza strategica che la Sicilia rivestì in particolari momenti. Detto in altri termini, la centralità puramente spaziale della Sicilia nel Mediterraneo non ha molto senso dal punto di vista storico. La centralità di una regione deve infatti essere valutata in base almeno a due fattori: la posizione di tale regione all'interno dell'organismo politico di cui è parte e la posizione di quel territorio all'interno della rete di comunicazioni interregionali. E come mostrano i più recenti studi sulla storia del Mediterraneo, entrambi questi fattori non possono mai essere considerati immutabili.

Naturalmente un discorso del genere ha a che vedere tanto col mare quanto con la terra. E la Sicilia è una terra particolare: un'isola così grande che vi si può vivere senza aver mai visto il mare. Più di 25.000 km^2. Questo dato, che da solo dice poco, si traduce in una grande varietà di subregioni climaticamente e paesaggisticamente distinte: ben poche sono le pianure e la maggioranza si riduce a ristrette fasce costiere (la *piana* alle spalle di Catania vasta qualche decina di chilometri è un'eccezione); molti di più le colline e gli altipiani che oggi ci appaiono come distese ondulate di campi aperti a grano e pascolo, ma che ai tempi dell'islam erano ancora per lo più coperti da una foresta sempreverde mediterranea. Poi vi sono i monti: vere e proprie catene nella zona nord-orientale (Peloritani, Nebrodi e Madonie, insegnava una geografia scolastica di cui si dovrebbe avere rimpianto). La montagna ha sempre dato molto all'isola; coltivazioni e pascoli: le sue pendici sono state il rifugio del bestiame che vi trovava sufficiente cibo. Per secoli ai primi caldi le mandrie – ma soprattutto le greggi – hanno imboccato le *trazzere*, percorsi di terra battuta che collegavano le coste alle aree interne e alle alture.

Vicino alla costa orientale vi è poi il più grande vulcano attivo d'Europa: non occorrerebbe quasi citarlo, l'Etna, tanto si identifica con l'immagine stessa della Sicilia; ma qui serve per rammentare alcune importanti continuità su cui si tornerà: questa natura vulcanica e tellurica segna infatti profondamente l'isola, non solo per gli effetti, spesso drammatici e repentini, avuti sul paesaggio, ma anche per l'immaginario legato alla Sicilia: una storia delle rappresentazioni dell'isola, lo vedremo, non può non tener conto dei suoi vulcani e dei suoi terremoti.

Una storia delle rappresentazioni dell'isola, per la verità dovrebbe anzi partire dalla sua stessa forma: il suo antico nome, Trinacria, richiama infatti le tre punte che costituiscono i vertici della sua forma triangolare: Punta del Faro, Capo Lilibeo e Capo Isola delle Correnti. Anche gli arabi la descriveranno così, pensandola cioè come un triangolo. Triangolo che per giunta troverà una corrispondenza ulteriore nella divisione geografica entrata in uso in periodo arabo-normanno e rimasta in vigore sino al periodo borbonico. Tre valli (è un maschile, plurale di *vallo*: lo si dice a uso dei non siciliani): il Val Demone nella zona settentrionale (più o meno l'attuale provincia di Messina); il Val di Mazara a occidente; il Val di Noto nella zona sud-orientale.

Questa Sicilia fisica va ora riempita di uomini e della loro storia. Le pagine che seguono tenteranno di farlo partendo, anche in questo caso, relativamente da lontano, e questo perché la storia della Sicilia musulmana (come per la verità la storia di ogni altro momento e di ogni altro luogo) ha gran parte delle sue radici in un passato più profondo di quello che si potrebbe normalmente immaginare.

Prima di proseguire, però, occorre spendere ancora due parole per definire con maggiore chiarezza i limiti di questa narrazione. Il libro, infatti, si occupa principalmente solo del periodo in cui la Sicilia fu governata interamente o in parte da poteri musulmani: presa nel suo senso più stretto, cioè, la sua storia dovrebbe cominciare dall'inizio dell'invasione, nell'anno 827, e giungere sino alla conquista normanna, nella seconda metà dell'XI secolo. Ora, questa potrebbe essere considerata per molti versi una scelta arbitraria. Con buone ragioni, infatti, si potrebbe far cominciare la narrazione dal precedente periodo bizantino, dato che in fondo molti sono gli elementi di continuità; elementi che a ragione potrebbero fare propendere per una lunga storia della Sicilia alto-medievale. Oppure si sarebbe potuto decidere di allungare la narrazione sino almeno al termine del periodo normanno-svevo, indicando cioè con l'idea di «Sicilia musulmana» non tanto l'aspetto del dominio politico, quanto la profonda impronta culturale e istituzionale che il mondo musulmano mantenne nell'isola anche dopo l'invasione normanna. Tali posizioni rispecchiano sostanzialmente le attuali prospettive della ricerca storica e ovviamente, come si potrà vedere scorrendo l'indice dei capitoli, sono state tenute in debito conto. La scelta cronologica operata parte in realtà da una più semplice riflessione sui limiti: limiti editoriali tanto per cominciare (si tratta di un'introduzione manualistica inserita in una collana che prevede altri titoli sulla storia siciliana), ma anche limiti di una narrazione che già così schiacciata su due soli secoli appare a dir poco difficile da dominare.

E qui veniamo all'aspetto forse più importante. Per molto tempo la storia della Sicilia musulmana è rimasta legata all'eredità positivista tracciata dalla imponente *Storia dei musulmani in Sicilia* di Michele Amari (tre volumi dal 1854-72)[7]. Per molto tempo nel secolo passato l'interesse degli storici (quelli italiani soprattutto) non è andato di fatto molto al di là del recupero (e talvolta della semplice ripetizione) di una storia degli eventi i cui estremi erano forniti loro dal lavoro di edizione e traduzione fatto dagli arabisti che avevano accesso diretto alle fonti del periodo (la maggior parte appunto in arabo). Da molti decenni però si è assistito a un'autentica fioritura degli studi; un rinnovamento che ha coinvolto non solo gli storici, ma anche gli archeologi, gli esperti di numismatica, gli ebraisti e, ovviamente, in primo luogo gli arabisti. Anche queste distinzioni, a onor del vero, hanno ormai senso quasi solo nei corridoi e nelle carte delle Università e sempre meno nella ricerca concreta, che ha visto sorgere nuove forme di specializzazione e nuovi interessi capaci di superare i tradizionali confini disciplinari e proporre nuove letture e differenti punti di vista. Tutto questo naturalmente non è privo di conseguenze per colui che deve accingersi a scrivere oggi della Sicilia musulmana. Non si tratta solo dell'evidente (ma non scontata) necessità di accedere alle fonti nella loro lingua originale; si tratta anche di monitorare e sforzarsi di recepire una ricerca che sta sviluppandosi con grande velocità in molte direzioni diverse. Una ricerca che sta mostrando con sempre maggiore chiarezza quante delle convinzioni sulla Sicilia musulmana fossero ancora ancorate a pregiudizi, informazioni insufficienti, errori interpretativi e via dicendo. E in tal senso forse è vero, come qualche storico forse pensa, che questo non sia il momento migliore per stendere una nuova storia della Sicilia musulmana: troppe cose si stanno chiarendo e troppe idee si stanno velocemente modificando riguardo a questo tema. Tutto questo è innegabile, ma forse è vero pure che l'attesa di un'inconfutabile verità storica porta con sé troppa utopia per essere davvero auspicabile: in fondo molto spesso l'aumentare dei frammenti non crea un nuovo quadro completo ma solo un più complesso cumulo di frammenti. Comunque, questo piccolo libro non ha certo la pretesa di scrivere una nuova storia della Sicilia musulmana. Si tratta più che altro del tentativo di esporre lo stato della ricerca e offrire un primo strumento per coloro che si avvicinano a questa complessa materia.

Vi è infine il problema della prospettiva. Scritte per storici che non necessariamente frequentano la lingua araba, le pagine che seguono hanno dovuto tener conto di una serie di problemi espositivi non scontati. Ad esempio, si è scelto di spiegare spesso concetti che per gli islamisti apparirebbero ovvi; oppure si è preferito, per non appesantire troppo il testo, offrire le date secondo il calendario gregoriano e non secondo quello islamico (che notoriamente comincia dall'anno 622 e segue il più complesso andamento lunare). Riguardo poi alle citazioni delle fonti (latine ma soprattutto arabe), non ritenendo possibile rifarsi alle ormai desuete (anche se spesso ottime) traduzioni ottocentesce, si è preferito offrire una nuova versione a cura di chi scrive; quando così non fosse (questo vale ad esempio per le poesie), l'autore della traduzione è stato ovviamente citato in nota. Infine sulle trascrizioni si è tentata una qualche quadratura del cerchio: per i pochi nomi entrati ormai nell'uso, si è pensato di non appesantire e seguire traslitterazioni ormai conosciute, anche se imprecise (così ad esempio, Aghlabidi e non Aġlabidi, sciiti e non šī‘iti, ecc.), ma per tutto quanto il resto si è preferito mantenere un certo rigore espositivo e citare i termini e i nomi arabi ed ebraici secondo la traslitterazione scientifica.

I debiti infine; perché, anche una sintesi come la presente ha alle spalle una storia lunga e complessa. Negli ultimi anni ho avuto il privilegio di poter discutere alcuni di questi temi in molte università italiane e straniere: Bologna, Firenze, Messina, Padova e poi Cambridge, Valladolid, Città del Messico, Penn State, Hofstra e Stony Brook, imparando sempre moltissimo dallo scambio con amici, colleghi e studenti. Molti sono coloro da cui ho ricevuto consigli e suggestioni (anche se forse non tutti loro se ne sono accorti): David Abulafia, Franco Cardini, Ferdinando Maurici, Biancamaria Scarcia. Alcuni amici, poi, sono stati così generosi da mettere a disposizione la loro cultura e il loro tempo per rileggere e correggere queste pagine: l'affetto e il debito di riconoscenza che ho per Alessandro Balistrieri, Glauco Cantarella, Salvatore Cosentino, Giancarlo Lacerenza e Francesco Paolo Tocco non si esaurisce con queste poche righe. A proposito di questo, però, mi sia concesso terminare con un ringraziamento particolare per Adalgisa De Simone, il cui nome ricorre così tante volte in questo libro, dato che la sua opera ha segnato così profondamente gli studi contemporanei sulla Sicilia musulmana: la generosità che mi ha dimostrato, spendendo tempo e pazienza per queste pagine, correggendole e migliorandole non poco, è per me un onore e una grande lezione.

Ovvio quindi, che gli errori e le imprecisioni si dovranno attribuire solo a chi scrive: lo si dice sempre; mai come questa volta mi sembra particolarmente vero. E senza voler proporre qualche improbabile verità su una storia così complessa e lontana, la speranza dell'autore è solo che le pagine che ora cominciano possano dare il giusto merito ai tanti che la storia della Sicilia musulmana stanno ancora contribuendo a scrivere.

[1] G. Giarrizzo, *Introduzione*, in M. Aymard e G. Giarrizzo (a cura di), *La Sicilia. Storia d'Italia Einaudi. Le regioni dall'Unità a oggi*, Torino, Einaudi, 1987; poi ripreso da F. Benigno in *Un'isola non isola*, in F. Benigno e G. Giarrizzo, *Storia della Sicilia*, vol. 1: *Dalle origini al Seicento*, Roma-Bari, Laterza, 2003, p. 11.

[2] Inevitabile il riferimento al famosissimo dialogo tra il principe di Salina e il funzionario piemontese Chevalley: G. Tomasi di Lampedusa, *Il Gattopardo*, Milano, Feltrinelli, 1959, p. 217: «Crede davvero lei, Chevalley, di essere il primo a sperare di incanalare la Sicilia nel flusso della storia universale? Chissà quanti imani musulmani, quanti cavalieri di re Ruggero, quanti scribi degli svevi, quanti baroni angioini, quanti legisti del Cattolico hanno concepito la stessa bella follia [...]».

[3] Su tale idea come sorta di contro-storia letteraria di Italia si veda M. Onofri, *La modernità infelice. Saggi sulla letteratura siciliana del Novecento*, Cava de' Tirreni, Avagliano, 2003.

[4] Si vedano ad esempio le parole iniziali del libro di D. Mack Smith, *Storia della Sicilia*, Roma-Bari, Laterza, 1973, p. 1.

[5] Su questo e quanto segue: J.H. Pryor, *Geography, Technology and War. Studies in the Marittime History of the Mediterranean (649-1571)*, Cambridge, Cambridge University Press, 1988, pp. 7, 14 fig. 2; P. Horden e N. Purcell, *The Corrupting Sea. A study of Mediterranean History*, Oxford, Blackwell, 2000, pp. 137-138.

[6] Una polemica un po' inutile è stata sollevata su questo punto da Henri Bresc riguardo al ruolo delle isole così come definito da Horden e Purcell in *Corrupting Sea*: contro l'idea di questi ultimi, che sottolineavano il ruolo delle isole come tessuto connettivo degli spostamenti marittimi, lo storico francese ha ricordato come il Mediterraneo medievale sia stato soprattutto «un ensemble de mers étroites, mais aux rives raramente complémentaires»: H. Bresc, *Îles et tissu «connectif» de la Méditerranée médiévale*, in «Médiévales», 47 (2004), pp. 123-138. In realtà mi sembra che, molto semplicemente, tali interpretazioni siano di fatto sovrapponibili.

[7] Per due recenti ricontestualizzazioni della sua opera nella cultura del tempo si vedano K. Mallette, *European Modernity and the Arab Mediterranean: Toward a New Philology and a Counter-Orientalism*, Philadelphia, University of Pennsylvania Press, 2010; A. Nef, *Michele Amari ou l'histoire inventée de la Sicile islamique: réflexions sur la «Storia dei Musulmani di Sicilia»*, in B. Grévin (a cura di), *Maghreb-Italie des passeurs médiévaux à l'orientalisme moderne (XIIIe-milieu XXe siècle)*, Roma, École française de Rome, 2010, pp. 285-306.

CAPITOLO PRIMO

L'EREDITÀ ANTICA: TRA ROMA E BISANZIO

1. *Roma e il primo cristianesimo*

Grecia, Roma, Bisanzio. La Sicilia che i musulmani incontrarono era una terra antica; e di quell'antichità dobbiamo in parte tener conto se vogliamo comprendere qualcosa di più di quanto accadde al principio del IX secolo. Cominciamo allora da molto lontano, da quando la Sicilia era ancora una *provincia publica* dell'impero romano, una provincia cioè amministrata da un proconsole di rango senatorio, dove non si riteneva necessario mantenervi truppe. Quella provincia, vista da Roma, era prima di tutto un granaio. Poco alla volta l'ingegneria amministrativa di Roma aveva finito per organizzare l'intero territorio, attraverso un sistema fiscale che distingueva tra colonie e municipi di diverso livello e attraverso la creazione di quei *latifundia* imperiali che avrebbero segnato l'isola per i secoli successivi[1]. Ma i campi e i boschi di Sicilia lasciavano spazio anche a un importante panorama di città, talvolta estremamente antiche[2]. E l'impronta romana si vedeva anche in molte di esse, a cominciare dall'assetto urbanistico, ripetuto pressoché ovunque: uno schema tendenzialmente ortogonale definito dall'incrocio delle vie principali, il *cardo* e il *decumanus*, e dalla divisione per *insulae*. Dell'architettura urbana che in Sicilia si sviluppò sotto l'impero oggi non rimane molto, ma sappiamo della diffusa presenza di condutture idriche, terme e anfiteatri, come quelli ancora visibili a Siracusa, Catina e Thermae.

Neanche della rete viaria, a dire il vero, rimane molto: la conosciamo per lo più attraverso le informazioni dell'*Itinerarium Antonini* e dalla *Tabula Peutingeriana*. Le poche strade documentate coprivano tutto il perimetro costiero e si integravano con alcuni collegamenti interni: sostanzialmente erano tre strade litoranee, la *via Valeria* (Messina-Lilibeo), la *via Pompeia* (Messina-Siracusa) e la *via Selinuntina* (Siracusa-Lilibeo), implementate da alcune vie trasversali tra Palermo e Agrigento, tra Catania-Termini e Agrigento. In realtà si trattava per lo più di strade tracciate ben prima del periodo romano: strade che privilegiavano le esigenze della navigazione e dei collegamenti portuali[3]. Quando giunsero i musulmani la rete viaria era ancora quella, si dice (ma con poche prove) in uno stato di relativo abbandono.

Strade e territorio. Spesso a tali elementi si è legata la discussione sulle continuità culturali e linguistiche dell'isola. Discorso troppo complesso per essere affrontato in questa sede: ancora si dibatte su quanto veloce (o lenta) procedette la romanizzazione[4] e quanto la lingua greca seppe resistere alle varie invasioni. È innegabile, però, che tanta parte del passato non sarebbe scomparsa facilmente dalla Sicilia e che il greco avrebbe continuato a lungo ad avere una grandissima diffusione[5].

In quel mondo il cristianesimo giunse relativamente tardi (almeno rispetto ad altre aree mediterranee): forse nei primi anni del III secolo, a giudicare se non altro dalle prime catacombe di Siracusa che risalirebbero alla metà di quel secolo[6]. La nuova religione si sarebbe dunque diffusa prima lungo la costa siciliana (forse partendo proprio da Siracusa), poi su larga scala fino alle zone agrarie più isolate solo dal V secolo in poi. Per tutto quel periodo è attestato uno stretto collegamento tra i cristiani di Sicilia e quelli di Roma e forse si può ipotizzare persino una sorta di supervisione della comunità romana su quella siciliana. Si deve ipotizzare soprattutto che il panorama del cristianesimo siciliano si estendesse ben al di là della sola Roma: spesso lo intuiamo attraverso tracce materiali e testuali; talvolta ne abbiamo invece la certezza come nel caso della Gallia, dove sappiamo che i vescovi siciliani furono presenti a partire almeno dal concilio di Arles del 314.

Agli inizi del IV secolo il cristianesimo aveva acquistato piena libertà grazie all'imperatore Costantino. E con la libertà, capita spesso, erano aumentati rapidamente anche i beni immobili. In Sicilia il principale proprietario dei beni ecclesiastici divenne il papa, ma molti furono anche i possedimenti di altre istituzioni come gli episcopati di Milano e Ravenna. Riguardo a questo, soprattutto per il periodo tra VI e VII secolo, siamo relativamente ben informati grazie alle lettere del *Registrum* del papa Gregorio Magno (m. 604), che sovrintendeva direttamente all'amministrazione del patrimonio di San Pietro in Sicilia oltre che in numerosi altri territori del meridione peninsulare. I beni della Chiesa di Roma comprendevano un certo numero di grandi aziende agricole (*massae*) suddivise in fondi (*fundi*): se ne potevano trovare nelle regioni di Siracusa, Catania, Agrigento, Milazzo e Palermo. Vi si coltivavano soprattutto grano e altri cereali, ma anche vite, olivo e legumi.

Tra il V e il VI secolo insomma il cristianesimo era penetrato progressivamente nell'entroterra agricolo e l'isola era diventata infine una provincia ecclesiastica soggetta alla giurisdizione di un metropolita: lo dimostrano l'incremento progressivo del numero dei distretti diocesani nelle aree costiere, lo sviluppo di alcune diocesi rurali nelle aree interne, la presenza ricorrente di parrocchie rurali e la relazione tra i cimiteri rurali e i diversi tipi di insediamento riscontrati sul territorio[7].

Con buona probabilità la presenza del cristianesimo si fece presto evidente nell'isola soprattutto nel moltiplicarsi di edifici sacri anche nello spazio urbano. Ben documentata è in questo senso la conversione in chiese di templi o altri edifici pagani: l'*Athēnaion* di Siracusa, il Tempio della Concordia di Agrigento, la Rotonda di Catania[8]. Sappiamo poi da Gregorio Magno dell'edificazione di chiese e monasteri a Palermo, mentre almeno due monumenti siracusani sono databili al VI secolo (San Pietro *extra moenia* e il *martyrium* di San Giovanni). Non molto, a dire il vero, ma nelle campagne è in parte diverso e di chiese databili tra il IV e il VI secolo ne conosciamo di più: piccoli edifici annessi ai cimiteri, molto vari sul piano architettonico e spesso consacrati a martiri. Naturalmente, però, sarebbe ingenuo dedurre da simili tracce architettoniche una rapida e completa cristianizzazione dell'isola: il paganesimo resistette a lungo, specie nelle zone più impervie; e anche quando fu ufficialmente sconfitto, spesso in realtà solo si trasformò, adattandosi e modificandosi nelle pratiche di culto cristiane; come dappertutto, in fondo.

A questo panorama dobbiamo poi aggiungere anche la presenza ebraica, attestata sull'isola almeno a partire dal IV secolo d.C. Anche di quei primi tempi di ebraismo siciliano non sappiamo quasi nulla, ma possiamo coglierne l'importanza almeno in prospettiva, guardando ai suoi importanti sviluppi durante la dominazione musulmana.

2. *Da Roma a Costantinopoli*

Sino al V secolo la Sicilia era stata risparmiata dalle guerre, ma il suo destino non fu diverso da quello di tante altre parti occidentali dell'impero. Goti, alani, svevi: è una storia quasi sin troppo nota. Per l'isola il mondo cominciò seriamente a cambiare dopo l'anno 439, quando i vandali si impadronirono di Cartagine e delle più ricche province d'Africa[9]. In quegli anni gli invasori germanici occuparono più volte Sardegna e Corsica mentre in Sicilia finirono col garantirsi una presenza militare stabile nel 468. Anche il resto della storia è noto: pochi anni dopo il re Odoacre, che governava l'Italia peninsulare, ottenne la Sicilia per via diplomatica. Nel 493, infine, il re dei goti Teodorico sottrasse a Odoacre l'isola assieme a tutto il resto. Per questi nuovi sovrani che giungevano da nord, la Sicilia continuò a essere quella fondamentale riserva di cereali che era stata per l'impero. Difficile dire quali tracce durature lasciò quel convulso periodo. Anche di quei tempi c'è rimasto ben poco, ma persino questa assenza è indice di qualcosa. Forse l'elemento più evidente, infatti, è proprio la continuità «romana» che si coglie all'interno di queste rapide e incerte invasioni: il dominio di Odoacre fu più che altro teorico e anche lo stanziamento dei goti si limitò all'invio di contingenti militari poco numerosi. L'amministrazione continuò, invece, a essere gestita in buona misura dalle grandi famiglie senatorie romane. Allo stesso modo il latifondo seguitò a essere la forma più diffusa di proprietà e di sfruttamento del suolo. Accanto a tutto questo continuarono a espandersi i possedimenti ecclesiastici. I rapporti economici e culturali con Roma, insomma, rimasero ben stretti.

Anche per questo, quando nel 535 l'imperatore Giustiniano conquistò l'isola grazie alle truppe di Belisario, il fatto non suonò tanto come un'occupazione militare ma come la giusta restaurazione imperiale romana. Naturalmente non si trattava solo di un problema siciliano: Giustiniano voleva riprendersi in realtà tutta la parte occidentale dell'impero. E alla fine ci riuscì, pagando un prezzo di sangue altissimo per una vittoria che, tra l'altro, di lì a poco sarebbe stata vanificata dall'arrivo dei nuovi invasori longobardi[10].

Ma tutto questo ebbe conseguenze devastanti per l'Italia peninsulare, non particolarmente per la Sicilia. La campagna siciliana del *magister militum* Belisario, infatti, fu breve, se si eccettua l'esigua resistenza opposta dai piccoli presidi goti di stanza a Messina, Palermo e Siracusa: la popolazione dell'isola, almeno a prestar fede a Procopio, storico «ufficiale» dell'impresa, sembrerebbe aver accolto con entusiasmo i bizantini[11].

Alla conquista militare seguì il riordinamento politico e amministrativo. Giustiniano vi fece una specie di possesso dell'imperatore[12], amministrato da un pretore alle dipendenze dirette di Costantinopoli e comandato militarmente da un *dux* che, secondo la prassi amministrativa bizantina, esercitava anche la funzione di giudice[13]. La Sicilia si legava così direttamente a Costantinopoli attraverso un rapporto particolare che di fatto non sarebbe più venuto meno.

3. *La Sicilia e Bisanzio: problemi di prospettiva*

Non erano passati molti decenni dalle vittorie di Giustiniano in Italia, si era attorno all'anno 569 quando i longobardi entrarono nella pianura padana: ultima tappa di una lunga migrazione che avrebbe portato di lì a poco alla rottura definitiva dell'unità territoriale della penisola. Lo spazio politico si divise (semplificando molto) tra un entroterra tendenzialmente longobardo e zone costiere per lo più bizantine, mentre il baricentro del dominio di Costantinopoli tendeva a spostarsi verso l'Italia meridionale. I territori bizantini si trasformarono poco a poco in province militari[14]; quelle che a partire dalla seconda metà del VII secolo le fonti avrebbero chiamato *ducati*, e che corrispondevano di fatto a Esarcato Pentapoli, Istria, Venezia, Liguria, Ferrara, Perugia, Roma, Napoli e Calabria. Ma non si trattava di una questione solo italiana, era l'intero edificio imperiale d'occidente che in quegli anni cominciava a sgretolarsi: l'Africa era attaccata dai mauri (569) e la Spagna dai visigoti (570); e di lì a poco anche la situazione in Oriente avrebbe cominciato a precipitare. Prima furono i Sassanidi e gli àvari; poi vennero le prime avvisaglie di quella avanzata che in breve tempo avrebbe trasformato gran parte dello spazio mediterraneo: fu attorno al 630 che i soldati bizantini videro per la prima volta in battaglia i volti degli invasori musulmani[15].

Fu anche per tutto questo che la Sicilia, rimasta ai margini di tali eventi, vide crescere rapidamente la sua importanza strategica: granaio di Costantinopoli[16], caratterizzata da una vitalità economica certamente superiore a quella di molte altre parti dell'impero[17] (una zecca si mantenne sull'isola dalla metà del VI secolo sino al 900 circa, quando fu trasferita a Reggio Calabria)[18], collocata in uno spazio nodale di tanti scambi mediterranei dell'epoca; spazio che avrebbe aumentato la propria importanza strategica dopo la nascita dell'islam, cioè dalla metà del VII secolo. La Sicilia insomma non poteva essere persa.

Questo legame tra Sicilia e Bisanzio riguarda direttamente la nostra storia, quella cioè della successiva presenza islamica nell'isola. È un problema di continuità narrativa in primo luogo, ma anche e soprattutto di metodo e di interpretazione di tali dinamiche storiche.

Romani, bizantini e musulmani: una lunga tradizione storiografica ci ha abituati a pensare questo succedersi di popoli e invasioni sul suolo siciliano come a una serie di fratture – più o meno traumatiche – col passato. In questo senso i musulmani non avrebbero fatto eccezione, anzi sarebbero stati proprio loro a dare il vero inizio al medioevo isolano. Oggi la percezione di tali eventi è di fatto molto cambiata: in parte perché gli storici preferiscono soffermarsi più sulle continuità e le relazioni culturali piuttosto che sulle fratture, ma soprattutto perché (e in un certo senso è una conseguenza del primo punto) si è cominciato a fare uso in modo sistematico di fonti sempre più varie: monete, sigilli, tracce archeologiche. È proprio sulla scia di tali modificazioni che alcuni autori hanno cominciato a proporre la necessità di studiare la Sicilia bizantina e quella musulmana come un blocco relativamente unitario[19]. Non si tratta ovviamente di negare le modificazioni politiche o i differenti presupposti religiosi; ma di tener maggior conto delle continuità culturali, sociali e amministrative che i due periodi registrarono.

Questo problema, inoltre, si lega a quello della «centralità» siciliana e del suo rapporto col resto dell'impero: in che misura, ad esempio, è lecito o possibile leggere la storia bizantina dell'isola alla luce di quella della penisola?[20] È un problema di fonti (della loro scarsità, più che altro) e di prospettive e non è possibile qui entrare ulteriormente nel merito, ma è evidente che interrogarsi sul legame tra Sicilia e Costantinopoli obbliga almeno a tenere maggior conto del fondamentale ruolo strategico che l'isola ricoprì sin dal momento in cui l'avanzata dell'islam cominciò a minacciare i granai d'occidente.

Proviamo allora a riconsiderare la situazione alla luce di quanto detto. A metà del VII secolo i musulmani erano già in Africa, anche se inizialmente essi concentrarono i loro attacchi sulle province più meridionali e non sull'Africa Proconsularis (conquistata solo dopo il 690). Più o meno nello stesso periodo, l'imperatore Costante II (641-668) inaugurava una politica decisamente più interventista nella Penisola italiana. Nel 654 aveva già fatto sentire tutto il peso del suo potere su Roma deportando a Costantinopoli papa Martino I, accusato di lesa maestà per essersi opposto al *Týpos* (un documento con cui l'imperatore aveva imposto il silenzio sopra alcune questioni cristologiche che da tempo laceravano Bisanzio). Nel 663 Costante II prese la decisione di guidare personalmente una campagna militare in Italia: sbarcato a Taranto, raggiunse Roma e in seguito, nello stesso anno, si insediò a Siracusa. Sui motivi di tale spedizione gli storici ancora discutono[21], ma sembra evidente che il problema fondamentale per lui non fossero i longobardi: la scelta di Siracusa fa pensare piuttosto a una grande spedizione contro i musulmani dove la Sicilia appare come la miglior base logistica per un simile obiettivo[22].

Le ambizioni militari di Costante II però naufragarono pochi anni dopo: era il settembre 668 e si trovava ancora a Siracusa, quando fu assassinato, forse per un complotto ordito dal suo stato maggiore. Anche in questo caso le fonti sono troppo scarse per consentirci di dire con assoluta certezza cosa accadde e in che misura questo omicidio fu espressione di una politica locale, siciliana, o di una strategia maturata a Costantinopoli. Ma così come pare del tutto priva di fondamento l'idea che Costante desiderasse trasferire la capitale imperiale a Siracusa, altrettanto difficile sembra l'idea che questa vicenda possa essere maturata solo nel contesto dell'isola[23]. Non solo: la memoria di tale assassinio avrebbe avuto una singolare fortuna nelle fonti arabe posteriori; il che ci ricorda, se mai ve ne fosse ancora bisogno, quanto i destini della Sicilia si stessero avvicinando sempre di più a quelli dell'islam.

4. *La Sicilia tra Bisanzio e l'islam*

Il figlio di Costante II, Costantino IV (668-685), abbandonò i piani strategici del padre. Ne era in parte probabilmente costretto: i musulmani stavano avanzando nei territori orientali di Bisanzio e la stessa Costantinopoli si trovò sotto assedio per quattro lunghi anni, tra il 674 e il 678.

E non si trattava solo degli eserciti di terra: ci vollero solo pochi decenni dalla prima espansione islamica perché il pericolo si facesse evidente anche sul mare. A quanto sembra la Sicilia fu raggiunta presto, probabilmente da navi partite dai porti delle coste orientali del Mediterraneo: ci sono sufficienti ragioni per ritenere credibile l'informazione, riportata tanto da fonti latine quanto arabe, secondo cui la prima incursione contro la Sicilia sarebbe stata lanciata già nel 652, forse da Tripoli di Siria[24].

Pochi anni dopo, ed è significativo, l'imperatore Giustiniano II (685-695; 705-711) istituì nell'isola un apposito comando militare, la *stratēgía* (o tema) di Sicilia. Sulla spinta dell'espansionismo musulmano, infatti, Bisanzio aveva cominciato a riorganizzare i propri distretti militari; e conseguentemente il ruolo degli strateghi (*stratēgói*), i generali a essi preposti, cominciò a trasformarsi. Questa nuova disposizione è testimoniata per la prima volta da un decreto di Giustiniano II del 687, in cui si dividevano le forze dell'impero in sei corpi d'armata e due flotte: quattro eserciti stanziati in Anatolia e due in occidente. L'istituzione della carica di *stratēgós*, per la Sicilia e la sua trasformazione in un *théma* (probabilmente tra il 692 e il 695)[25], fu un fatto nuovo, non tanto perché il provvedimento la rendeva molto più simile al quadro balcanico-anatolico (secondo una tendenza in linea col suo legame privilegiato con Costantinopoli), quanto perché sancì una marcata militarizzazione del suo territorio. Per la prima volta dalla tarda antichità, infatti, l'isola acquistava un ruolo fondamentale all'interno dell'impero non solo per la sua capacità economica, ma per la sua posizione strategica nella lotta contro i musulmani.

Che la situazione non fosse affatto facile pare evidente, anche se è a dir poco difficile stabilire una precisa cronologia degli eventi. Per ricostruire questa storia, infatti, siamo costretti ad affidarci quasi esclusivamente a poche fonti arabe, per lo più decisamente tarde.

Così abbiamo ad esempio notizia di una spedizione contro la Sicilia compiuta nel 669 da una flotta alessandrina, che se ne sarebbe andata dopo aver fatto un ricco bottino; oppure, e ancor più famoso, ciò che accadde l'anno seguente, quando i musulmani si impadronirono di Cossyra, che verso la fine del VII secolo aveva cambiato nome in Patellarìa e che, come molte altre isole, era da tempo utilizzata dal governo bizantino come luogo d'esilio[26]. Negli anni che seguirono, poi, gli attacchi si intensificarono: l'islam continuava la sua corsa verso occidente e dopo l'Africa settentrionale, tra il 710 e il 711 i musulmani presero la fortezza bizantina di *Septem* (Ceuta) ed entrarono nella Spagna visigota. Ormai gli attacchi contro le isole del Mediterraneo occidentale provenivano per lo più dalle vicine coste dell'Africa.

Il potere musulmano sembrava ormai difficilmente arginabile e il pericolo, non solo militare, che questi invasori portavano con sé era chiaramente avvertito. Naturalmente la percezione che il mondo bizantino ebbe dei musulmani non fu univoca. Vi erano i teologi innanzi tutto. Proprio in quegli anni di razzie, dall'altra parte del Mediterraneo Giovanni Damasceno (m. 749) era stato chiaro nel definire l'islam come un'eresia del cristianesimo. A suo giudizio, gli «adoratori di Maometto» sarebbero stati degli idolatri che «adoravano la stella del mattino e Afrodite, che essi chiamavano esplicitamente *Chabar*, che nella loro lingua vuol dire "grande"»; poi, durante il regno di Eraclio, essi sarebbero stati convertiti da un falso profeta, *Mamed*, che avrebbe legato una serie di idee desunte dall'Antico e dal Nuovo Testamento agli insegnamenti di un monaco ariano[27].

Molti dei temi presenti nell'opera di Giovanni Damasceno avrebbero avuto una grande e rapida fortuna in ambito mediterraneo, anche al di là dei territori parlanti greco, sino in Spagna. Ma tra i bizantini l'immagine negativa del saraceno (*Sarakēnós*) o dell'«arabo» venne utilizzata in quegli anni anche in funzione della lotta politica interna[28]: così gli iconofili avrebbero accusato ad esempio Leone III (711-741) di «governare con mentalità arabica»[29]. Naturalmente tutto questo non vuol dire che un nemico così temibile non potesse essere guardato anche con rispetto. In anni successivi, attorno al X secolo, sulla scorta dell'esperienza maturata a contatto dei musulmani sui campi di battaglia, si sarebbero levate anche alcune voci di ammirazione: per il numero di soldati volontari che sapevano reclutare o per la tensione religiosa che li animava[30]. Ma questa è in parte un'altra storia.

5. *Un'isola bizantina*

Capire cosa fu la Sicilia sotto Bisanzio aiuta, in una certa misura, a capire cosa sarebbe diventata: soprattutto cosa avrebbe conservato e trasformato del suo passato. Nell'VIII secolo, fu per molti decenni un'isola sempre più colpita dagli assalti delle navi musulmane. Controllarla da Costantinopoli non doveva essere facile: l'Italia si trovava alla massima distanza dal centro dell'impero e, a seconda delle condizioni, il viaggio poteva durare da un minimo di trenta a un massimo addirittura di cento giorni[31].

La militarizzazione dell'isola serviva anche a questo: a tenere uno spazio di fondamentale importanza strategica e ad assicurarsi i rifornimenti di cibo. Agricoltura cerealicola e vaste proprietà continuavano infatti a caratterizzare la vita economica della Sicilia. Il principale proprietario era ovviamente l'impero, ma tra i grandi possidenti vi erano anche alcune famiglie patrizie e alcuni enti ecclesiastici. Una situazione di privilegio, la loro, che non sarebbe durata però ancora a lungo: attorno alla metà dell'VIII secolo, a seguito probabilmente di una pesante crisi economica[32], Bisanzio procedette infatti a un sequestro dei patrimoni di Roma in Calabria e in Sicilia, con la conseguente perdita di una grossa quota di ricchezza fondiaria.

Anche di quest'ultimo periodo sappiamo infinitamente meno di quanto vorremmo: vi è la solita cronica assenza di documentazione scritta, ma vi è anche un considerevole ritardo nelle ricerche archeologiche, sigillografiche o numismatiche, che molto potrebbero ancora dire, ad esempio, sui cambiamenti demografici dalla tarda antichità al periodo musulmano, sulla natura degli insediamenti o sulle strutture militari. Gli studi degli ultimi anni stanno comunque cominciando a gettare luce sulla complessità della società e delle forme abitative nella Sicilia bizantina. E quello che emerge con sempre maggiore evidenza è quanto sia difficile parlare in generale di «Sicilia bizantina» e come piuttosto occorra distinguere tra le differenti aree (costiere orientali o interne, ad esempio) e tra più limitate fasce cronologiche.

Cominciamo dalle città. Vi è innanzi tutto l'evidenza di una continuità culturale tra Roma e Bisanzio: gli spazi urbani continuano a essere le sedi della vita politica, economica e religiosa, oltre che i centri organizzatori dei territori circostanti. Con poche eccezioni, inoltre, le città più importanti corrispondevano a centri portuali di origini antiche. Prime fra tutte Catania e Siracusa, capitale della provincia, Palermo e Lilibeo (Marsala), mentre Agrigento, grande metropoli in età greca, aveva ora una posizione di minore importanza. Nell'interno la città di maggiore importanza era sicuramente Enna, destinata a svolgere un fondamentale ruolo strategico durante la conquista musulmana.

Al di là di questi centri maggiori, esistevano poi centinaia di piccoli borghi e villaggi, eredi in molti casi di insediamenti di età romana. La loro interpretazione pone però non poche difficoltà agli studiosi, a cominciare dalle definizioni. Tra storici e archeologi, infatti, non sempre si ha la stessa idea su cosa debba caratterizzare un villaggio altomedievale (elementi istituzionali, specifiche tipologie abitative, posizione geografica, ecc.). Vi è poi il più complesso problema delle trasformazioni abitative di quel periodo: sicuramente, a partire dal tardo impero romano, i villaggi assunsero un ruolo sempre più importante, almeno nelle provincie orientali dell'impero e in Africa[33]; quando però questo cominciò a vedersi anche in Sicilia, come e perché, rimangono tutti motivi di discussione, anche se alcuni recenti studi archeologici sembrerebbero mostrare la diffusione del villaggio come forma di habitat predominante, almeno in alcune parti dell'isola[34].

Accanto ai villaggi di case in muratura si moltiplicarono gli insediamenti rupestri o trogloditici, costituiti da ambienti scavati artificialmente nella roccia. Anche in questo caso si tratta di un fenomeno più ampio della sola Sicilia e che si ritrova sia nella Puglia bizantina che in quasi tutte le province orientali dell'impero (ad esempio in Cappadocia), oltre che in Africa settentrionale. Ma in Sicilia il trogloditismo medievale assume forme macroscopiche, presumibilmente anche a causa delle favorevoli condizioni geologiche: in particolare nella zona tra Siracusa, Caltagirone e Ragusa: nelle «Cave», nelle strette e profonde valli carsiche che incidono il tavolato ibleo, vennero scavati infatti centinaia di ambienti di abitazione e luoghi di culto. In tal senso, la Cava d'Ispica, con i suoi molteplici nuclei di abitati rupestri è forse il caso più straordinario, ma un altro esempio ben noto è quello di Pantalica, costituito da un abitato comprendente tre settori, scavati sul fianco della collina (il più esteso conta 150 locali) oltre che ai resti dei piccoli oratori rupestri di San Nicolicchio e di San Micidiario. Questa forma abitativa peraltro avrebbe registrato una significativa fortuna anche nel periodo successivo, sotto dominio musulmano, ed è difficile dire quanto di questo sia l'esito di un'esplicita continuità o quanto piuttosto sia il frutto di trasformazioni o sviluppi legati all'arrivo di gente dal Nordafrica[35].

Tale prospettiva non vale solo per gli influssi nelle abitudini abitative. La Sicilia, infatti, come si è ricordato sin dall'inizio era parte di un sistema di comunicazione ormai relativamente vasto. Malgrado la progressiva presenza di navi musulmane, infatti, gli scambi tra Penisola italiana e Nordafrica erano continuati: già a partire dalla metà dell'VIII secolo, ad esempio, Gaeta e Amalfi si erano agganciate agli empori del Maghreb (e dopo la conquista della Sicilia avrebbero esteso i loro rapporti a molte altre parti del mondo musulmano) e così avrebbero fatto anche i mercanti veneziani provenienti dall'Adriatico. Commerciavano soprattutto in beni di lusso: schiavi, metalli, e legno da costruzione, come vedremo. All'interno di tali reti, la Sicilia era estremamente presente. Fitti erano i contatti con i porti bizantini della penisola ma anche della Sardegna. Altrettanto fitti, anche se non certo paragonabili per intensità a quelli di periodo romano[36], continuavano a essere i rapporti commerciali con l'Africa settentrionale, verso cui si esportava da sempre sale, legname, allume delle isole Eolie, probabilmente zafferano, miele e cuoio.

6. *La militarizzazione dell'isola e le tensioni del IX secolo*

Il ruolo militare della Sicilia bizantina ha una storia lunga e complessa. Da un certo punto di vista essa si inserisce in un più ampio quadro di progressiva militarizzazione di tutto l'impero; un fenomeno che tra età giustinianea ed età eracliana aveva investito tanto l'occidente quanto l'oriente. Segno evidente di tale modificazione, le città erano diventate poco a poco il perno del sistema di inquadramento del territorio e ovunque si era proceduto a una potente opera di fortificazione. Non a caso a partire dal VI secolo nelle fonti greche il termine *kástron* incominciò a essere impiegato nel significato di *pólis*, fino a soppiantare quest'ultimo vocabolo nel linguaggio amministrativo tra i secoli IX e XI (nel latino la tendenziale sinonimia tra *castrum* e *civitas* è meno marcata, ma è comunque presente). Un *kástron* per essere tale doveva possedere ovviamente una cinta muraria, ma in quanto sede di un'autorità pubblica, esercitava anche una giurisdizione amministrativa (*diakrátēsis*) sopra un territorio circostante.

Nello specifico, in Italia questa situazione presentava alcune caratteristiche particolari. I possedimenti bizantini, infatti, si componevano sostanzialmente di un insieme di regioni protese verso il mare. Naturale dunque che fossero soprattutto i porti a costituire una priorità strategica per Costantinopoli: da Classe al *Portus Romae* (il vecchio porto di Traiano) sino a Gaeta, Napoli, Amalfi, Taranto e Otranto, forse il più importante porto bizantino nella penisola, primo scalo italiano sulla rotta da Costantinopoli. In Sicilia i porti più importanti si trovavano nella parte orientale: Siracusa, Kaukana, Catania e Messina. Questi centri e altri avevano conservato e mantenuto in efficienza le antiche mura greche, puniche o romane. Ma nel complesso la Sicilia della prima età bizantina era rimasta una terra debolmente protetta e caratterizzata da decine di abitati aperti che punteggiavano vasti territori rurali[37].

Le cose cominciarono a cambiare solo con la metà del VII secolo, probabilmente a seguito delle prime scorrerie musulmane sull'isola, e poi più esplicitamente con la creazione del *théma* di Sicilia. È stato proposto[38] di identificare due fasi nel processo di fortificazione dell'isola: una più antica (sino alla metà del secolo VIII) caratterizzata da toponimi latini (Castronovo, Castiglione di Sicilia, Monte Crasto, ecc.) e una più tarda in cui si affermano toponimi greci (Rometta, Ragusa, Butera). Si tratta comunque di un argomento fortemente dibattuto, perché, se è vero che alcune fonti arabe parlano di una fortificazione del territorio è vero che ben scarse, o almeno di difficile lettura, sono le prove archeologiche di tutto questo. Sul piano dei resti archeologici, un esempio famoso (e tra i più studiati) in tal senso è il *kástron* a pianta quadrangolare di Selinunte, costruito con materiale recuperato dai templi greci: per quanto molto ormai si sappia su di esso, ancora si discute se sia di età bizantina o di successivo periodo musulmano[39]. Un discorso simile vale anche per le fortificazioni cittadine: elementi ascrivibili probabilmente al periodo bizantino sono stati evidenziati, tra le altre, a Ragusa, Siracusa, Messina, Tindari o Cefalù. In generale insomma, anche in questo caso quello che si può dire è ben poco: rimangono le tracce di difese cittadine e costiere, ma è vero che la presunta fortificazione di siti d'altura nel corso dell'età bizantina è stata oggi fortemente ridimensionata dagli archeologi.

Difficile dire dunque in che cosa consistette realmente la militarizzazione del *théma* di Sicilia. Difficile anche, sul piano istituzionale, fare paragoni troppo stretti con quanto stava accadendo nella Penisola italiana e in altre parti dell'impero. Certo, in linea molto generale si può forse notare come a partire dall'VIII secolo la geografia della presenza bizantina in Italia (e in altre regioni più orientali) fosse composta ormai da società regionali e come questo si rispecchiasse nell'amministrazione militare. In quel periodo, cioè, i *duces* non erano più impersonali figure di ufficiali militari incardinati in una gerarchia, ma veri e propri leader regionali dalla chiara vocazione politica[40]. Lo si vede nella cronachistica di Venezia, Roma e Napoli, in cui l'elezione alla carica ducale passa nelle mani delle aristocrazie locali. Lo si vede anche in Sicilia che assistette a varie ribellioni da parte dei suoi comandanti: già nel 718 aveva assistito alla sollevazione dello stratego Sergio (e per questo forse l'imperatore Leone III aveva temuto di potenziarla troppo). Tra il 781 e il 782 era stata la volta poi della ribellione dello stratego Elpidio. In questo senso la rivolta del turmarca Eufemio che avrebbe aperto la via alla conquista islamica dell'isola può essere pensata anche come il frutto di una tendenza antica e relativamente diffusa.

[1] R. Marino, *Centralità e/o marginalità della Sicilia tra la crisi della «res publica» e i primi anni dell'impero*, in C. Miccichè, S. Modeo e L. Santagati (a cura di), *La Sicilia romana tra Repubblica e Alto Impero*, Atti del convegno di studi, Caltanissetta, Sicilianica, 2007, pp. 8-13.

[2] L'accento sulle città non è del tutto scontato e risente tanto delle recenti acquisizioni dell'archeologia e della storia antica, quanto, soprattutto, della prospettiva aperta a metà degli anni ottanta dai lavori di Giuseppe Giarrizzo, Giuseppe Barone e altri, che ha contribuito ad abbandonare o almeno relativizzare la prospettiva agraria con cui si era guardato sino a quel momento alla storia siciliana. Per un'ottima messa a punto del problema si veda I. Mineo, *Sicilia urbana*, in F. Benigno e C. Torrisi (a cura di), *Rappresentazioni e immagini della Sicilia tra storia e storiografia*, Caltanissetta, Sciascia Editore, 2003, pp. 19-33.

[3] Rispetto ad altre zone dell'impero, i romani non sembrano essersi interessati troppo della rete viaria siciliana; non abbiamo neppure notizie di viadotti né di quelle poderose tagliate che caratterizzarono altrove le loro strade: G. Uggeri, *Il sistema viario in Sicilia e le sopravvivenze medievali*, in C.D. Fonseca (a cura di), *La Sicilia rupestre nel contesto delle civiltà mediterranee*, Galatina, Congedo, 1986, pp. 85-112.

[4] Si veda in generale R. Hingley, *Globalizing Roman Culture. Unity, Diversity and Empire*, London-New York, Routledge, 2005; per una puntualizzazione sul caso siciliano si veda invece E.C. Portale, *A proposito di «romanizzazione» della Sicilia. Riflessioni sulla cultura figurativa*, in *La Sicilia romana tra Repubblica e Alto Impero*, cit., pp. 150-169.

[5] Il dibattito sulla sopravvivenza della grecità in Italia meridionale risale già alla seconda metà del XIX secolo. Secondo alcuni linguisti (G. Morosi, O. Parlangèli) essa sarebbe stata importata dai bizantini alla fine del IX secolo; secondo altri (G. Rohlfs, S.C. Caratzas) essa risalirebbe invece alla colonizzazione greca (VIII-VI sec. a.C.). Per un riassunto di tale dibattito sulla sopravvivenza della grecofonia si veda S. Cosentino, *Storia dell'Italia bizantina*, Bologna, Bononia University Press, 2008, pp. 71-76.

[6] S. Pricoco, *Studi recenti sul primo cristianesimo in Sicilia*, in «Kokalos», 47-48 (2001-2002), pp. 463-477.

[7] Su tutto questo R.M. Bonacasa Carra, *Lo spazio cristiano negli insediamenti della Sicilia bizantina*, in M. Congiu, S. Modeo e M. Arnone (a cura di), *La Sicilia bizantina. Storia, città e territorio*, Caltanissetta, Sciascia Editore, 2010, p. 45.

[8] Su questo S. Giglio, *Sicilia bizantina. L'architettura religiosa in Sicilia dalla tarda antichità all'anno mille*, Acireale-Roma, Bonanno, 2003, in part. pp. 107-115, 212-216; F. Maurici, *Le città della Sicilia bizantina: un problema aperto*, in Congiu, Modeo e Arnone (a cura di), *La Sicilia bizantina*, cit., p. 133.

[9] B. Ward-Perkins, *The Fall of Rome and the End of Civilisation*, Oxford, Oxford University Press, 2005; trad. it. *La caduta di Roma e*

la fine della civiltà, Roma-Bari, Laterza, 2008, p. 79; più in particolare C. Courtois, *Les Vandale et l'Afrique*, Paris, Arts et Métiers, 1955, pp. 185-196 e P. de Souza, *Piracy in the Graeco-Roman World*, Cambridge, Cambridge University Press, 2002, pp. 231-238.

[10] Sulla guerra gotica si veda A. Pertusi, *Ordinamenti militari, guerre in Occidente e teorie di guerra dei Bizantini (secc. VI-X)*, in *Ordinamenti militari in Occidente nell'alto Medioevo*, Spoleto, Centro italiano di studi sull'alto Medioevo, 1968, pp. 631-700.

[11] Procopio, *Guerra Gotica*, I, 5, a cura di D. Comparetti, Roma, Istituto Storico Italiano, 1895, vol. I, p. 39.

[12] Questa la formula usata da Giustiniano: «Esse enim non indignum putavimus, ut Siciliam nostrum quodammodo peculium constitutum [...]», Nov. 75, *Corpus Juris Civilis*, a cura di R. Schoell e W. Kroll, Berlin, Weidmann, 1892, vol. III, p. 378.

[13] A. Guillou, *L'Italia bizantina*, in *Storia d'Italia*, Torino, Utet, 1980, vol. I, pp. 236-237. Difficile dire quanto reale fu tale distinzione tra potere civile e potere militare (ancora Guillou ricordava come l'assenza di sigilli di pretori e la presenza invece di molti sigilli di duchi farebbe pensare a una divisione di fatto solo teorica: *ibidem*, p. 237).

[14] Su questo Cosentino, *Storia dell'Italia bizantina*, cit., pp. 23, 238.

[15] W.E. Kaegi, *Byzantium and the Early Islamic Conquests*, Cambridge, Cambridge University Press, 1995, pp. 66-67. Naturalmente, prima dell'islam gli arabi erano già noti a Bisanzio, almeno dal IV secolo: ovvio il riferimento alla monumentale opera di I. Shahīd, *Byzantium and the Arabs in the Fourth Century*, Washington, D.C., Dumbarton Oaks, 1984 (opera continuata poi con un volume sul V secolo nel 1989, e con una serie di lavori più recenti dedicati al VI secolo).

[16] Con molta probabilità l'isola agli inizi del VII secolo doveva avere uno stretto rapporto fiscale con Costantinopoli, basato proprio sul trasporto del grano: C. Wickham, *Framing the Early Middle Age. Europe and the Mediterranean, 400-800*, Oxford, Oxford University Press, 2005, pp. 125-126, 737; trad. it. *Le società dell'alto medioevo. Europa e Mediterraneo secoli V-VIII*, Roma, Viella, 2009.

[17] Le fonti non lo documentano in modo particolare, ma la numismatica attesta nell'isola una circolazione di moneta, tanto di rame quanto d'oro, seconda solo a quella di Costantinopoli: J.F. Haldon, *Byzantium in the Seventh Century*, II ed., Cambridge, Cambridge University Press, 1997, pp. 59-61; C. Morrisson, *La Sicile byzantine*, in «Numismatica e antichità classiche», 27 (1998), pp. 307-334.

[18] D. Castrizio, *La zecca di Reggio dopo la conquista araba di Siracusa*, in *XII. Internationaler Numismatischer Kongress*, Berlin, Weisser Bernhard, 2000, pp. 859-861.

[19] Tale problema è stato proposto nel modo più lucido in tempi recenti, e non a caso attraverso il lavoro congiunto di islamisti e un bizantinisti: A. Nef e V. Prigent, *Per una nuova storia dell'alto medioevo siciliano*, in «Storica», XII (2006), 35-36, pp. 9-63.

[20] In altri termini, si tratta di stabilire se e quanto sia lecito applicare per l'isola i modelli utilizzati per l'Italia esarcale o per il *théma* di Longobardia. Il punto di vista «italiano» era evidente, su tutti, nei lavori di A. Guillou, *La Sicile byzantine: état des recherches*, in «Byzantinischen Forschungen», 5 (1977), pp. 95-145; L. Cracco Ruggini, *La Sicilia fra Roma e Bisanzio*, in R. Romeo (a cura di), *Storia della Sicilia*, Napoli, Società ed. Storia di Napoli e della Sicilia, 1980, vol. III, pp. 1-96.

[21] Per una bibliografia su tale dibattito: S. Cosentino, *Constans II and the Byzantine Navy*, in «Byzantinische Zeitschrift», 100 (2007), 2, p. 594, n. 103.

[22] V. Prigent, *Le rôle des provinces d'Occident dans l'approvisionnement de Constantinople (618-717)*, in «Mélanges de l'École française de Rome. Moyen Âge», 118 (2006), 2, pp. 269-299; Cosentino, *Storia dell'Italia bizantina*, cit., pp. 260-261.

[23] Su questo le considerazioni di V. Prigent in Nef e Prigent, *Per una nuova storia dell'alto medioevo siciliano*, cit., p. 32.

[24] Anche se con argomenti non del tutto convincenti, la storicità di questo fatto è stata contestata da A. Stratos, *The Exarch Olympius and the Supposed Arab Invasion of Sicily in A.D. 652*, in «Jahrbuch des österreichischen Byzantinistik», 25 (1976), pp. 63-73.

[25] N. Oikonomidès, *Une liste arabe des stratèges byzantins du VIIe siècle et les origines du thème de Sicile*, in «Rivista di Studi Bizantini e Neoellenici», 1 (1964), pp. 121-130.

[26] Anche il santo Eutimio di Sardi vi fu segregato per volontà di Niceforo I tra l'803 e l'806. L'isola è ricordata dal suo biografo come un luogo «disabitato da molto tempo»: J. Gouillard, *Une oeuvre inédite du Patriarche Méthode: la Vie d'Euthyme de Sardes*, in «Byzantinische Zeitschrift», 53 (1960), pp. 38-41, in part. p. 38.

[27] Giovanni Damasceno, *Liber de haeresibus*, in P.B. Kotter, *Die Schriften des Johannes von Damaskos*, 4 voll., Berlin, De Gruyter, 1969-1981, vol. IV, p. 60. Su questo già *Dialexis Sarakenoi kai Christianoi*, 766, in *Patrologia graeca* XCIV, col. 1586.

[28] N.A. Koutrakou, *The Image of the Arabs in Middle Byzantine Politics. A Study in the Enemy Principle (8th-10th Centuries)*, in «Graeco-Arabica», 5 (1993), pp. 213-224.

[29] Theophanes Confessor, *Chronographia*, a cura di C. De Boor, Leipzig, 1883, p. 410, 9-10.

[30] Si veda G. Dagron, *Byzance et le modèle islamique au Xe siècle. À propos des Constitutions tactiques de l'empereur Léon VI*, in «Comptes rendu de l'Académie des Inscriptions et Belles-Lettres», avril-juin 1983, pp. 219-243, in part. pp. 223-224, 232.

[31] M. McCormick, *The Imperial Edge: Italo-Byzantine Identity. Movement and Integration, A.D. 650-950*, in H. Ahrweiler e A.E. Laiou (a cura di), *Studies in the Internal Diaspora of the Byzantine Empire*, Washington, D.C., Dumbarton Oaks, 1998, p. 17.

[32] È stato fatto notare che questo evento coincise cronologicamente con un grave peggioramento del contenuto di fino delle monete

d'oro prodotte dalla zecca di Roma: V. Prigent, *Les empereurs isauriens et la confiscation des patrimoines pontificaux d'Italie du Sud*, in «Mélanges de l'École française de Rome. Moyen Âge», 116 (2004), 2, pp. 557-594.

[33] È stato proposto, con buone ragioni, di collocare la frontiera di tali tipologie di insediamenti sparsi (tipici dell'occidente romano), lungo la Dalmazia e la Cirenaica. La Sicilia dunque rappresenterebbe un caso esterno: C. Wickham, *The Development of Villages in the West, 300-900*, in J. Lefort, C. Morrisson e J.P. Sodini (a cura di), *Les villages dans l'Empire byzantin. IVe-XVe siècle*, Paris, Lethielleux, 2005, p. 57.

[34] Un ottimo esempio in tal senso è dato dal lavoro effettuato sul territorio di Calatafimi: A. Molinari e I. Neri, *Dall'età tardo-imperiale al XIII secolo: i risultati delle ricognizioni di superficie nel territorio di Calatafimi/Segesta (1995-1999)*, in «Mélanges de l'École française de Rome. Moyen Âge», 116 (2004), 1, pp. 109-128.

[35] Si vedano su questo le recenti considerazioni di A. Messina, *Il trogloditismo ibleo: il problema cronologico*, in *La Sicilia bizantina*, cit., pp. 13-24.

[36] L. De Salvo, *Produzioni e flussi commerciali fra l'Africa e la Sicilia in età imperiale e tardoantica*, in J. González, P. Ruggeri, C. Vismara e R. Zucca (a cura di), *L'Africa romana. Le ricchezze dell'Africa. Risorse, produzioni, scambi*, Atti del XVII convegno di studio, Sevilla, 14-17 dicembre 2006, Roma, Carocci, 2008, vol. II, pp. 1517-1525.

[37] F. Maurici, *Castelli medievali in Sicilia. Dai bizantini ai normanni*, Palermo, Sellerio, 1992, p. 14.

[38] G. Uggeri, *I castra bizantini in Sicilia*, in A. Jacob, J.-M. Martin e G. Noyè (a cura di), *Histoire et culture dans l'Italie byzantine*, Roma, École française de Rome, 2006, pp. 319-336; Id., *Proposta di inquadramento diacronico dei «castra» bizantini in Sicilia*, in *La Sicilia bizantina*, cit., pp. 189-205.

[39] Si veda D. Mertens, *Castellum oder Ribat? Das Küstenfort in Selinunt*, in «Istanbuler Mitteilungen», 39 (1989), pp. 391-398.

[40] Cosentino, *Storia dell'Italia bizantina*, cit., p. 241.

CAPITOLO SECONDO

L'ISLAM NEL MEDITERRANEO

1. *Il mondo islamico prima della conquista*

L'islam aveva già più o meno duecento anni quando entrò in Sicilia. Molto era ormai cambiato dai tempi della predicazione del profeta Muḥammad: la religione aveva ormai definito le sue pratiche e i suoi confini dottrinali e inoltre il mondo dell'islam era da tempo diventato un impero.

Sul problema religioso dovremo tornare spesso; la questione politica invece richiede alcune parole. La morte di Muḥammad, nel 632, aveva aperto un inevitabile problema riguardo a chi avrebbe dovuto guidare la nuova società islamica. La soluzione che cominciò a delinearsi fu quella del califfo, un successore (questo il senso letterale dell'arabo *ḫalīfa*) delegato a guidare la nascente comunità dei credenti: un garante ortodosso della teocrazia, legittimato dal consenso della comunità. La tradizione successiva avrebbe detto che tale delega investiva soprattutto l'aspetto amministrativo o, per dirla in altri termini, il potere esecutivo: la legge, infatti, risiedeva solo nel Corano e nella *Sunna* (le tradizioni relative alla condotta di Muḥammad), mentre il potere giudiziario apparteneva a qualsiasi credente moralmente retto (*'adl*). Questa la teoria. La pratica era stata più complessa e sfumata e gli studi recenti continuano a dimostrarlo[1].

Dopo la morte di Muḥammad, inoltre, l'espansione militare dell'islam era stata rapida: nel 636 i bizantini erano stati sconfitti sul fiume Yarmūk, in Siria; solo quattro anni dopo, con la presa della fortezza nei pressi dell'attuale Cairo e la fondazione di Fusṭāṭ, si erano aperte agli arabi le porte verso l'Africa settentrionale. Una spinta rapida e inarrestabile: nel 711, i musulmani giungevano a toccare a occidente le coste della Penisola iberica e a oriente le rive del fiume Indo.

A questo punto, però, è giunto il momento di chiarirci sui nomi. Al principio vi sono gli arabi. E questo nome, «arabi», è antico: il termine siriaco *'arabāyā* designava da tempo le popolazioni arabe installate nell'alta Mesopotamia. Termine etnico dunque (a parte intendersi su cosa davvero possa significare «etnico» in tale contesto), a cui si era affiancato il nuovo senso, più vasto, dato dalla rivelazione coranica. E l'aspetto linguistico non è affatto irrilevante: all'inizio del VII secolo nella Penisola arabica si parlavano numerosi dialetti, tutti in buona parte riconducibili al ceppo nordarabico delle lingue semitiche; l'arabo cosiddetto classico, quello che sarebbe diventato la lingua del Corano, forse in realtà non lo parlava nessuno o, meglio, ancora prima della Rivelazione era già diventato una lingua comune, usata solo in ambiti ufficiali fra tribù differenti[2]. In ogni caso era in quella lingua, dai tratti arcaici e raffinati, che era avvenuta la Rivelazione e proprio per questo il vocabolo «arabo» (*'arab*) assunse presto un nuovo significato: da un lato continuò a designare coloro che erano originari della Penisola araba, dall'altro prese a indicare sempre di più tutti coloro – maghrebini, andalusi, anatolici, ecc. – che pur non essendo di etnia araba avevano adottato l'arabo come lingua delle istituzioni, dell'ufficialità e della fede, oltre che come mezzo d'espressione di un'elevata cultura letteraria.

I termini si confondono tra loro: «musulmani» è l'altra parola chiave. Era nel Corano, in questo testo rivelato e perfetto, che era apparsa per la prima volta la parola «Islām». I grammatici arabi successivi l'avrebbero definita un *maṣdar*, un'infinitiva, della quarta forma della radice *s.l.m.*: era anche la radice di pace, ma alla quarta forma il suo signicato sarebbe diventato quello di «sottomissione», nel senso più alto ovviamente, sottomissione a Dio. E musulmani, *muslimūn* (plurale maschile del singolare *muslim*) divennero coloro che seguivano e praticavano l'islam. Ma anche in questo caso il significato sarebbe diventato presto più complesso. Anche quell'idea, apparentemente unitaria, di «musulmani», celava una pluralità di cui anche la storia siciliana sarebbe stata testimone. Sin dal principio, infatti, l'islam conobbe anche sette e scismi. Inizialmente questo si era legato alla questione del califfato, della successione a Muḥammad. Per coloro che in seguito si sarebbero chiamati sunniti, la successione del Profeta era stata rimessa alla votazione della comunità islamica e per questa via ai suoi rappresentanti competenti. Sarebbero stati essi a dominare l'islam nei secoli successivi. Per coloro che si sarebbero definiti sciiti, invece, la successione avrebbe dovuto legarsi alla famiglia di Muḥammad. Per questo appoggiarono 'Alī come quarto califfo, in quanto membro della famiglia del Profeta. Gli sciiti (dall'arabo *šī'a*, «fazione», «partito») guardarono a lui come il primo dei loro *imām*; il primo cioè di quelle loro guide che avrebbero conservato il messaggio islamico originario, tradito invece dai governanti dell'impero musulmano. Governanti sunniti, si intende; anche se lo sciismo avrebbe dimostrato una considerevole forza politica; una forza che avrebbe condizionato profondamente anche la storia della Sicilia.

2. *Lo spazio politico islamico e identità sociale*

All'inizio, comunque, i musulmani giunti dalla Penisola arabica in queste ondate di conquista appartenevano per lo più a quel mondo religioso e politico che nei secoli successivi avrebbe edificato il sunnismo. Essi erano uniti da antichi legami tribali: vincoli di sangue e di costumi manifestati da una profonda solidarietà di gruppo (in arabo *'aṣabiyya*). La guerra la esprimevano spesso attraverso la pratica della *ġazwa* (da cui è derivato in tempi recenti il nostro «razzia»)[3]: un'azione offensiva relativamente rapida, rivolta contro carovane o clan rivali e regolata da un rigido codice di comportamento, volto tanto ad accumulare beni con sufficiente rapidità, quanto a evitare ogni superfluo spargimento di sangue. L'islam avrebbe disciplinato ulteriormente tali pratiche militari trasformando i conquistatori arabi in una casta militare elitaria chiamata ad ampliare le conquiste e presidiare le aree soggiogate. In questo senso particolare rilevanza avrebbe avuto il *ǧihād*, una specifica idea di guerra che fu progressivamente associata al califfo o ai suoi rappresentanti e che troviamo già esplicitata negli *ḥadīṯ*, le raccolte di detti e fatti attribuiti al Profeta che costituiscono la seconda fonte normativa dell'islam. Questa parola, *ǧihād*, lo si sa, è una delle più complesse del vocabolario politico arabo; ed è altrettanto noto che il suo significato etimologico non rimanda a concetti militari, bensì a una serie di idee legate allo sforzo, all'applicazione. Detto questo, è vero però che già a partire dalle elaborazioni dottrinali immediatamente successive al Corano, si cominciò a indicare con *ǧihād* anche una particolare percezione della guerra, intesa come un'azione militare volta all'espansione dell'islam ed eventualmente alla sua difesa[4].

Naturalmente tale idea di espansione militare prevedeva che si dovesse pensare – almeno nella finzione giuridica – a un mondo sostanzialmente diviso in due parti: una *dār al-islām*, letteralmente «casa dell'islam», spazio all'interno del quale vigeva ed era tutelata la legge islamica e dove dunque potevano darsi molti tipi di guerra intestina ma non il *ǧihād*; e una *dār al-ḥarb*, «casa della guerra», spazio esterno dominato dalla miscredenza dove era possibile e lecito portare l'islam anche con le armi[5].

Questa percezione giuridica dello spazio si proiettava su una costruzione politica che stava diventando sempre più solida man mano che le conquiste islamiche procedevano. I califfi della prima dinastia, gli Omayyadi (661-749), avevano posto la capitale a Damasco, all'interno dei territori delle antiche culture sedentarie del vicino oriente. L'espansione aveva comportato la necessità di adottare efficienti organizzazioni burocratiche che potessero consentire il controllo delle lontane regioni amministrate. Anche per questo motivo, il califfato si trasformò in un governo imperiale, a imitazione dei modelli sassanide e bizantino. Cominciava così un processo politico e ideologico che si sarebbe ulteriormente definito con la successiva dinastia, quella degli 'Abbasidi, che avrebbe preso il potere a partire dall'anno 749.

Fu in quel periodo, non a caso, che giunse al termine quel processo di selezione e definizione delle tradizioni religiose e giuridiche a cui si accennava sopra. Fu in quel periodo che l'islam prese a pensarsi come un mondo relativamente unitario, in cui gli abitanti di uno spazio che andava ormai dall'oceano Atlantico sino all'India, sentirono una comune appartenenza e la partecipazione a un comune ordine, definito dalla condivisione di lingua, leggi, usi e pratiche quotidiane. Detto questo, buona avvertenza metodologica è quella di diffidare sempre di questo senso di perfetta unità che scaturisce dalle fonti: al di là delle legittime speranze dei teologi e dei giuristi arabi, infatti, quel mondo era in realtà troppo grande per non essere segnato da profonde differenze regionali. Tale sorta di contraddizione di fondo è ben nota a chi si occupi di islam: da una parte l'innegabile ruolo della religione e della legge nel determinare i codici di comportamento, nel legittimare e definire il potere, nel modellare alcune istituzioni; dall'altra parte l'altrettanto innegabile varietà storica e geografica che ha sempre contraddistinto i mondi musulmani rendendo quasi impossibile ricondurre il discorso storiografico a una unità (se non a rischio di pericolose semplificazioni)[6].

Sul piano sociale, comunque, la *dār al-islām* era la casa della *umma*, della comunità dei credenti. Per i più, al di là delle formule, si trattava di ritrovare anche in luoghi lontani, istituzioni, consuetudini e pratiche condivise. Lo disse nel modo migliore al-Muqaddasī, un viaggiatore del X secolo, sintetizzando così il suo lungo peregrinare:

> Non c'è avventura che capiti a un viaggiatore che io non abbia largamente provata, fuorché il mendicare e il commettere grave peccato: ho fatto il *faqih* e il maestro di scuola, l'asceta e il devoto, ho dato lezioni di diritto e di belle lettere, ho predicato sui pulpiti, ho fatto il muezzin sui minareti, l'imam nelle moschee, il concionatore nelle moschee cattedrali; ho frequentato le scuole, fatta propaganda nelle assemblee, parlato nei salotti; ho mangiato la *harissa* con i sufi, la zuppa con i cenobiti, la polenta con i marinai; sono stato cacciato via la notte dalle moschee, ho percorso le steppe, errato nei deserti [...][7].

Per quello che ci interessa il senso è chiaro: aveva attraversato un mondo di enormi distanze, erano cambiati gli spazi e gli uomini, ma quel mondo, tutto quel mondo, al-Muqaddasī lo aveva sempre riconosciuto come proprio. Ovunque si era recato, aveva ritrovato minareti e moschee, ma anche una stessa lingua in cui esprimersi, analoghi usi giuridici, scuole, istituzioni e abitudini. Era il X secolo: per lui anche la Sicilia faceva da tempo parte di quel mondo.

3. *Il Nordafrica e la Spagna: l'avanzata verso occidente*

Gli arabi musulmani erano entrati in Africa immediatamente dopo la morte di Muḥammad. Attorno al 641, nello stesso anno in cui cadeva Mosul, nella Mesopotamia superiore, gli arabi comandati da ʻAmr ibn al-ʻĀṣ avevano preso Eliopoli e Babilonia (d'Egitto), insediando una guarnigione a Fusṭāṭ, a sud di quella che sarebbe diventata Il Cairo. Dopo la caduta di Alessandria (643) gli arabi avevano poi puntato verso il Nordafrica, ma ci sarebbero voluti quasi settantacinque anni e lotte estenuanti con le popolazioni locali per soggiogarlo tutto e solo alla fine del secolo VII i musulmani sarebbero giunti in vista dell'oceano Atlantico. Di quella conquista, il limite a sud fu determinato dall'estensione sconfinata del deserto del Sahara, mentre a nord i nuovi possedimenti africani dell'islam furono divisi seguendo sostanzialmente l'antica partizione amministrativa romana: da est verso ovest, il Miṣr (il nome arabo dell'Egitto), la provincia di Ifrīqiya (quella che i romani chiamavano *Africa Proconsularis*, e che era situata tra la Libia e la Mauritania) e infine il Maġrib al-Aqsa, letteralmente il più lontano ovest, cioè l'antica Mauritania (più o meno l'attuale Marocco). Tra le grandi vie commerciali della regione, due in particolare sarebbero rimaste importanti anche nei secoli successivi: una, che dall'attuale Tunisia giungeva sino al Marocco nord-orientale, l'altra, più meridionale, che, dall'Egitto, attraversava la Cirenaica e la Tripolitania e seguiva poi la base meridionale dell'Atlante sahariano sino al Marocco sud-occidentale. Da lì, naturalmente, anche la Spagna era a dir poco vicina.

I musulmani entrarono nella Penisola iberica attorno al 711. L'antica Betica romana, da tempo in mano ai visigoti, cadde a dir poco rapidamente e nello spazio di pochi anni gran parte di quel mondo divenne musulmano. Storia complessa quella che segue, che qui non ci riguarda se non per un singolare aspetto politico. A metà dell'VIII secolo, lo dicevamo prima, gli 'Abbasidi si impadronirono del potere califfale e lo fecero nel sangue: quasi tutti gli Omayyadi furono infatti sterminati con una carneficina. Quasi tutti: 'Abd al-Raḥmān ibn Mu'āwiya riuscì infatti a scampare alla morte trovando rifugio proprio in Spagna; laggiù, nel 756, si fece proclamare emiro, fondando una dinastia che un giorno, nel X secolo, avrebbe persino reclamato un autonomo titolo califfale.

Molto si è dibattuto sulle modalità con cui la Penisola iberica divenne musulmana. Probabilmente non fu un processo rapido ma un fenomeno più lento determinato dal progredire dei contatti reciproci. Qualcosa cioè di molto simile a quanto accadde nel resto dei territori conquistati[8]. In ogni caso, quel che è certo è che, al di là dell'aspetto strettamente religioso, la conquista islamica produsse poco a poco, anche nel mondo iberico, quello spazio sociale e culturale relativamente unitario a cui si accennava sopra. L'unità culturale data dalla religione musulmana e dalla lingua araba legò al-Andalus (il nome arabo della Spagna musulmana) a un mondo ben più vasto, una rete sociale, politica e commerciale, che si estendeva per tutto il Mediterraneo meridionale e di lì verso oriente.

4. *I berberi e l'eredità dell'Africa*

L'Africa era antica, si sa: fenici, egiziani, infine i romani: colonie, regni e imperi si erano succeduti sovrapponendosi, spesso mescolandosi. Quando i musulmani erano entrati in quei territori avevano trovato le grandi vestigia di un mondo che era stato romano e poi bizantino; peraltro, dicono le ricerche più recenti[9], si trattava di vestigia ancora in parte vitali. Erano più che altro tracce urbane: in città come Cartagine, Volubilis, Septem, Gades, malgrado il progressivo restringimento del territorio effettivamente controllato dall'impero e la distruzione di alcuni grandi monumenti (l'Odeon di Cartagine, ad esempio), la vita era continuata. Colonie di greci, latini, ebrei e levantini animavano nuovi centri religiosi e politici, facevano nascere nuove attività industriali e si dedicavano a traffici commerciali.

Attorno però era diverso. Bisanzio, infatti, non controllava altro che le città e gli stretti corridoi che le mettevano in comunicazione passando accanto ai grandi massicci montuosi. Al margine del Sahara così come ai piedi dell'Atlante, le antiche popolazioni autoctone si erano riprese ormai gran parte del loro territorio. E proprio tale questione merita un approfondimento.

Si è soliti designare tali popolazioni autoctone del Nordafrica col nome di berberi. Ora, questo nome è già di per sé il primo problema; esso, infatti, deriva dall'arabo *barbar* e fu usato per la prima volta dagli invasori musulmani per designare (in senso negativo) le genti con cui venivano in contatto. La parola era presumibilmente imparentata col greco *bárbaros* e come il greco indicava colui che emette suoni inarticolati e incomprensibili[10]. Ma dietro questa parola, soprattutto, si celava l'immagine unificante di un popolo, o di una famiglia di genti, che avrebbe abitato il Maghreb sin dagli inizi dei tempi (così più o meno si sarebbe espresso il grande storico Ibn Ḫaldūn agli inizi del XIV secolo).

Ora il problema per molti storici contemporanei parte proprio da qui, dal chiedersi se o in che misura sia possibile parlare di «berberi» intendendo un gruppo relativamente unitario e se questo non sia invece solo un ingenuo anacronismo. Probabilmente, come capita spesso, la verità sta in mezzo. Da una parte è evidente infatti che gli arabi utilizzarono la parola berberi per costruire un'immagine unitaria di popoli che non conoscevano, ed è altrettanto vero che questa costruzione letteraria impiegò alcuni secoli ad affermarsi. Dall'altra vi sono pochi dubbi sul fatto che l'intero Nordafrica parlasse già prima dell'invasione musulmana varianti locali di una lingua che oggi chiamiamo appunto berbero o libico-berbero (riconducibile al gruppo camito-semitico)[11]. Naturalmente questo non vuol dire che a tale affinità linguistica sia corrisposta sempre e ovunque una qualche affinità o uniformità culturale[12]. In altri termini: possiamo usare il termine «berbero» a patto di intenderci: può essere utile per designare in un senso molto generale tutti gli abitanti indigeni del Nordafrica; esso però non deve farci pensare a un improbabile «mondo berbero» o peggio a quel «popolo» fiero e indomito che certe contemporanee rivendicazioni etniche vorrebbero proiettare nel passato. A tale proposito, anzi, gli studi più recenti hanno sempre più sottolineato la notevole fluidità della società berbera, ma anche la capacità di adattamento ai differenti poteri[13]. Così è stata evidenziata, ad esempio, la notevole stabilità politica di molte dinastie berbere sin dalla fine del periodo romano; stabilità a cui non furono estranei né l'uso della religione cristiana né la legittimazione esterna[14]. L'impressione, insomma, è che per la maggior parte delle tribù berbere, le invasioni dei vandali prima e dei bizantini dopo si fossero tradotte più che altro in un semplice cambio di *patronus*, senza che i loro domini territoriali ne avessero risentito più di tanto[15].

Quando gli arabi arrivarono nel Maghreb trovarono una serie di popolazioni legate a strutture tribali e a culti animisti, frammentate in innumerevoli piccole comunità montanare arroccate sulla catena dell'Atlante o clan nomadi, ma anche regni berbero-cristiani e berberi stanziati nelle città, dediti alla navigazione e al commercio (e/o al saccheggio delle coste).

La sottomissione di quelle popolazioni diede parecchi problemi agli arabi del califfo Mu'āwiya. Le cronache registrano le imprese militari del meccano 'Uqba ibn Nāfi' e i massacri di berberi che l'avrebbero visto protagonista; ma registrano altrettanto una tenace resistenza, fatta di occupazioni di città e di figure carismatiche. Tra tutte quella, famosa, di una donna, Dihya, detta la Kāhina (la maga). La sua morte, attorno al 700, può essere considerata di fatto la fine della vera resistenza berbera. L'islamizzazione più o meno rapida della popolazione autoctona nordafricana, aiutò in un certo senso la continuazione della conquista: truppe berbere sarebbero state infatti utilizzate per entrare nella Penisola iberica e, successivamente, in Sicilia. L'islamizzazione, però, non condusse alla pace. Il malcontento tra i berberi continuò a serpeggiare e con ragione a quanto pare. Le cause infatti sembrano essere state di natura economica: le fonti sono unanimi nel dipingere i governatori arabi come rapaci profittatori della popolazione sottomessa. Nello specifico, i berberi convertiti all'islam si sarebbero visti applicare quel tipo di tasse che erano previste dalla legge per i non musulmani; inoltre sarebbero stati obbligati a ingenti tributi in termini di bestiame e di schiave da inviare in oriente[16]. Le rivendicazioni sociali ed economiche si legarono a forme di dissenso religioso giunte da oriente. In particolare la setta islamica dei kharigiti (*ḫawāriǧ*) si diffuse rapidamente in Africa attorno alla metà dell'VIII secolo: la loro dottrina, segnata da un notevole rigorismo e da una pietà prossima al misticismo, si sarebbe opposta duramente, anche con le armi, alla fede sunnita ufficiale e al potere politico di cui essa era espressione. La ribellione scoppiò nel 740 contro il governatore 'Ubayd Allāh ibn al-Ḥabhāb. Ci vollero decenni perché gli arabi avessero ragione degli insorti. Alla fine questa guerra intestina ebbe tra le molte conseguenze quella di veder crescere il potere dei comandanti provinciali. Fu in quel contesto che in Ifrīqiya si aprì lo spazio per la nuova dinastia degli Aghlabidi; proprio coloro che di lì a poco avrebbero guidato la spedizione contro la Sicilia.

5. *La dinastia aghlabide*

Al-Aġlab era giunto in Africa settentrionale attorno al 759, inviato dagli 'Abbasidi per ristabilire l'ordine nella provincia[17]. Era stato nominato governatore nel 765 con l'esplicito compito di sedare le rivolte dell'esercito e dei kharigiti berberi. Non ne ebbe il tempo oppure la forza: nel 768, dicono le cronache, cadde ucciso dalla freccia di un nemico sotto le mura di Qayrawān. La sua morte, a quanto pare, non avrebbe lasciato presagire la futura ascesa della sua dinastia; invece, per una serie di complessi eventi che qui dobbiamo giocoforza tralasciare, fu il figlio di al-Aġlab che alla fine ottenne il potere. Difficile ricostruire questa storia, anche per le considerevoli incongruenze dei cronisti[18]. In ogni caso, ciò che qui ci interessa è che Ibrāhīm ibn al-Aġlab giunse nel distretto dello Zāb (nella zona dell'attuale regione di Ghardaia in Algeria) poco prima del 795 e che ne divenne successivamente governatore.

Il prestigio militare di Ibrāhīm crebbe rapidamente; e questo proprio mentre il califfo di Baghdad Hārūn al-Rašīd stava procedendo a un ampio riordino delle province e del corpo dei loro governatori. Così, nell'anno 800, Ibrāhīm ibn al-Aġlab fu infine nominato emiro (*amīr*). Con tale titolo si indicava in particolare il governatore delle province, un funzionario che a quei tempi poteva essere designato anche come *wālī* e *'āmil*[19]. Gli *amīr* si insediavano solitamente ricevendo una delega (*tafwīḍ*) da parte del califfo: un mandato che includeva un documento di nomina (*'ahd*, «accordo») oltre ai simboli connessi con l'autorità, come lo stendardo e l'abito d'onore. Alcuni di loro, però, ottennero presto un considerevole potere autonomo, spesso legato al solo pagamento di un tributo. Costoro, come appunto gli Aghlabidi, avrebbero dato vita a vere e proprie dinastie.

Il fatto che tale autonomia fosse conseguita in accordo col califfo non è irrilevante; non a caso infatti la dinastia aghlabide è quella meglio conosciuta: l'essere di stretta obbedienza 'abbaside nel momento di massimo splendore del califfato fece sì che tutti gli storici arabi orientali si sentissero in dovere di trattare a lungo e in dettaglio di quell'emirato d'occidente. Per gli Aghlabidi, la fedeltà al califfo si traduceva nel nominarlo durante la recitazione della *ḫutba* (sermone del venerdì) e nel versargli consistenti tributi annui. In cambio, a Ibn al-Aġlab il califfo aveva accordato un territorio vasto e ricco, quello dell'Ifrīqiya. Le sue frontiere, come tutte le frontiere medievali per la verità, erano a dir poco fluide, definite più che da linee da interi territori: a est Tripoli controllava la via che collegava la provincia autonoma al centro dell'impero; a ovest, verso l'attuale Marocco, si estendevano i territori degli Idrīsiti, una dinastia fondata nella seconda metà dell'VIII secolo da Idrīs ibn 'Abd Allāh, un discendente di 'Alī in fuga dalla tirannia degli 'Abbasidi.

Per gli Aghlabidi invece il califfato era il punto di riferimento; e lo era anche e soprattutto nell'organizzazione del potere[20]. L'emiro, che aveva adottato come colore ufficiale il nero (colore anche degli 'Abbasidi), era garante supremo della *šarī'a*, della legge, oltre che giudice supremo dei suoi sudditi. Egli viveva sostanzialmente sotto lo stesso cerimoniale degli 'Abbasidi; una cortina (*ḥiğāb*) lo separava durante le cerimonie ufficiali dai suoi sudditi e un ciambellano (*ḥāğib*) regolava l'accesso alla sua presenza da parte dei suoi sudditi. Anche i funzionari replicavano il modello di Baghdad: un wazīr che controllava i vari uffici dello stato (traduco sbrigativamente così il termine *dīwān*, su cui tornerò meglio più avanti), a loro volta retti da una serie di segretari (*kuttāb*). Questa armatura amministrativa, in mano sostanzialmente all'élite di origine araba, governava su una società a larghissima maggioranza berbera, a cui si aggiungevano i bizantini nelle città, i persiani giunti con le differenti armate arabe, oltre naturalmente agli ebrei e ai mercanti levantini più o meno di passaggio.

La vita politica degli Aghlabidi fu segnata soprattutto dalle numerose rivolte del *ğund*, scoppiate tra le differenti fazioni dei soldati di origine araba. Il termine *ğund* designava letteralmente l'esercito, la truppa armata, e all'epoca omayyade era stato usato per indicare le circoscrizioni militari di Siria, dove in origine erano state ripartite le truppe arabe. In quei primi secoli di conquista tale modello fu applicato anche nei nuovi territori assoggettati: in al-Andalus come in Ifrīqiya i membri dei *ğund* si sentivano parte di un'etnia comune: una élite guerriera di origine araba, che esercitava una supremazia sul resto delle popolazioni conquistate e reclamava i diritti che riteneva le derivassero tanto per nascita quanto per ruolo militare[21]. Molte ribellioni nacquero in questo contesto e la cosa non stupisce più di tanto.

Nell'802 scoppiò una prima ribellione a Tunisi, fomentata da un certo Ḫurayš al-Kindī, personaggio di discendenza araba e abbastanza oscuro; forse espressione di un partito di opposizione agli 'Abbasidi attivo in Ifrīqiya[22]. Ḫurayš al-Kindī fu battuto dal generale 'Imrān ibn Muğālid, il quale si rivoltò poi a sua volta prendendo Qayrawān (810). Ma la crisi peggiore scoppiò alcuni anni dopo, nell'824, quando Manṣūr ibn Naṣr al-Ṭunbuḏī, signore di un territorio poco a sud di Cartagine, giunse a controllare quasi tutta l'Ifrīqiya, battendo persino moneta. Per alcuni anni l'emirato aghlabide fu sull'orlo del disastro, ma alla fine l'emiro Ziyādat Allāh I riuscì a raccogliere nuovamente sotto di sé parti importanti dell'esercito. Era l'anno 827, lo stesso della spedizione in Sicilia. Come è stato suggerito[23], ci sono buone ragioni per ritenere che le cose siano in parte collegate: il *ǧihād*, la prospettiva di un'avventura militare fruttuosa ed esaltante era quello che occorreva precisamente agli Aghlabidi per rinsaldare nuovamente gli eserciti.

NOTE AL CAPITOLO SECONDO

[1] Si veda a titolo di – importante – esempio P. Crone e M. Hinds, *God's Caliph. Religious Authority in the First Centuries of Islam*, Cambridge, Cambridge University Press, 1986.

[2] G. Garbini e O. Durand, *Introduzione alle lingue semitiche*, Brescia, Paideia, 1994.

[3] B. Lewis, *The Political Language of Islam*, Chicago, The University of Chicago Press, 1988; trad. it. *Il linguaggio politico dell'Islam*, Roma-Bari, Laterza, 2005.

[4] E. Tayan, voce *Djihād*, in B. Lewis, C. Pellat e J. Schacht (a cura di), *The Encyclopaedia of Islam*, Leiden-London, Brill, 1965; D. Cook, *Understanding jihād*, Berkeley, University of California Press, 2005; trad. it. *Storia del jihād. Da Maometto ai giorni nostri*, Torino, Einaudi, 2007, pp. 44 ss.

[5] Alcune scuole giuridiche avrebbero tentato di sfumare tale distinzione, introducendo le categorie mediane della *dār al-ṣulḥ*, «casa della tregua», e della *dār al-'ahd*, «casa del patto», previste per quelle popolazioni la cui pace con il mondo musulmano era condizionata al pagamento di un tributo: A. Morabia, *Le Gihad dans l'Islam médiéval*, Paris, Albin Michel, 1993, pp. 202-203, 443 nn. 119, 120.

[6] B. Scarcia Amoretti, *Il mondo musulmano. Quindici secoli di storia*, Roma, Carocci, 1998, p. 11.

[7] Al-Muqaddasī, *Ahsan al-taqâsim fî ma'rifat al-aqâlîm*, in M.J. de Goeje (a cura di), *Bibliotheca geographorum Arabicorum*, Leiden, Brill, 1906, vol. III, p. 44. Si può leggere una traduzione italiana di tutto il famoso passo in F. Gabrieli, *La letteratura araba*, Milano, Accademia, 1967, pp. 222-223.

[8] È questo sostanzialmente il modello proposto da R.W. Bulliet, *Conversion to Islam in the Medieval Period. An Essay in Quantitative History*, Cambridge, Mass., Harvard University Press, 1979.

[9] Per una sintesi: A. Leone, *Topographies of Production in North African Cities during the Vandal and Byzantine Periods*, in L. Lavan e W. Bowden (a cura di), *Theory and Practice in Late Antique Archaeology*, Leiden, Brill, 2003, pp. 257-287.

[10] Non tutti gli autori sono convinti di tale interpretazione, si veda

ad esempio il classico contributo di G. Camps, *Les Berbères. Mémoire et identité*, Paris, Errance, 1987, pp. 64-65.

[11] Su tale definizione Garbini e Durand, *Introduzione alle lingue semitiche*, cit., pp. 153-155; sulla classificazione delle differenti parlate berbere: pp. 156-157; ma si veda anche la sintesi di L. Galand, *Berbère*, in D. Cohen (a cura di), *Les langues dans le monde ancien et moderne*, vol. III: *Les langues chamito-sémitiques*, Paris, Cnrs, 1988.

[12] M. Brett ed E. Fentress, *The Berbers*, Oxford, Wiley/Blackwell, 1997, pp. 4-5.

[13] Ancora fondamentali i lavori di G. Camps, *Aux origines de la Berbérie. Monuments et rites funérairies protohistoriques*, Paris, Arts et Métiers Graphiques, 1961; Id., *Les civilisations préhistoriques de l'Afrique du Nord et du Sahara*, Paris, Doin, 1974; Id., *De Masuna à Koceila. Les destinées de la Maurétanie aux VIe et VIIe siècles*, in Atti del II colloquio internazionale di storia e archeologia dell'Africa del Nord, in «Bulletin archéologique du Comité des travaux historiques et scientifiques», 19B (1983), pp. 307-325; Id., *Les Berbères*, cit.; J. Desanges, *L'Afrique romaine et libyco-berbêre*, in C. Nicolet (a cura di), *Rome et la conquête du monde méditerranéen*, Paris, Puf, 1978, vol. II, pp. 627-656.

[14] G. Camps, *Rex gentium Maurorum et Romanorum. Recherches sur les royaumes de Maurétanie des VIe et VIIe siècles*, in «Antiquités africaines», 20 (1984), pp. 183-218; inoltre J. Desanges, *Une témoignage peu connu de Procope sur la Numidie vandale et byzantine*, in «Byzantion», 33 (1963), pp. 41-69.

[15] Brett e Fentress, *The Berbers*, cit., pp. 76-77.

[16] Su questo si veda M. Talbi, *L'émirat aghlabide*, Paris, Maisonneuve, 1966, pp. 25-35.

[17] Talbi, *L'émirat aghlabide*, cit., pp. 72 ss.

[18] *Ibidem*, pp. 94-97.

[19] G. Vercellin, *Istituzioni del mondo musulmano*, Torino, Einaudi, 1996, pp. 341-344.

[20] Si veda Talbi, *L'émirat aghlabide*, cit., pp. 692-699.

[21] Per un'aggiornata riflessione sul ruolo del *ǧund* in al-Andalus si veda E. Manzano Moreno, *Conquistadores, emires y califas. Los Omeyas y la formación de al-Andalus*, Barcelona, Crítica, 2006, pp. 87-120.

[22] Talbi, *L'émirat aghlabide*, cit., p. 141.

[23] *Ibidem*, pp. 205-206.

CAPITOLO TERZO

LA SPEDIZIONE IN SICILIA

1. *Le fonti: le cronache della conquista*

Attorno ai primi anni del IX secolo, Roma, Bisanzio, il califfato 'abbaside e l'emirato aghlabide si incontrarono e scontrarono nello spazio relativamente limitato di un'isola. La memoria di ciò che accadde in quegli anni è fissata in poche testimonianze scritte di cui, prima di proseguire, bisognerà dire qualcosa.

Cominciamo distinguendo tra le lingue. Ben poche sono le voci dei vinti (come al solito per la verità): il mondo cristiano tanto di lingua latina quanto di lingua greca ci ha lasciato infatti testimonianze molto scarse della conquista di Sicilia. Tutto sommato è quasi più facile trovare informazioni sulle incursioni musulmane nel Mediterraneo del secolo e mezzo precedente piuttosto che sugli anni dell'invasione di Sicilia. Sono molte, infatti, le cronache latine che offrono cenni di quei fatti. Forse il più importante esempio è costituito dagli *Annali del Regno dei Franchi* (*Annales Regni Francorum*) voluti da Carlo Magno[1], ma molto materiale ci giunge anche – ed è comprensibile – dalla Penisola italiana: ne parlano la famosa raccolta di vite di vescovi romani nota come *Liber Pontificalis*[2], numerose cronache procedenti dal nord come dal sud Italia, e persino la celeberrima *Storia dei Longobardi* di Paolo Diacono[3].

Riguardo invece alla conquista, il panorama è decisamente più ristretto. In ambito latino si tratta di poche cronache procedenti anche in questo caso, ed è comprensibile, dalla Penisola italiana: Giovanni Diacono (vissuto a cavallo dei secoli IX e X)[4], Erchemperto e la sua breve *Storia dei Longobardi beneventani* (seconda metà del IX secolo)[5] e infine l'anonima *Cronaca salernitana* (seconda metà del X secolo)[6].

Tralasciamo per il momento altre fonti, utili per illuminare magari particolari elementi culturali dell'epoca (le fonti agiografiche ad esempio). Se ci volgiamo invece alle cronache bizantine, il panorama è ancora più scarno. Troviamo un breve (e piuttosto romanzato) racconto della vicenda nella continuazione anonima della cronaca di Teofane il Confessore (che terminava attorno all'anno 813)[7]. Poi solo altri brevi cenni in autori più tardi come Kedrenos (XI secolo), Giovanni Scilitze (XI secolo) e Giovanni Zonara (XII secolo); a questo si possono aggiungere brevi menzioni in altre opere letterarie: vite di santi, commenti all'*Apocalisse*, ma poco di più.

In realtà quasi tutte le informazioni che abbiamo riguardo la conquista di Sicilia, le dobbiamo alle cronache arabe e questo richiede ulteriori chiarimenti. Innanzi tutto vi è un problema di distanza cronologica. In opere coeve come il *Futūḥ al-buldān* di al-Balāḏūrī (seconda metà del secolo IX), le informazioni sulla Sicilia si riducono infatti a pochi cenni[8]. L'unica vera (ma importantissima) eccezione è costituita dalla breve cronaca conosciuta come *Cronaca di Cambridge*, scritta presumibilmente tra il X e l'XI secolo da un autore siciliano e cristiano, ma conservata tanto in greco quanto in arabo[9].

Per il resto, è dalle grandi cronache successive che ci sono giunti i maggiori dettagli sulla conquista di Sicilia. Cronache a dir poco lontane dai fatti narrati e per lo più costituite da materiale precedente che non ci è pervenuto: compilazioni di compilazioni, dove rintracciare gli strati più antichi (a volte paragrafi, spesso semplici frasi) e le motivazioni delle scelte operate dall'autore appare tutt'altro che semplice.

La prima in ordine di tempo – e sicuramente la più importante per i dettagli che ci ha conservato – è la storia scritta da Ibn al-Aṯīr, che fu al servizio dei governatori di Aleppo e Mossul (m. 1233). Si tratta sostanzialmente di un'opera di *ta'rīḫ*, cioè di un'opera annalistica scritta per la celebrazione del potere, dipendente da fonti a noi spesso non giunte e per di più non sempre citate dall'autore; la sua prima versione fu completata alla fine del XII secolo e rivista e aggiornata tra il 1223 e il 1231. Il ruolo rilevante ricoperto dalla Sicilia è di fatto considerevole tanto da aver fatto pensare ad alcuni studiosi che l'autore vi abbia visto una sorta di scontro esemplare, elevato quasi a modello per le lotte che stavano impegnando musulmani e cristiani in oriente ai suoi tempi[10].

Oltre a lui l'egiziano al-Nuwayrī (m. 1333) che della Sicilia nella sua opera enciclopedica parla ampiamente, e Ibn Ḫaldūn (m. 1406), l'autore del monumentale e famosissimo *Kitāb al-'Ibar*, storia delle dinastie arabe e berbere del Nordafrica[11]. Infine il maghrebino Ibn 'Iḏārī al-Marrākušī, che visse tra i secoli XIII e XIV e la cui opera annalistica, il *Bayān al-Muġrib*, fu dedicata esplicitamente alle dinastie che governarono su al-Andalus e sul Maġrib[12].

Una tradizione storiografica, insomma, scritta quasi tutta al di fuori della Sicilia, e quasi tutta ben dopo gli eventi narrati. La qual cosa dovrebbe obbligare per lo meno a una certa prudenza nell'accettare acriticamente molte delle informazioni da essa fornite. Inoltre riguardo alle fonti arabe (ma il discorso dovrebbe essere esteso anche a molte fonti latine e greche) c'è un lavoro critico in buona parte ancora da fare, per analizzare ad esempio i modelli letterari con cui questi autori costruirono l'immagine dell'isola e della sua conquista; per cogliere la complessità e le implicazioni dei tanti elementi presenti nei loro racconti; per capire in sostanza, al di là di qualsiasi ingenua fiducia nella «veridicità» del cronista, con che materiali modellarono il loro racconto e perché proposero ai loro lettori certe particolari narrazioni.

2. *I primi contatti tra Sicilia e islam: definire la pirateria*

Sembra che la Sicilia venne raggiunta presto, probabilmente da navi partite dai porti delle coste orientali del Mediterraneo: forse, se ne è già accennato, una prima incursione contro l'isola giunse già nel 652 dal Levante. Poi abbiamo svariate notizie: una spedizione contro la Sicilia compiuta nel 669 da una flotta alessandrina e una – piuttosto famosa – l'anno seguente, quando i musulmani si impadronirono di Cossyra, l'attuale isola di Pantelleria. Negli anni che seguirono, gli attacchi si intensificarono: ormai le navi dirette contro le isole del Mediterraneo occidentale provenivano per lo più dalle vicine coste dell'Africa, in particolare da Tunisi in Ifrīqiya (il cui arsenale era stato fondato nel 698)[13] e dall'Egitto. Tutto questo almeno sino alla metà dell'VIII secolo, quando alcune fonti arabe registrano una certa battuta d'arresto. Il fatto sembra essere collegato al momento di grande turbolenza che stava attraversando il mondo musulmano: a oriente erano gli anni del rovesciamento della dinastia califfale degli Omayyadi; a occidente, immediatamente a sud della Sicilia, erano gli anni delle grandi rivolte berbere. Lo ricorda succintamente Ibn al-Aṯīr, parlando dei fatti dell'anno 135 dell'Egira (dal 18 luglio 752 al 6 luglio 753): la Sicilia, disse, era così ritornata sicura e «i rūm poterono far prosperare ogni luogo dell'isola, costruendovi castelli e fortificazioni»[14].

A parte il problema della consistenza di tale fortificazione bizantina, rimane interessante, in ogni caso, il rapporto evidenziato dalla cronaca tra rivolte berbere e pace Siciliana. Si può davvero parlare però di un vero e proprio periodo di pace? Forse più che altro occorre intendersi sui nomi. Spesso riguardo a queste prime incursioni musulmane gli storici hanno parlato di attacchi di pirateria. Ora, è stato notato[15] come il concetto di «pirateria» derivi in buona parte dal fatto che il fenomeno è stato analizzato soprattutto da un punto di vista cristiano; punto di vista che non sempre permette di cogliere le motivazioni e la logica di tali assalti. Non si tratta ovviamente di negare la violenza e gli atti di rapina contro uomini e beni; si tratta piuttosto di tentare di comprenderla anche dal punto di vista degli assalitori. Le cronache arabe sono per lo più concordi nel definire tali attacchi come *ġazwa*, razzia; spedizioni, ma di un senso specifico: se è vero infatti che le isole avevano continuato a mantenere un fondamentale ruolo strategico, è vero pure che attorno alla prima metà dell'VIII secolo esse rappresentavano anche un territorio di frontiera, spazio dunque di *ǧihād* e di *ġazwa*. Spedizioni di cui le fonti ci dicono quasi nulla, ma che è presumibile ipotizzare avessero tra i principali obiettivi proprio la cattura di schiavi, la cui domanda stava crescendo rapidamente nel mondo musulmano (non è probabilmente un caso, ad esempio, che un importante mercante di schiave in Ifrīqiya fosse morto proprio durante un *ǧihād* marittimo nel 725)[16].

Tale «pirateria» appare inoltre evidentemente legata ai mutamenti politici del mondo musulmano: all'epoca 'abbaside l'impero musulmano aveva cessato di estendersi e si sforzava, ormai, più di difendere le frontiere che di acquisire nuovi territori. I califfi faticavano sempre di più a mantenere l'autorità nei territori africani e nella Penisola iberica. Furono anni di relativa anarchia e non è certo un caso che, dove le fonti arabe tacciono, siano invece le fonti latine a narrare di attacchi marittimi contro le isole e le coste cristiane[17]. Gli attacchi cioè sembrano continuare anche in quel periodo ma non sono più legati a una promozione del *ǧihād* da parte di uno specifico governante (ragione che ne avrebbe invece potuto spingere l'inserimento in una cronaca araba).

In ogni caso, al di là dei dettagli interpretativi, pare piuttosto sicuro che attorno ai primi anni del IX secolo i mari di Sicilia fossero discretamente pericolosi. Per l'anno 806, gli *Annales Regni Francorum* registrano la notizia secondo cui sessanta monaci (greci possiamo aggiungere noi) sarebbero stati catturati nell'isola di Pantelleria, nello stretto di Sicilia, dai mori e portati in Spagna. Intervenne direttamente Carlo Magno, riuscendo a riscattarne alcuni e riportarli indietro (*ad loca sua*)[18]. L'anno successivo ancora navi provenienti da al-Andalus attaccarono le coste di Sardegna e Corsica, anche in questo caso scontrandosi con i franchi[19]. Lo stesso accadde nell'810: la Corsica fu probabilmente attaccata due volte nello stesso anno, ancora da navi provenienti dalle coste iberiche (da *tota Hispania*)[20].

Può apparire strano, ma in quel regime di evidente insicurezza non è per niente facile stabilire l'identità degli assalitori. Le fonti latine, infatti, distinguono quasi sempre, parlando di «saraceni» e di «mori»; e ci sono buone ragioni per ritenere che lo facessero consapevolmente, intendendo con *saraceni* gli arabi musulmani, e con *mauri* i nativi del Nordafrica (come già avevano fatto peraltro le fonti latine precedenti)[21]. Ma chiunque essi fossero, questo lungo periodo di razzie certamente contribuì ad aumentare le conoscenze islamiche sulla Sicilia e sulle altre isole.

Vedere in tutto questo, però, una lunga preparazione all'invasione, come è stato spesso fatto, è perlomeno anacronistico. Forse è vero che la spedizione dell'827 si avvantaggiò delle conoscenze che i marinai del Nordafrica (commercianti o pirati che fossero) possedevano ormai sulla Sicilia. Ma è sicuramente vero, però, che si trattò di qualcosa di ben diverso delle usuali razzie contro i villaggi di costa o le isole minori. Questo ce lo confermano, per motivi diversi, tanto le fonti cristiane quanto quelle musulmane.

3. *I presupposti dell'invasione*

Tutto sarebbe cominciato con una ribellione.

Nell'anno 826 si era insediato il nuovo stratego di Sicilia, di nome Costantino. Quasi subito tra lui e il comandante della marina bizantina in Sicilia, il turmarca Eufemio sarebbe scoppiato un dissidio. Sui motivi è piuttosto difficile pronunciarsi. Le fonti cristiane, tanto latine quanto greche riportano una romanzesca (e a dir poco improbabile) storia d'amore tra Eufemio e una monaca[22]; amore che l'imperatore stesso, Michele II (820-829), avrebbe deciso di punire. Più sobriamente le fonti arabe parlano di un periodo di scorrerie compiute da Eufemio lungo le coste africane; periodo dopo il quale l'imperatore avrebbe ordinato a Costantino di punirlo. Senz'altre parole riguardo la motivazione[23].

Indipendentemente da tali fatti contingenti, del contesto generale in cui stavano accadendo tali fatti si è parlato già nei capitoli precedenti ed è opportuno qui richiamarlo: Eufemio non era certo il primo comandante dell'esercito bizantino a ribellarsi; non era neppure il primo ad accordarsi con i nemici musulmani. Possiamo ricostruire ben poco del suo gesto, ma ci è possibile dire qualcosa su come intendesse presentarlo: in un suo sigillo che si è conservato si legge come egli si proclamasse *basileus tōn Rhōmaiōn*, il titolo cioè che era rimasto appannaggio di Costantinopoli. Un nuovo imperatore, insomma, che per giunta poneva sul *recto* di quel sigillo l'immagine della Vergine: quasi un manifesto di venerazione delle immagini contro la dottrina ufficiale dell'iconoclasmo, che forse intendeva attirare così il consenso degli scontenti siciliani[24]. Sarebbe dunque piuttosto ingenuo voler vedere in questi fatti quell'affermazione della sete di libertà siciliana che certa passata storiografia ha voluto leggervi.

In ogni caso, tale velleità politica di Eufemio durò poco. Le cronache musulmane dicono che contro di lui mosse un ufficiale che egli aveva inizialmente favorito. In arabo questo personaggio è chiamato Balāṭa, nome che forse richiama il titolo onorifico bizantino di *kuropalatēs*, o maestro di palazzo. È a questo punto che Eufemio, sconfitto in battaglia, si sarebbe rivolto ai signori dell'Ifrīqiya (ed è a dir poco curioso che tale narrazione presenti così tanti punti di contatto con l'analogo – e favolistico – tradimento perpetrato dal conte visigoto Giuliano, grazie al quale i musulmani sarebbero entrati nella Penisola iberica)[25].

In ogni caso, al di là di qualsiasi concessione letteraria, dal punto di vista degli Aghlabidi, l'occasione era a dir poco favorevole: la possibilità di una spedizione di conquista era sicuramente una delle opportunità migliori per rinsaldare l'esercito dopo gli anni di logoranti guerre civili e di tensioni sociali. Le cose comunque non dovettero essere così semplici: in quel periodo era ancora in vigore una tregua tra Bisanzio e gli Aghlabidi che ormai assicurava da tempo tranquillità di scambi economici e relazioni cordiali tra le parti; inoltre, anche se ci si fosse decisi per l'attacco, una spedizione del genere poneva problemi di ordine logistico e giuridico non indifferente. Nel *Riyāḍ al-nufūs*, una raccolta di vite di sapienti (*'ulamā'*) della seconda metà dell'XI secolo[26], si conserverebbe il dibattito tenutosi in quell'occasione riguardo alla possibilità di violare la tregua sulla scorta di una precedente violazione già compiuta dai bizantini (che avrebbero imprigionato numerosi musulmani malgrado il patto stipulato)[27].

Accanto all'evidente problema politico e militare, quella che traspare, insomma, è la preminenza dei problemi giuridici che si legavano a quell'impresa (o che le fonti posteriori avrebbero legato a quell'impresa). E i problemi giuridici di una simile spedizione di *ǧihād* erano inevitabilmente complessi: potevano riguardare tanto il trattamento degli infedeli, quanto la condotta da praticarsi in battaglia o la gestione del bottino. Nei dettagli molte di tali questioni erano soggette a letture giuridiche differenti, che variavano a seconda degli interpreti e delle scuole giuridiche adottate. Proprio in quegli anni, per giunta, l'Ifrīqiya stava vivendo una considerevole trasformazione sul piano giuridico[28]: da oriente infatti, stavano giungendo in quei territori i primi maestri della scuola giuridica (*maḏhab*) malikita, che prendeva il nome dal medinese Mālik ibn Anas (m. 795), e che si sarebbe presto diffusa notevolmente in Africa settentrionale, passando con rapidità anche nella Spagna musulmana[29]. Secondo le fonti, proprio uno di coloro che più avrebbe contribuito alla diffusione del malikismo in Africa era presente alla discussione sull'opportunità di invadere la Sicilia. Si trattava di un giurista sessantasettenne, Asad ibn al-Furāt (m. 828)[30], che era stato allievo di Mālik e che da tempo era noto come uno dei più brillanti *qāḍī* (giudice) d'Ifrīqiya, oltre che autore di un'opera, la *Asadiyya*, che sarebbe stata considerata anche successivamente come uno dei più importanti trattati di diritto malikita. Occorrerebbe lavorare più approfonditamente sul complesso materiale letterario che le fonti offrono nel narrare questo momento fondativo. In ogni caso i testi sono tutti concordi nell'affermare che la posizione più decisamente favorevole all'invasione sarebbe stata proprio quella dell'anziano giurista contro la maggioranza degli altri sapienti interpellati[31].

Alla fine l'emiro aghlabide Ziyādat Allāh I si decise per la spedizione, affidando per giunta il comando proprio al *qāḍī* Asad ibn al-Furāt, che mai aveva guidato prima di allora un esercito. Il fatto che i suoi biografi specifichino tutti come egli non fosse stato per questo privato della sua funzione di *qāḍī*, è indice probabilmente di una sua funzione più giuridica che strategica: forse la sua nomina, è stato detto[32], doveva più che altro indicare la via del corretto sforzo bellico, in un momento in cui d'Ifrīqiya soffriva ancora delle guerre intestine e di una certa incertezza politica.

4. *Lo sbarco in Sicilia*

Molti secoli dopo, al-Nuwayrī avrebbe ricordato così i momenti iniziali della spedizione verso le coste siciliane:

> Ziyādat Allāh raccolse quindi la flotta e i combattenti e collocò alla loro testa il *qāḍī* Asad ibn al-Furāt. La flotta salpò dalla città di Susa il sabato di metà mese di Rabī' al-Awwal l'anno duecentododici (14 giugno 827). [Si trattava] di circa cento navi, senza contare quelle di Eufemio. E ciò avvenne sotto il califfato di al-Mamūn. Arrivarono a Mazara (*Māzar*) il martedì (17 giugno 827). [Asad] ordinò di fare sbarcare i cavalli (*ḫayl*) dalle navi: erano settecento cavalli da sella (*faras*) e diecimila fanti (*rāǧil*). Rimasero [a Mazara] tre giorni e non si diresse contro di loro nessuno eccetto una sola squadra (*sariyya*): la catturò ma quando [vide] che erano compagni (*aṣḥāb*) di Eufemio li lasciò andare[33].

Questo resoconto della spedizione è probabilmente uno dei più dettagliati, anche se alcune informazioni sono da prendere con notevole prudenza, a cominciare dai numeri dell'esercito messo in campo, a dir poco eccessivi per quei tempi[34] (ma non occorre dire quanto le fonti medievali in genere debbano essere trattate con prudenza riguardo ai numeri riportati).

Sulle truppe che sarebbero partite per la Sicilia, solo Ibn 'Iḏārī aggiunge una breve nota ricordando come assieme ad Asad ibn al-Furāt andassero «i più nobili (*ašrāf*) di Ifrīqiya, tra cui arabi, rappresentanti del *ǧund*, berberi e andalusi (*al-Andalusīn*), oltre a uomini di scienza e di devozione»[35]. Pur essendo l'unico a fornire tale informazione, è ragionevole ipotizzare che la composizione delle truppe dovesse essere più o meno quella; magari con qualche dubbio in più riguardo alla presenza di soldati originari della Spagna musulmana (ritenuti da molti autori parte di quei ribelli espulsi da Cordoba nei primi due decenni del IX secolo e che varie avventure avevano condotto sino alla conquista di Creta)[36].

La descrizione di al-Nuwayrī continua con un accenno breve ma importante alla preparazione dell'esercito. Ci sono dunque cavalli, cavalieri e fanti radunati al porto Susa (l'attuale Sousse in Tunisia), città costiera che proprio in quel tempo stava vedendo crescere la sua importanza: pochi anni prima, infatti, Ziyādat Allāh I l'aveva dotata di un cantiere navale e nello stesso anno vi aveva fatto sorgere un *ribāt* (una di quelle strutture fortificate con fini tanto religiosi quanto militari che si sarebbero così diffuse sui confini dell'islam), più o meno nella zona dove alcuni decenni dopo (851) sarebbe infine sorta la grande moschea[37]. Imbracarono dunque le cavalcature: *fars* si chiamano in arabo i cavalli, per così dire, da cavaliere (*fāris*) e ogni nave ne poteva portare una decina o poco più. Anche le armi di quei soldati avevano probabilmente molti punti di contatto con quelle degli eserciti cristiani. I cavalieri utilizzavano una lancia e un'ascia a doppio filo (*tabarzīn*); si difendevano con uno scudo di cuoio (*daraq*) molto leggero e di piccole dimensioni. L'arco (*qaws*) si usava tanto a piedi quanto a cavallo; ma da sempre era la spada (*sayf*) a godere della maggiore considerazione.

Così preparato, a metà di giugno dell'anno 827 (tutte le fonti concordano sostanzialmente sul periodo), questo esercito sbarcava dunque sulla costa meridionale di Sicilia. Dove precisamente non lo sappiamo: forse in più punti (le fonti scritte parlano di Mazara, ma vale la pena ricordare che alcune monete, *dirham* d'argento datati 827-828, furono ritrovate nella spiaggia di San Leone vicino ad Agrigento)[38]. Il primo scontro avvenne presto con le truppe comandate da Balāṭa. Probabilmente tra Mazara e Palermo. Doveva essere un esercito considerevole quello bizantino, per quanto, anche in questo caso, ben lontano dai numeri iperbolici tramandati dalla tradizione araba. Quello che è certo, però è che Balāṭa venne sconfitto e costretto a rifugiarsi a Enna, che le fonti arabe chiamano Qaṣr Yāna (Castrogiovanni), una delle più imprendibili roccaforti bizantine. Ma a quanto pare non riuscì a lungo a sfuggire alla morte: sembra infatti che presto cercasse rifugio in Calabria e che lì vi fosse ucciso non molto tempo dopo; sui motivi di questa fine le fonti non si esprimono[39].

5. *Le prime fasi della spedizione*

I musulmani tornarono allora a Mazara (forse per la facilità di collegamento con l'Ifrīqiya che il suo porto poteva offrire); e una volta affidato il controllo di quella città ad Abū Zakī al-Kinānī, Asad prese la via di Siracusa, spostandosi sulla vecchia via romana Selinuntina che seguiva la costa meridionale dell'isola. Un uso strategico delle strade romane che è ben documentato per tutta la storia dell'avanzata islamica in Nordafrica e nella Penisola iberica[40]. Riguardo a questa avanzata, le cronache tramandano genericamente che i musulmani conquistarono molte fortezze (*ḥuṣūn*)[41]; il solo al-Nuwayrī aggiunge che Asad si sarebbe diretto «verso una chiesa che si trovava sul mare ed era chiamata Eufemia (*Ifīmīya*)»[42], luogo difficilmente precisabile[43] ma che almeno conferma il percorso litoraneo seguito.

I musulmani dovettero giungere presto nei pressi di Siracusa, la capitale del *thema* di Sicilia. Sempre le fonti arabe sostengono che abitanti di un paese vicino accettassero di fare atto di sottomissione. Se questo è vero, forse, come è stato sostenuto, tale accenno alla sottomissione potrebbe corrispondere a quel pagamento di cinquantamila solidi di cui parla il napoletano Giovanni Diacono riferendosi a fatti più o meno coevi[44]. Strategia per guadagnare tempo, affermano le cronache. In ogni caso le operazioni militari dovettero riprendere abbastanza presto e Siracusa si preparò a sostenere l'assedio.

A quei tempi la capitale bizantina non aveva più le imponenti dimensioni dell'età greca. Su questo gli archeologi dibattono da tempo[45], ma si può forse affermare, in modo molto generico, che, abbandonati da secoli i sobborghi e i quartieri più periferici, in quegli ultimi anni di dominio bizantino l'insediamento urbano era concentrato ormai solo nella piccola penisola di Ortigia e nella zona più vicina all'istmo che la congiungeva alla terraferma. I musulmani si accamparono lontano dalle mura, tentando di imporre il blocco anche dal mare. Ma sembra evidente che la situazione per loro divenne poco a poco critica: le difficoltà di approvvigionamento, infatti, ridussero alla fame gli assedianti, spingendoli quasi all'ammutinamento. È stato notato che una delle caratteristiche più singolari di questa conquista fu la sua eccessiva durata e la sua notevole disorganizzazione[46]. L'osservazione è giusta anche se forse non è così scontato, per quei secoli, definire cosa sia davvero un'azione di conquista. In ogni caso i musulmani rimasero per più di un anno davanti alle mura di Siracusa, in condizioni sempre peggiori, se è vero che alla fame si aggiunsero la controffensiva bizantina giunta da Costantinopoli, e infine una pestilenza che falcidiò numerosi combattenti, compreso forse anche l'anziano Asad (anche se altre fonti preferiscono parlare di una sua gloriosa morte in battaglia)[47]. In realtà è a dir poco difficile costruire un racconto coerente di questi primi anni di scontri: le fonti si contraddicono in molti punti e tendono a collocare gli stessi avvenimenti in momenti e luoghi diversi. Sembra che i musulmani a un certo punto decisero di tornarsene sulle loro imbarcazioni, ma che all'uscita del porto grande di Siracusa la ritirata fosse loro bloccata da navi bizantine e veneziane giunte in soccorso degli assediati[48]. Allora, continuano le cronache, i musulmani dettero fuoco alle loro navi e si volsero verso Mineo (Mināw), una fortezza a una giornata e mezzo di marcia da Siracusa. Il castello cadde rapidamente e i musulmani vi si stanziarono. Da lì intrapresero altre spedizioni: contro Agrigento, a quei tempi particolarmente debole; e soprattutto contro Enna: come già si diceva, la Qaṣr Yāna delle fonti arabe era probabilmente la fortezza più inespugnabile di tutta la Sicilia e quel primo debole assedio musulmano non aveva evidentemente molte speranze di successo. Forse fu proprio in quel frangente che Eufemio trovò la morte a tradimento, attirato in una trappola dagli abitanti della fortezza. Così almeno al-Nuwayrī[49]. Ma anche in questo caso è un problema di scelta tra le fonti. Altre cronache, infatti, collocano tali eventi altrove: a Mazara secondo Ibn Ḫaldūn[50], a Siracusa secondo il continuatore di Teofane[51]. L'avventura di Eufemio si chiude dunque per noi in tali scarse e contradditorie tracce; e questo peraltro ci lascia ben poche speranze di poter scrivere un giorno la storia di quel suo esercito cristiano che fu alleato degli Aghlabidi nei primi anni di conquista dell'isola e che forse contribuì non poco a guidare la marcia e le strategie degli invasori[52].

Fu a questo punto comunque, che stando a numerosi autori, avvenne una svolta forse insperata: una flotta di navi provenienti da al-Andalus giunse a dare manforte all'esercito aghlabide che si trovava in una posizione di evidente stallo. Su chi fossero tali andalusi si è discusso senza arrivare a una risposta definitiva; probabilmente razziatori non legati direttamente all'emirato di Cordoba e di origine berbera (come lascerebbe intendere il nome del loro comandante, Farġalūš al-Hawwārī)[53]. Quello che comunque sembra trasparire dalle fonti (e dalle loro confusioni) è una forte presenza di navi andaluse in quei primi anni di conquista: forse attirate dalla possibilità di razzia, forse da accordi militari, sembra comunque innegabile che il loro aiuto fu rilevante.

Con parte di queste nuove forze, gli Aghlabidi decisero allora di dirigersi verso Palermo. Era l'830 quando i musulmani posero l'assedio alla città, da terra e da mare. Per un anno quella periferica cittadina dell'impero bizantino resistette agli invasori. Così avrebbe raccontato quei fatti Ibn al-Aṯīr:

> I musulmani si diressero allora contro la città di Palermo e la assediarono e la strinsero. Il principe (*ṣāḥib*) chiese allora la salvezza (*'amān*) per se stesso, per la sua gente e per i suoi beni, e avendola ottenuta, se ne andò per mare al paese dei rūm. I musulmani entrarono nella città nel mese di *rağab* dell'anno 216 [agosto-settembre 831] e non vi trovarono altro che tremila uomini, mentre ve ne erano stati durante l'assedio settantamila ed erano morti tutti. Ebbero luogo tra i musulmani di Ifrīqiya e quelli di al-Andalus dissensi e contestazioni, ma poi giunsero a un accordo e rimasero così sino all'anno duecentodiciannove [dal 16 gennaio 834 al gennaio 835][54].

La viltà del governatore bizantino potrebbe essere un'invenzione letteraria ma il riferimento all'*amān* è comunque plausibile: nel diritto islamico tale termine indicava un salvacondotto o una promessa di protezione grazie alla quale vita e beni di un nemico, un *ḥarbī*, erano posti sotto la tutela della *šarī'a* durante un periodo di tempo limitato; e non c'è alcun dubbio che i bizantini conoscessero ormai da tempo tali elementi del diritto musulmano. I numeri che il cronista riporta sono invece sicuramente (come quasi sempre) largamente esagerati, ma danno la misura di qualcosa che accadde davvero: da quel momento la città di Palermo cessò di essere, anche sul piano demografico, una città bizantina e si avviò a diventare la grande capitale della Sicilia che sarebbe stata non solo in periodo musulmano. Peraltro, a quanto pare, la città assunse molto rapidamente tale ruolo di centro politico. Lo dimostra ad esempio la numismatica. Gli invasori, infatti, avevano evidentemente portato con loro il materiale per il conio se è vero che la prima moneta con legenda araba recante la scritta *Ṣiqiliyya* risale all'assedio di Enna/Castrogiovanni dell'829. E pochi anni dopo troviamo le prime monete che attestano il possesso di Palermo con la scritta *madīna Ṣiqiliyya* (Palermo fu chiamata da subito *madīna*, cioè «città» per eccellenza); ma anche più esplicitamente, in un conio dell'anno 230 (845), *madīna Balarm*[55].

La conquista entrava insomma in una nuova fase. I musulmani presero numerose roccaforti nella parte a sud-est dell'isola che sarebbe stata poi conosciuta come Val di Mazara: Caltabellotta, Corleone, Platani così come il porto di Trapani. Questo territorio venne probabilmente diviso come beneficio (*qaṭā'ī*) per le maggiori famiglie del ǧund. Questo è almeno ciò che si può supporre in assenza di prove che possano permetterci di far luce sulle dinamiche e sui particolari di tale divisione (se erano ad esempio soggetti a tasse, se avevano tali terreni solo in usufrutto, ecc.).

La già forte presenza islamica nell'isola rese più facili altre razzie, tanto nell'entroterra come sulle isole vicine. Razzie che partirono anche dall'Ifrīqiya, dove nell'839, tra l'altro, morì Zīyādat Allāh I, succeduto da Abū 'Affān. Le cronache concordano nel ricordare le devastazioni di quegli anni, come la spedizione verso l'Etna dell'anno 836, quando i musulmani avrebbero fatto «un bottino così grande che si vendettero gli schiavi (*raqīq*) sotto costo»[56]. Il che ci ricorda ancora una volta, non solo le priorità economiche dell'epoca, ma anche e soprattutto l'impressionante ricaduta demografica che dovettero avere i fatti di quegli anni. Messina cadde tra l'842 e l'843 grazie anche all'aiuto di forze navali cristiane giunte da Napoli con cui i musulmani di Sicilia avevano stabilito un accordo (e questo per ricordare per l'ennesima volta quanto le facili contrapposizioni tra «musulmani» e «cristiani» spieghino ben poco delle dinamiche altomedievali). Fu invece difficile spingersi verso i territori montuosi del Val Demone, mentre il Val di Noto subiva solo alcune insignificanti incursioni. Caddero Modica, Lentini e Ragusa tra l'845 e l'849, mentre molte delle città e roccaforti chiave, come Taormina, Catania e Siracusa, rimanevano ancora in mano bizantina.

NOTE AL CAPITOLO TERZO

[1] *Annales Regni Francorum (741-829) qui dicuntur Annales Laurissenses maiores et Einhardi*, a cura di F. Kurze, in *M.G.H.*, *Scriptores rerum Germanicarum in usum scholarum*, vol. 6, Hannover, 1895.

[2] Il *Liber Pontificalis* romano è il più noto esempio di quelle fonti cristiane medievali che furono compilate da alcune chiese locali elencando le liste dei presuli locali. Il *Liber Pontificalis* nella sua forma definitiva raccoglie le biografie dei pontefici da san Pietro a Martino V (1431). L'edizione principale del *Liber Pontificalis* rimane quella di L.M. Duchesne, Paris, Thorin, 1886-1982, voll. I-II.

[3] Paolo Diacono, *Historia Langobardorum codicis Gothani*, a cura di G. Waitz, in *M.G.H. SS. Rer. Lang.*, VI, 46-48.

[4] Si tratta dell'autore della continuazione della storia dei vescovi di Napoli (probabilmente per gli anni 763-877): *Gesta Episcoporum Neapolitanorum*, a cura di G. Waitz, in *M.G.H. SS. Rer. Lang.*, Hannover, 1878, pp. 398-436 (di questo testo è stata pubblicata una ristampa anastatica nel 1964).

[5] *Historia Langobardorum Beneventanorum*, a cura di G. Waitz, in *M.G.H. SS. Rer. Lang.*, cit., pp. 231-264.

[6] *Chronicon Salernitanum. A critical edition with Studies on Literary and Historical Sources and on Language*, a cura di U. Westerbergh, Stockholm, Almqvist & Wiksell, 1956.

[7] *Theophanes Continuatus*, a cura di I. Bekker, in *Corpus Scriptorum Historiae Byzantinae*, Bonn, Weber, 1838, pp. 81-83, c. 27. Theophanes Continuatus è il nome applicato convenzionalmente a una collezione di testi conservata in un unico manoscritto dell'XI secolo (Vat. gr. 167); le informazioni sulla Sicilia si trovano nella prima parte. Si veda A. Kazhdan, *A History of Byzantine Literature*, vol. II: *850-1000*, a cura di C. Angelidi, Atene, Kera, 2006, pp. 137-152.

[8] Al-Balāḏurī, *Futūḥ al-buldān*, a cura di M.G. de Goeje, Leiden, Brill, 1866, p. 235.

[9] L'anonima *Storia dell'isola di Sicilia* (*Ta'rīḫ Ǧazīrat Ṣiqilliyya*), conosciuta anche come *Cronaca di Cambridge*, sopravvive in due versioni distinte: quella araba (conservata appunto presso la Cambridge Univer-

sity Library) copre il periodo che va dall'827 al 964-965; quella greca, invece, arriva sino all'anno 987. Su questo e in particolare sul problema redazionale si veda P. Schreiner, *Die byzantinischen Kleinchroniken*, vol. I: *Einleitung und Texte*, in *Corpus fontium Historiae Byzantinae*, Wien, Österreichische Akademie der Wissenschaften, 1975, vol. XII, pp. 326-340.

[10] A. Nef e V. Prigent, *Per una nuova storia dell'alto Medioevo siciliano*, in «Storica», XII (2006), 35-36, pp. 47-48.

[11] Il rapporto tra Ibn al-Aṯīr, al-Nuwayrī e Ibn Ḫaldūn è piuttosto complesso. Riguardo alla conquista di Sicilia, Ibn al-Aṯīr dovette fare riferimento almeno a una fonte a noi sconosciuta, la stessa fonte che dovette essere poi utilizzata almeno da due importanti autori successivi, al-Nuwayrī e Ibn Ḫaldūn, che a loro volta conobbero e utilizzarono anche l'opera di Ibn al-Aṯīr.

[12] Ovviamente il particolare punto di vista «occidentale» con cui guarda ad al-Andalus, lo rende particolarmente prezioso nelle sue descrizioni sulla Sicilia; anche perché, se è vero che anch'egli sembra attingere ad alcune delle stesse fonti utilizzate dagli altri autori citati, è vero d'altra parte che di molti eventi rappresenta l'unica testimonianza a noi conosciuta: P. Chalmeta Gendrón, *Historiographía medieval hispana: arabica*, in «al-Andalus», 37/2 (1972), pp. 402-403.

[13] C. Picard, *Les arsenaux musulmans de la Méditerranée et de l'océan Atlantique (VIIe-XVe siècle)*, in D. Coulon, C. Otten-Froux, P. Pagès e D. Valérian (a cura di), *Chemins d'outre-mer. Études d'histoire sur la Méditerranée médiévale offertes à Michel Balard*, 2 voll., Paris, Sorbonne, 2004, vol. I, pp. 691-710.

[14] Ibn al-Aṯīr, *Al-Kāmil fī al-Tārīḫ*, a cura di C.J. Tornberg, Leiden, Brill, 1851-1876, vol. V, p. 456.

[15] C. Picard, *Retour sur la Piraterie Sarrasine d'al-Andalus contre le monde latin (Italie et Provence) au IXe et Xe siècles*, in F. Cardini e M.L. Ceccarelli Lemut (a cura di), *Quel mar che la terra inghirlanda*, Roma-Pisa, Cnr/Pacini, 2007, pp. 577-578.

[16] M. Talbi, *L'émirat aghlabide*, Paris, Maisonneuve, 1966, pp. 33-34.

[17] Per la cronologia di tali primi attacchi si veda P. Guichard, *Le débuts de la piraterie andalouse en Méditerranée occidentale (798-813)*, in «Revue de l'Occident musulman et de la Méditerranée», 35 (1983), pp. 55-76; inoltre Id., *Une «Méditerranée berbère durant le haut Moyen Âge?»*, in P. Sénac (a cura di), *Le Maghreb. Al-Andalus et la Méditerranée occidentale (VIIe-XIIIe siècle)*, Toulouse, Université de Toulouse-Le Mirail, 2007, p. 11.

[18] *Annales Regni Francorum*, a. 807, cit., p. 124. McCormick, *The Origins of the European Economy*, cit., p. 768.

[19] *Annales Regni Francorum*, s.a., cit., p. 124; si veda Paolo Diacono, *Historia Langobardorum codicis Gothani*, a cura di G. Waitz, *M.G.H. SS. Rer. Lang.*, Hannover, 1878, 11.12.

[20] *Annales Regni Francorum*, s.a., pp. 130 e 133.

[21] Si vedano Y. Modéran, *Les Maures et l'Afrique Romaine (IVe-VIIe siècle)*, Roma, École française de Rome, 2003; R. Rouighi, *The Andalusi Origins of the Berbers?*, in «Journal of Medieval Iberian Studies», 2 (2010), 1, pp. 100-101.

[22] Così ad esempio *Teophanes Continuatus*, pp. 81-82 e Giovanni Scilitze, III, 20 (46); da parte latina, il *Chronicon Salernitanum* III, p. 498, ne riporterebbe anche il nome: Homoniza. Sul dubbio che si tratti davvero di un nome proprio si veda A.A. Vasiliev, *Byzance et les arabes*, vol. I: *La dinastie d'Amorium (820-867)*, Brussels, Institut de Philologie et d'Histoire Orientales, 1935, p. 68, n. 3. Da parte latina; si afferma che il prefetto dell'Isola avrebbe tolto la fidanzata Omoniza a Eufemio; la tradizione bizantina afferma invece sostanzialmente il contrario: parlando della ribellione di Eufemio e del suo innamoramento per una monaca. Si veda M. Amari, *Storia dei musulmani di Sicilia*, 3 voll., Catania, Prampolini, 1937, vol. I, pp. 242-244.

[23] Così ad esempio Ibn al-Aṯīr, *Ibn-el-Athini Chronicon*, cit., VI, p. 333.

[24] Su tutto questo si veda il fondamentale contributo di V. Prigent, *La carrière du tourmarque Euphèmios, Basileus des Romains*, in A. Jacob, J.-M. Martin e G. Noyé (a cura di), *Histoire et culture dans l'Italie byzantine*, Roma, École française de Rome, 2006, pp. 279-317.

[25] Lo ha notato recentemente anche A. Metcalfe, *The Muslims of Medieval Italy*, Edinburgh, Edinburgh University Press, 2009, p. 10.

[26] Si tratta dell'opera del giudice (*faqīh*) maghrebino Abū Bakr 'Abd Allāh ibn Abī 'Abd Allāh al-Mālikī (morto tra il 1061 e il 1081). Si vedano J.F.P. Hopkins e N. Levtzion, *Corpus of Early Arabic Sources for West African History*, Princeton, Markus Wiener Publishers, 2000, pp. 60-61.

[27] Al-Mālikī, *Riyāḍ al-nufūs*, cit., I, pp. 186-187; M. Amari, *Biblioteca arabo-sicula* (d'ora in poi *BAS*), Lipsia, Brockhaus, 1857, pp. 182-183.

[28] C. Melchert, *The Formation of the Sunni Schools of Law. 9th-10th Centuries C.E.*, Leiden, Brill, 1997, p. 162.

[29] Su questo M. Talbi, *Kairouan et le mālikisme Espagnol*, in *Études d'Orientalisme dédiées à la mémoire de Lévi Provençal*, vol. I, pp. 320-325.

[30] Su Asad ibn al-Furāt si veda ancora U. Rizzitano, *Asad ibn al-Furàt, faqīh e qāḍī d'Ifrīqiyah*, in «Rivista degli studi orientali», 36 (1961), pp. 225-243.

[31] Così in almeno tre raccolte biografiche: Abū l-'Arab, *Ṭabaqāt*, p. 83; al-Mālikī, *Riyāḍ al-nufūs*, cit., I, p. 187; Ibn Nāǧī, *Ma'ālim*, II, p. 13. Inoltre si veda Talbi, *L'émirat aghlabide*, cit., pp. 411-412.

[32] Talbi, *L'émirat aghlabide*, cit., p. 417.

[33] Al-Nuwayrī, *Nihāyat al-arab fī funūn al-adab*, Il Cairo, Dār al-Kutub al-Misriyya, 1923, vol. XXIV, pp. 355-356.

[34] Su questo H. Kennedy, *The Armies and the Caliphs. Military and

Society in the Early Islamic State, London, Routledge, 2001; trad. it. *Gli eserciti dei califfi. Militari e società nello stato islamico delle origini*, Gorizia, Goriziana, 2010, p. 19.

[35] Ibn ʿIḏārī al-Marrākušī, *Kitāb al-Bayān al-Muġrib*, a cura di G.S. Colin ed É. Lévi-Provençal, Leiden, Brill, 1948, vol. I, p. 102.

[36] Talbi, *L'émirat aghlabide*, cit., p. 418. Tali ipotesi, a parte l'impossibilità di ulteriori riscontri nelle fonti – presentano anche alcuni complessi problemi. Si vedano D. Wasserstein, *Byzantium and al-Andalus*, in «Mediterranean Historical Review», 2 (1987), 1, pp. 76-101; J. Lirola Delgado, *El poder naval de al-Andalus en la época del califato omeya*, Granada, Universidad de Granada, 1993, pp. 99-105; inoltre, sulla rivolta, E. Manzano Moreno, *Conquistadores, emires y califas. Los Omeyas y la formación de al-Andalus*, Barcelona, Crítica, 2006, pp. 330-336.

[37] Su questo si veda J.F.P. Hopkins, *Sousse et la Tunisie orientale médiévales vues par les géographes arabes*, in «Cahiers de Tunisie», 31 (1960), pp. 83-95; A. El Bahi, *Sousse et le Sahel à l'époque médiévale*, Tunis, Centre de publication universitaire, 2004.

[38] P. Grierson e L. Travaini, *Medieval European Coinage*, vol. 14, *South Italy, Sicily, Sardinia. With a Catalogue of the Coins in the Fitzwilliam Museum*, Cambridge, Cambridge University Press, 1999, p. 73.

[39] Tale informazione, riportata tra gli altri da Ibn al-Aṯīr e Ibn Ḫaldūn, è confermata in realtà anche dall'Anonimo salernitano.

[40] Per la Spagna questo fu notato già da C. Sánchez Albornoz, *Itinerario de la Conquista de España por los musulmanes*, in «Cuadernos de Historia de España», 7 (1947), pp. 21-57.

[41] Ibn al-'Aṯīr, *Kāmil*, cit., V, p. 335.

[42] Al-Nuwayrī, *Nihāyat*, cit., 24, p. 356.

[43] Per un'ampia sintesi delle interpretazioni proposte per questo e altri toponimi, si veda Talbi, *L'émirat aghlabide*, cit., pp. 421-422.

[44] *Gesta Episcoporum Neapolitanorum*, cit., p. 429. Si veda Talbi, *L'émirat aghlabide*, cit., pp. 422-423.

[45] Si veda F. Maurici, *Le città della Sicilia bizantina: un problema aperto*, in M. Congiu, S. Modeo e M. Arnone, *La Sicilia bizantina. Storia, città e territorio*, Caltanissetta, Sciascia Editore, 2010, pp. 122-124.

[46] Metcalfe, *The Muslims of Medieval Italy*, cit., p. 12.

[47] Ibn al-'Aṯīr, *Kāmil*, cit., V, pp. 335-336. Ma sulla controversa datazione della morte di Asad si veda Talbi, *L'émirat aghlabide*, cit., p. 426, n. 2.

[48] Così al-Nuwayrī, *Nihāyat*, cit., 24, p. 358.

[49] *Ibidem*.

[50] Ibn Ḫaldūn, *Histoire de l'Afrique et de la Sicilie*, Paris, Firmin Didot, 1841, p. 107.

[51] *Teophanes Continuatus*, cit., vol. II, cap. XXVII, pp. 82-83; poi successivamente anche in Michele Psello. Si vedano su questo anche le

pagine (per la verità piuttosto fantasiose) di Amari, *Storia dei musulmani*, cit., vol. I, pp. 281-282.

[52] Semplice illazione naturalmente, ma come nota giustamente Alex Metcalfe, non è affatto improbabile che le fonti arabe abbiano volutamente sottostimato tale apporto: Metcalfe, *The Muslims of Medieval Italy*, cit., p. 12.

[53] P. Guichard, *Une «Méditerranée berbère durant le haut Moyen Âge?»*, in P. Sénac (a cura di), *Le Maghreb. Al-Andalus et la Méditerranée occidentale (VIIe-XIIIe siècle)*, Toulouse, Université de Toulouse-Le Mirail, 2007, p. 14.

[54] Ibn al-Aṯīr, *Kāmil*, cit., vol. V, p. 337.

[55] Su tutto questo Grierson e Travaini, *Medieval European Coinage*, cit., p. 74. Inoltre Metcalfe, *The Muslims of Medieval Italy*, cit., p. 13.

[56] Ibn al-Aṯīr, *Kāmil*, cit., vol. V, p. 339.

CAPITOLO QUARTO

IL CONSOLIDAMENTO DEL POTERE

1. *Il potere musulmano sull'isola*

Dalle informazioni che possediamo, pare evidente che le posizioni dei musulmani in questi anni a metà del IX secolo si stessero ormai consolidando: lo si vede in Sicilia, ma lo si vede anche sul continente dove andavano aumentando anche le spedizioni contro la Calabria e la Puglia. Nell'851 gli Aghlabidi nominarono governatore (*wālī*) di Sicilia al-ʻAbbās ibn al-Faḍl (m. 861). Si trattava di un comandante particolarmente abile che seppe ottenere risultati di grande importanza strategica, come si sarebbe visto con la caduta di Caltavuturo (852) e, l'anno seguente, con l'assedio di Butera, conclusosi con la consegna ai musulmani di un gran numero di prigionieri cristiani. Molte roccaforti cedettero per logoramento e non come risultato di battaglie. La tecnica era semplice e collaudata (non solo in ambito islamico per la verità): quando una cittadella non cadeva subito, erano le campagne e i villaggi che la circondavano a diventare oggetto di razzia, rendendo sempre più difficili gli approvvigionamenti di cibo e beni. Questo accadde, ad esempio, nei dintorni di Taormina e di Siracusa. Le fonti arabe descrivono quei fatti con relativa precisione, anche se occorre ricordare che molta parte di quelle descrizioni apparteneva in realtà a una tradizione letteraria e retorica ormai consolidata. Così ad esempio le cronache dicono che in quegli anni al-ʻAbbās ibn al-Faḍl saccheggiò, distrusse e arse: una sequenza di atti che con ogni probabilità richiamava alla mente dei lettori musulmani una celebre prescrizione presente nella *Sīrā*, la biografia di Muḥammad: «Andate e distruggete. Rompete tutto quanto è in pietra e muratura e bruciate quanto v'è di legno»[1]. Prescrizioni che sarebbero riecheggiate a lungo nelle regole del *ǧihād* e che chiarivano appunto come fosse «permesso distruggere le abitazioni nemiche, compiere attacchi alle loro case e incendiarle»[2].

Al di là di simili aspetti letterari, sembra comunque possibile cogliere lo sviluppo di una strategia: da una parte traspare un particolare interesse nell'ottenere un consistente numero di prigionieri, cioè di potenziali schiavi; dall'altra i musulmani sembrano muoversi puntando a creare il vuoto attorno alle due più importanti fortezze bizantine, Castrogiovanni e Siracusa e a isolarle tra loro tagliando le comunicazioni. A questo punto, dopo la caduta di Palermo, la presa di Castrogiovanni era diventata una necessità se si voleva completare la conquista dell'isola. Non a caso, le cronache si diffondono in dettagli riguardo all'assedio di quella fortezza. Si narra di come i musulmani saccheggiarono e distrussero i territori circostanti, ma soprattutto si ricorda di come i musulmani riuscirono a prenderla grazie a uno stratagemma che sarebbe stato suggerito da un prigioniero bizantino: una notte di inverno i musulmani si sarebbero inerpicati per i fianchi della rocca, giungendo ai piedi delle mura e di lì passando attraverso l'imboccatura di un acquedotto, penetrando così nella città e aprendone le porte.

La soluzione di un assedio attraverso uno stratagemma è un *topos* consolidato non solo nella letteratura araba, ma rimane il fatto che prendere la rocca di Castrogiovanni non dovette essere affatto facile. Per i musulmani comunque fu un grande trionfo; e questo traspare anche dalla memoria lasciata nelle cronache, secondo cui la caduta della fortezza (24 gennaio 859) sarebbe stata celebrata con l'immediata costruzione di una moschea (o la conversione di una chiesa). La descrizione di tali eventi offerta da Ibn al-Aṯīr è a dir poco eloquente:

> Arrivò allora al-'Abbās col resto dell'esercito ed entrò nella città, fecero la preghiera dell'alba del giovedì quindici di šawwāl [24 gennaio 859] e vi allestì (*banā*) subito una moschea (*masǧid*) in cui fece erigere un pulpito (*minbar*) dove pronunciò la *ḫuṭba* il venerdì. Uccise tutti coloro che trovò e [i musulmani] presero le figlie dei patrizi con i loro ornamenti e figli di re. E ottennero più ricchezze di quante sia possibile descriverne. Quel giorno

in Sicilia fu umiliato il politeismo (*širk*) dell'umiliazione più grande[3].

Il potere islamico nell'isola era ormai così forte da essere in grado di respingere senza troppi problemi una flotta bizantina giunta in soccorso l'anno successivo (860). L'arrivo delle navi cristiane produsse (o coincise con) il sollevamento di alcuni castelli nel sud-est dell'isola, tra cui Caltabellotta e Platani. Ma anche in questo caso la reazione di al-'Abbās fu determinata: i musulmani sedarono le rivolte e costrinsero altre forze bizantine giunte a dare manforte alla ritirata verso Siracusa. Al-'Abbās allora si volse verso la città bizantina, ne razziò le campagne e le grotte, ma sembra che lì venisse colto da una violenta malattia che in pochi giorni lo avrebbe condotto alla morte. Era il 3 del mese di *ǧumādā* (il 14 agosto 861), secondo Ibn al-Aṯīr; il quale aggiungeva poi una notizia singolare: il condottiero musulmano sarebbe stato infatti sepolto là, all'esterno di Siracusa; e là i bizantini, lo avrebbero dissepellito bruciandone il cadavere[4]. Forse semplicemente il violento sfogo dei vinti; forse la traccia di una storia più profonda, per la quale varrebbe la pena interrogare le fonti coeve, chiedendosi, ad esempio, se tale pratica non presenti altre testimonianze o se non si rispecchi in qualche simile immagine letteraria.

2. *La nascita di una società islamica siciliana tra arabi e berberi*

Nell'anno duecentotrentasei il dieci del mese di Raǧab (17 gennaio 851) morì Muḥammad ibn 'Abd Allāh ibn al-Aġlab dopo un governo di diciannove anni [...] Quando morì, la gente (*ahl*) concordò nel volere come governatore (*wālī*) al-'Abbās ibn al-Faḍl; quindi lo elessero e scrissero di ciò all'emiro Muḥammad ibn al-Aġlab, emiro di Qayrawān, il quale lo nominò wālī dell'isola[5].

Questo passo di al-Nuwayrī mostra un elemento piuttosto diffuso nelle cronache islamiche sulla Sicilia: come è stato giustamente notato[6], infatti, quel riferimento al consenso della «gente» è di fatto una formula ricorrente nella menzione della trasmissione dell'autorità tra governatori. Certo, con buona probabilità quando si parla di «gente» – o di *ǧamā'a*, secondo il termine forse più usato dalle fonti arabe – dobbiamo in realtà intendere i notabili, riuniti in una forma assembleare i cui contorni non ci sono molto chiari e che le fonti esprimono con termini diversi: *šūra* (consiglio), ma anche *ḫāṣṣa* e *a'yān*. In ogni caso, il grado di autodeterminazione che traspare dalle attestazioni di questi notabili palermitani, ci spiega almeno in parte quelle tensioni che si sarebbero sviluppate nella Sicilia musulmana tra centro e periferia, tra i nuovi musulmani di Sicilia e quelli di Ifrīqiya.

Riguardo all'appropriazione della terra siciliana in quel primo secolo di conquista, i toponimi, come vedremo meglio più avanti, sono quasi le uniche tracce di un processo che non ha quasi lasciato testimonianza scritta nelle fonti. Toponimi che peraltro compaiono quasi solo a partire dal periodo normanno, ponendo così non pochi problemi di carattere metodologico riguardo alla loro analisi quando li si voglia proiettare un paio di secoli indietro. Allo stesso modo è solo a partire dal X secolo che possiamo documentare di fatto la trasformazione delle città più grandi in centri amministrativi e parti organizzate delle strutture provinciali.

Cosa si può dire dunque su quel mondo musulmano che agli inizi del IX secolo giunse in Sicilia? All'inizio, ai tempi dell'invasione, le cronache narrano dell'arrivo sull'isola di arabi e berberi, ma nulla dicono sull'entità di tali gruppi. Come abbiamo visto nel capitolo precedente, ci sono numerosi indizi che fanno pensare alla partecipazione di gruppi diversi in quelle prime fasi della conquista: non solo condottieri arabi inquadrati nel *ǧund* assieme probabilmente a forze locali berbere, ma anche avventurieri e «pirati» provenienti da al-Andalus o dalle coste dell'Africa settentrionale. Al di là di questo, ben poco. Si potrebbe ipotizzare che, dati i suoi legami e la sua vicinanza geografica con l'Ifrīqiya, la Sicilia sia stata subito oggetto di massicci insediamenti di popolazione berbera; ma in realtà le fonti non lo lasciano intravedere e anche le tracce linguistiche sono relativamente esigue[7]. Al contrario la *nisba*[8] di gran parte dei nomi arabi che possediamo per la città di Palermo rimanda a gruppi arabi o che si definiscono come tali, il che potrebbe suggerire – almeno per la capitale – una penetrazione araba particolarmente forte nel governo e nell'amministrazione. In realtà, però, non è sicuro che le cose stiano così. In primo luogo è ben noto che nelle fonti arabe dei primi secoli l'elemento berbero è largamente sottorappresentato (e non c'è motivo di pensare che anche per la Sicilia non sia accaduto lo stesso); in secondo luogo perché, a ben guardare, in Sicilia i nomi tribali[9] che rinviano a un'ascendenza berbera non sono poi così pochi. Oltre a questo, poi, vi è un altro problema che negli ultimi anni è diventato sempre più evidente agli studiosi: qualsiasi analisi sociale si voglia condurre, non si può considerare l'isola come un intero, occorre invece considerare una scala microregionale, distinguendo, ad esempio, tra ciò che accadde nella parte occidentale e in quella orientale, oppure tenendo conto delle notevoli differenze di popolamento che dovettero intercorrere tra aree urbane e spazi rurali.

3. *Le ultime fasi della conquista e la caduta di Siracusa*

Dopo la morte di al-ʿAbbās sembra che alcuni candidati locali della sua famiglia tentassero di ottenere il titolo di governatore. Si trattò comunque di un'esperienza molto breve: già l'anno successivo, nell'estate dell'862, giungeva infatti dall'Ifrīqiya il nuovo *wālī* di Sicilia, Ḫafāğa ibn Sufyān. Sotto di lui le spedizioni annuali continuarono, concentrandosi in particolare sul sud-est dell'isola: Ragusa e Noto sarebbero state persino sottomesse una seconda volta, probabilmente a seguito di una loro ribellione (ma lo stesso Ibn al-Aṯīr ammette di riscontrare discordanze tra le fonti su questo punto)[10]; ma fu soprattutto il territorio di Siracusa che divenne oggetto di ripetuti attacchi. Nell'anno 871 Ḫafāğa sarebbe stato ucciso proprio sulla via del ritorno da una di queste spedizioni: si disse fosse stato un suo soldato, e che questo traditore avrebbe poi trovato rifugio all'interno delle mura di Siracusa, mentre il cadavere di Ḫafāğa veniva portato a Palermo per trovarvi sepoltura[11]. Suo figlio Muḥammad fu eletto governatore e ricevette il formale riconoscimento da Qayrawān, ma di lì a pochi anni trovò la stessa fine del padre, questa volta, sembra, per mano di alcuni eunuchi. Più che il segno di una tragica sorte familiare, era forse il sintomo di tensioni interne alla politica siciliana degli Aghlabidi, tensioni che sarebbero sfociate di lì a poco in scontri ancora più duri, come vedremo.

Negli anni successivi parte della spinta militare si proiettò all'esterno, ad esempio verso Malta. Intanto in Sicilia il potere musulmano si stava consolidando in buona parte del territorio: dal val di Mazara al val di Noto, gran parte dei territori erano ormai soggetti al pagamento di imposte per gli emiri Aghlabidi. Gli insediamenti cristiani si concentravano ora soprattutto nella zona montagnosa del Val Demone. Soprattutto rimaneva ancora in mano bizantina la città di Siracusa, anche se le continue razzie estive nei territori circostanti lasciavano ormai presagire un attacco imminente; era solo questione di tempo. L'assedio di Siracusa cominciò nell'estate dell'877.

I musulmani occuparono i sobborghi della città, compresi il quartiere antico e la chiesa metropolitana, chiudendo gli accessi sia da terra che dal mare. La città si ritrovò così limitata alla sola penisola di Ortigia e per gli abitanti non vi fu più nessuna possibilità di approvvigionarsi di viveri e neppure di pescare. Che quell'assedio fosse di particolare importanza lo dimostra anche l'uso delle macchine impiegate: baliste e mangani di un nuovo sistema di tiro, quasi orizzontale, che permetteva di battere direttamente in breccia evitando i classici (e in fondo poco dannosi) colpi a parabola. Tecniche e macchine probabilmente già usate nella penisola, ad esempio nell'assedio di Salerno (871)[12] e che ora, unite alla fame e alle malattie da denutrizione, mostrarono tutta la loro potenza. Per un caso a dir poco fortunato, di quell'assedio possediamo una testimonianza diretta, attraverso la lettera del monaco greco Teodosio indirizzata a un certo arcidiacono Leo (di cui non sappiamo nulla) alcuni anni dopo i fatti narrati[13]: il ricordo delle macchine da guerra, del pesante assedio e delle sofferenze subite filtra attraverso i richiami a una storia sacra che paragona le sofferenze sue e dei siracusani a quelle patite da Mosè e dal popolo di Israele. Tutto questo sino al maggio dell'anno 878, quando i musulmani infine entrarono nella città dalla parte del porto grande, saccheggiando, incendiando e demolendo le sue fortificazioni. Gli assedianti lottarono sino all'ultimo e proprio questo li condannò al massacro. Morirono a migliaia, dicono le fonti arabe, e quelle greche confermano[14]: torturati e uccisi tutti gli uomini in armi, mentre gli abitanti della città che erano scampati alla carneficina furono fatti prigionieri. Fra loro vi era appunto anche il monaco Teodosio, che ci ha lasciato quest'ultima immagine della sua città: «un labirinto di rovine, senz'anima vivente». La seconda parte della sua lettera si è conservata in realtà solo in una più tarda (e non troppo affidabile) versione latina, ma ciò che accadde, almeno nelle sue linee generali appare più che probabile: Teodosio e gli altri prigionieri furono condotti a Palermo, accolti da una folla festante alla vista di quel bottino di schiavi, e infine trascinati davanti al governatore della città, «seduto in trono sotto un portico», ricorda Teodosio, «nascosto dietro una cortina per superbia di tiranno». Modello di rappresentazione del potere, quello del nascondimento del sovrano, che si era da tempo affermato in tutto il mondo musulmano e che forse il nostro monaco non poteva comprendere. Finì in carcere assieme a tanti altri: arabi, ebrei, cristiani di Tarso, di Langobardia e di Sicilia, tutti accalcati nel caldo e nell'oscurità, avvolti dal fetore e dagli insetti. Non abbiamo nessun motivo per dubitare di una descrizione del genere. E così rimasero a lungo, sino all'anno 855 quando sembra che i siracusani vennero riscattati. Anche Teodosio, naturalmente, che infine pose mano alla sua lettera. Di lui non sappiamo altro.

4. *L'islam in Italia meridionale*

Con la caduta di Siracusa la conquista dell'isola faceva un ulteriore passo in avanti: a Bisanzio non restava ormai che la parte nord-orientale, da Demenna (San Marco) a Rometta e Taormina. Zona impervia, di gole e di montagne; i cristiani vi avrebbero resistito per quasi ottant'anni.

Ma anche se il soggetto di queste pagine è la Sicilia, non si può dimenticare che in quegli anni lo sforzo militare degli Aghlabidi non si limitò all'isola, ma interessò piuttosto un vasto tratto di mare e di coste, dall'Italia meridionale all'arcipelago maltese.

Già a partire dall'VIII secolo i contatti tra l'Italia peninsulare e il mondo musulmano circostante avevano cominciato a intensificarsi. Molte città costiere, nominalmente bizantine, come Napoli, Amalfi o la più lontana Venezia avevano allacciato (o mantenuto) stabili relazioni commerciali col Nordafrica: si trattava di scambi commerciali, ovviamente, ma anche dell'uso di truppe mercenarie musulmane (o almeno provenienti da quelle regioni) e persino, talvolta, di accordi politici[15]. Fu così che attorno all'anno 832, Napoli, minacciata dal principe beneventano Sicardo, aveva finito per chiedere aiuto ai musulmani, stabilendo un'intesa che sarebbe durata anche successivamente, se è vero che tre anni dopo forze africane e napoletane congiunte avrebbero attaccato la città di Brindisi.

Ma al di là degli accordi politici, ancora più diffusa in quel periodo dovette essere la presenza di soldati musulmani al soldo di vari signori. Lo si percepisce, ad esempio, da quanto sappiamo della famosa contesa sul principato di Salerno, scoppiata attorno all'anno 840 tra i longobardi Radelchi e Siconolfo: entrambi i contendenti finirono con l'assoldare truppe musulmane; in prevalenza africane Radelchi e andaluse Siconolfo[16]. Ma pare che, stando almeno alla cronaca di Erchemperto, tutti questi mercenari, giunti dapprima come *auxiliatores* e poi come *violenti insecutores*, si guardarono bene dal combattere tra di loro, e approfittarono invece della guerra fratricida per arricchire le spiagge d'oltremare di schiavi cristiani d'ogni sesso ed età[17].

Sono relazioni complesse da decifrare. Ma quello che oggi appare vago, o peggio incoerente, allora dovette essere ovviamente molto più chiaro: anche in questo caso la netta separazione di matrice religiosa valeva per lo più all'interno della retorica ufficiale (e dunque per noi della cronachistica); per il resto vi erano mercanti, soldati, pirati, spesso peraltro interpretati dalle stesse persone a seconda del contesto.

Così, lungo le coste dell'Italia meridionale le razzie si fecero frequenti; talvolta si spinsero più lontano come nel caso della famosa spedizione contro Roma dell'846, quando le navi musulmane riuscirono a risalire il Tevere e a saccheggiare la basilica dei santi Pietro e Paolo. Sul piano materiale gli effetti non furono diversi da quelli di altre razzie, sul piano simbolico quell'atto e la sua memoria ebbero un peso profondo. Pochi anni dopo, per volontà di papa Leone IV (847-855) si cominciò la costruzione di una nuova cinta muraria: «per combattere i nemici di Cristo», si disse, «saraceni e mori»[18].

Ma al di là di fatti così eclatanti, la spinta degli Aghlabidi sulle coste dell'Italia meridionale si fece evidente man mano che la conquista della Sicilia proseguiva. A partire dall'840 i musulmani si stabilirono in Puglia: furono a Taranto e poi a Bari, dove per alcuni decenni sarebbe sorto addirittura un altro emirato. Il primo attacco contro Bari era stato condotto da un cliente berbero, un *mawlā* degli Aghlabidi, come suggerisce il suo nome, Ḫalfūn al-Barbarī, il Kalfon delle cronache latine. Fu lui, a partire dall'anno 847 il primo emiro di Bari, in una breve sequenza di potere che si concluse con Sawdān, il Seodan o Saugdan dei latini, che vide crollare il suo effimero potere nel febbraio dell'871, quando Bari tornò in mano cristiana sotto la spinta delle armi del re franco Luigi II il Balbo.

Bari, Taranto, la Calabria: in quegli anni i musulmani lanciarono una serie di attacchi ben oltre i confini dell'Apulia. Capua fu saccheggiata nell'841; Napoli fu razziata durante l'856, Conza fu attaccata due volte, nell'858 e nell'862. Ascoli e l'abbazia di San Vincenzo al Volturno furono saccheggiate nell'861; attorno all'anno 884 la stessa sorte toccò all'abbazia di Montecassino: i musulmani, avrebbe raccontato secoli dopo il *Chronicon Vulturnense* (sec. XII), la distrussero «da cima a fondo e tutti i frati di quel convento che riuscirono a catturare [...] li passarono senza pietà a fil di spada»[19].

Una spinta considerevole che per essere compresa va colta in una ancora più larga prospettiva mediterranea che coinvolge anche lo spazio marittimo e le isole minori vicine alla Sicilia; in particolare l'arcipelago maltese.

5. *Malta e le altre isole*

La Sicilia è un'isola circondata da isole: un ennesimo spazio mediterraneo definito da un'antica continuità di contatti e relazioni. Vale per gli arcipelaghi più vicini, le Eolie e le Egadi in primo luogo, vale per le isole relativamente più lontane: Marettimo, Pantelleria e le isole maltesi.

Per molte di tali isole la documentazione altomedievale è quasi inesistente[20]. Delle Eolie, in particolare di Lipari e Vulcano conosciamo qualcosa di più: sappiamo della presenza di vescovi a Lipari sino all'VIII secolo; sappiamo di monaci presenti sull'isola ancora nei primi anni del IX secolo[21]. Abbiamo anche buoni indizi di continuità abitativa a Salina e, forse, persino a Vulcano[22].

Gli attacchi musulmani contro le Eolie cominciarono dopo la conquista di Palermo, nell'831, che divenne subito un'ottima base per l'espansione nel settore tirrenico. Non è del tutto certo, ma forse i bizantini riuscirono a riprendersi Lipari per qualche tempo[23]. In ogni caso non vi sono dubbi che l'arcipelago fosse in mano musulmana agli inizi del X secolo. Delle Egadi non vi è quasi menzione: dato che le fonti scritte documentano una presenza stabile a Favignana a partire dal XIII secolo e non prima, è evidente che solo l'archeologia potrà dire in futuro se quelle isole mantennero in periodo musulmano quell'importanza strategica che avevano avuto in periodo romano.

Anche Marettimo sembra mostrare un periodo di abbandono rispetto alla precedente età romana, ma anche in questo caso l'assenza di riferimenti scritti obbliga per lo più a supposizioni. Un discorso diverso lo si può fare per la sola isola di Pantelleria, tanto per le citazioni quanto per le recenti scoperte archeologiche. La quieta vita della *Kóssyra* bizantina era terminata di fatto molto presto, già ai tempi della conquista araba dell'Ifrīqiya. Profughi cristiani provenienti da Kelibia (*Clypea*) erano fuggiti a Pantelleria e qui avevano trovato rifugio sino a quando, dopo la caduta di Cartagine, una spedizione navale comandata da 'Abd al-Malik ibn Qatan occupò, forse attorno all'anno 700, le isole di fronte alla costa africana: fra esse era anche Pantelleria le cui fortificazioni furono abbattute[24]. Non è chiaro se l'isola finì per qualche tempo in mano musulmana. Certo è che sappiamo dell'esistenza di un monastero greco, di cui ci è persino giunta una regola, scritta in paleoslavo e, come è stato notato, di una durezza quasi militare[25]. Presumibilmente proprio da quel monastero provenivano quei sessanta monaci che sarebbero stati catturati attorno all'806, durante un'incursione di pirati musulmani. L'isola dovette rimanere sotto controllo bizantino ancora per qualche anno, non sappiamo quanto, ma è presumibile che già poco dopo l'827 Pantelleria cadesse sotto controllo musulmano. Difficile dire cosa accadde dopo. Le recenti scoperte archeologiche mostrano un considerevole restringimento dell'abitato già a partire dal VII secolo. Le fonti più tarde parlano di un completo spopolamento; forse si tratta di una formula retorica e qualche nucleo umano in realtà rimase, ma è evidente che vi sono ben poche tracce di vera continuità abitativa[26]. E questo fu, a quanto sappiamo, un destino comune a molte altre isole. A Lampedusa ad esempio le cose andarono più o meno allo stesso modo: un abitato bizantino che va restringendosi verso il VII secolo, la conquista musulmana e poi il probabile spopolamento e il sicuro silenzio delle fonti, sino al XIII secolo.

Anche per l'arcipelago di Malta può essere fatto un discorso per alcuni versi simile. Le isole dell'arcipelago maltese erano state sotto controllo bizantino[27], ma questo non aveva ovviamente impedito che subissero razzie da parte di navi musulmane. La conquista vera e propria è collocata dalle fonti, pur con alcune confusioni, attorno all'anno 870[28]. La spedizione aghlabide sarebbe partita dalla Sicilia e avrebbe portato a una rapida ritirata della flotta greca stanziata davanti a quelle isole. La devastazione fu grande: il governatore bizantino venne ucciso, il vescovo fu fatto prigioniero e trasferito a Palermo (dove in seguito, come abbiamo visto, avrebbe incontrato l'amico Teodosio), mentre la cattedrale fu ridotta in rovine e le sue pietre riutilizzate nel Qaṣr Ḥabašī, una fortificazione nei pressi di Sousse. Una violenza, specie quella nei confronti di un luogo di culto, inusuale e non facile a spiegarsi[29]. In ogni caso il successivo silenzio delle fonti è perlomeno rilevante. Secondo la testimonianza di al-Ḥimyarī essa sarebbe rimasta spopolata, una «disabitata rovina» sino al 1048-1049. Ma forse tale informazione è piuttosto da intendere nel senso di una cesura etnica: è questo che sembrerebbero indicare infatti i dati forniti dall'archeologia e soprattutto dalla linguistica, secondo cui sarebbe piuttosto ipotizzabile una ripopolazione con elementi linguisticamente eterogenei ma di provenienza africana (arabi ma soprattutto berberi, per semplificare). La cosa strana infatti è che a Malta (come per la verità a Pantelleria) sembra mancare di fatto il sostrato pre-arabo: l'arrivo dei musulmani, cioè, avrebbe del tutto cancellato le tracce dell'antica presenza romana e greca; tanto che persino i nomi di luogo non avrebbero più conservato tracce della tradizione precedente[30].

NOTE AL CAPITOLO QUARTO

[1] Ibn Hišām, *Al-Sīra al-Nabawiyya*, a cura di S. Zakkār, Beirut, Dār al-Fikr, 1999, vol. II, pp. 529-531.

[2] Al-Māwardī, *Al-Aḫkām al-sulṭāniyya*, a cura di E. Enger, Bonn, Adolph Marcus, 1853, vol. IV, p. 87.

[3] Ibn al-Aṯīr, *Al-Kāmil fī al-Tārīḫ*, a cura di C.J. Tornberg, Leiden, Brill, 1851-1876, vol. VI, p. 63.

[4] *Ibidem.*

[5] Al-Nuwayrī, *Nihāyat al-arab fī funūm al-adab*, Il Cairo, Dār al-Kutub al Misriyya, 1923, vol. XXIV, pp. 360-361.

[6] A. Metcalfe, *Muslims of Medieval Italy*, Edinburgh, Edinburgh University Press, 2009, p. 15.

[7] Questo ha portato Alex Metcalfe a sostenere l'ipotesi di una Sicilia ben poco berbera: A. Metcalfe, *Muslims and Christians in Norman Sicily. Arabic Speakers and the End of Islam*, London, Routledge, 2003, pp. 62-67.

[8] Il nome arabo si compone di diversi elementi; tra essi la *kunya*, cioè la forma introdotta da «Abū: "padre di" (che però può essere un semplice soprannome e non rimandare a una reale filiazione); l'*ism*, cioè la parte intima del nome; il *nasab*, cioè la forma *bin* o *ibn*: «figlio di»; e la *nisba*, o aggettivo di relazione, che termina in «i» lunga (cioè ī) e che può rinviare a una provenienza geografica, a una tribù o ancora, anche se più raramente, a un mestiere. Su questo argomento si veda J. Sublet, *Le voile du nom*, Paris, Puf, 1991.

[9] Tra l'altro, anche la stessa idea di tribalizzazione del territorio trascina con sé non pochi problemi. Innanzi tutto, perché «tribù» è un termine notoriamente difficile da usare e soprattutto perché le fonti sembrano piuttosto evidenziare una complessa suddivisione in clan fa-

miliari: A. Nef e V. Prigent, *Per una nuova storia dell'alto medioevo siciliano*, in «Storica», XII (2006), 35-36, pp. 59-60.

[10] Ibn al-Aṯīr, *Kāmil*, cit., vol. VI, p. 106.

[11] Ibn 'Iḏārī al-Marrākušī, *Kitāb al-Bayān al-Muġrib*, a cura di G.S. Colin ed É. Lévi-Provençal, Leiden, Brill, 1948, vol. I, p. 110.

[12] M. Talbi, *L'émirat aghlabide*, Paris, Maisonneuve, 1966, p. 487. Su questo si veda P. Moro, *Quam horrida pugna*, Venezia, Il Cardo, 1995, p. 88; A.A. Settia, *Rapine, assedi, battaglie*, Roma-Bari, Laterza, 2002, pp. 92-93.

[13] Per l'edizione ho seguito C.O. Zuretti, *La espugnazione di Siracusa nell'880. Testo greco della lettera del monaco Teodosio*, in *Centenario di Michele Amari*, Palermo, Virzì, 1910, vol. I, pp. 164-173; inoltre B. Lavagnini, *Siracusa occupata dagli arabi e l'epistola di Teodosio monaco*, in «Byzantion», 29-30 (1959-1960), pp. 267-277; R. Anastasi, *L'epistola di Teodosio Monaco*, in «Archivio storico siracusano», V n.s. (1978-79), pp. 169-182. Per un'aggiornata analisi della tradizione testuale di questa fonte si veda infine C. Rognoni, *Au pied de la lettre? Réflexions à propos du témoignage de Théodose, moine et grammaticos sur la prise de Syracuse en 878*, in A. Nef e V. Prigent, *La Sicile de Byzance à l'Islam*, Paris, De Boccard, 2010, pp. 205-228.

[14] Non solo Teodosio, ma anche la continuazione di Teofane, che ricorda come fossero uccisi tutti i soldati e fatti schiavi i cittadini: *Theophanes Continuatus*, lib. V, capp. LXIX, LXX, pp. 309 ss., ma si trovano cenni anche in Georgius Monachus, *De Basilio Macedone*, in *Corpus Scriptorum Historiae Byzantinae*, Bonn, Bekker, 1838, vol. I, cap. XI, p. 843; Symeon Magister, *ibidem*, p. 691; Niceta Paphlagonii, *Vita Sancti Ignatius*, in P. Labbé, *Sacrosancta Concilia ad Regiam Editionem Exacta*, t. VIII, p. 1238.

[15] A. Citarella, *The Relations of Amalfi with the Arab World before the Crusades*, in «Speculum», 42 (1967), 2, pp. 299-312; Metcalfe, *The Muslims of Medieval Italy*, cit., pp. 16-19.

[16] G. Musca, *L'emirato di Bari*, Bari, Dedalo, 1967, p. 23; B. Kreuz, *Before the Normans. Southern Italy in the Ninth and Tenth Centuries*, Philadelphia, University of Pennsylvania Press, 1994, pp. 19 ss.; inoltre M. McCormick, *Origins of the European Economy. Communications and Commerce AD 300-900*, Cambridge, Cambridge University Press, 2001, p. 921.

[17] Erchemperto, *Historia Langobardorum Beneventanorum*, a cura di G. Waitz, in *M.G.H. SS. Rer. Lang. saec. VI-IX*, Hannover, 1878, cap. 17, p. 241.

[18] Hlotharii, in *M.G.H. Leges, Capitularia regum Francorum II*, 9, p. 67. Si veda inoltre Musca, *Emirato di Bari*, cit., pp. 28-31.

[19] *Chronicon Vulturnense*, a cura di V. Federici, Roma, Tipografia del Senato, 1925, vol. I, Libro III, p. 369. Si veda su questo A. Citarella e H.M. Willard, *The Ninth-Century Treasure of Monte Cassino in the Context of Political and Economic Developments in South Italy*, Montecassino, Pubblicazioni Cassinesi, 1993.

[20] Si veda su questo il dettagliato contributo di F. Maurici, *Le isole minori della Sicilia in età bizantina*, in A. Bonanno (a cura di), *Interconnections in the Central Mediterranean. The Maltese Islands and Sicily in History*, Palermo, Officina di Studi Medievali, 2008, pp. 69-80.

[21] E. Kislinger, *Le Isole Eolie in epoca bizantina e araba*, in «Archivio storico messinese», 57 (1991), p. 11.

[22] V. Giustolisi, *Vulcano. Introduzione alla storia e all'archeologia dell'antica Hiera*, Palermo, Centro di documentazione e ricerca per la Sicilia antica «P. Orsi», 1995, p. 42.

[23] Lo si afferma soprattutto sulla scorta del ritrovamento di riconquista bizantina di Lipari è stata ipotizzata sulla base di due sigilli vescovili e di una moneta di Leone VI (886-889): V. Giustolisi *et al.*, *Alla ricerca di Lipari bizantina*, Palermo, Centro di documentazione e ricerca per la Sicilia antica «P. Orsi», 2001, pp. 7-8.

[24] Così ricorda al-Bakrī, in Amari, *BAS*, cit., 2 voll., Torino-Roma, Loescher, 1880, vol. I, p. 30.

[25] I. Dujcèv, *Il tipico del monastero di S. Giovanni nell'isola di Pantelleria*, in «Bollettino della Badia greca di Grottaferrata», XXV (1975), pp. 3-17.

[26] Potrebbe essere sorta allora, come ipotizzato da Henri Bresc, la tradizione di presenze diaboliche nei «luoghi salvatici, senza abitazione d'uomini» dell'isola testimoniata nel XIII secolo da al-Dimišqī: H. Bresc, *Pantelleria entre l'Islam et la chrétienté*, in Id., *Politique et société en Sicile*, Aldershot, Variorum, 1990, pp. 105-127.

[27] Le navi trovate a Malta e Gozo, databili tra i secoli VII e VIII, suggeriscono una forte poresenza navale bizantina in quell'area: T.S. Brown, *Byzantine Malta. A Discussion of the Sources*, in A.T. Luttrell (a cura di), *Medieval Malta. Studies in Malta before the Knights*, London, The British School at Rome, 1975, pp. 76-78.

[28] Per una dettagliata analisi delle discordanze tra le fonti, si veda Talbi, *L'émirat aghlabide*, cit., p. 475, n. 2.

[29] Talbi (*ibidem*, p. 476) ha supposto che i maltesi fossero stati accusati di avere rotto il loro *'ahd*, il loro patto, forse dando man forte ai bizantini venuti in loro soccorso.

[30] Su questo J. Aquilina, *Papers in Maltese Linguistics*, Malta, Royal University of Malta, 1970, p. 191; Luttrell, *Medieval Malta*, cit., p. 24; G. Wettinger, *The Arabs in Malta*, in AA.VV., *Malta. Studies of its Heritage and History*, Valetta, Mid Mad Bank, 1986, pp. 87-104; J.M. Brincat, *Malta 870-1054. Al-Himyarī's Account and its Linguistic Implications*, Malta, Said International, 1995; S. Goodwin, *Malta, Mediterranean Bridge*, Westport, Greenwood, 2002, pp. 19-21.

CAPITOLO QUINTO

LA SICILIA AGHLABIDE

1. *Le prime rivolte e le ultime spedizioni aghlabidi*

Verso la fine del IX secolo il potere aghlabide sull'isola di Sicilia e sullo spazio mediterraneo che la circondava sembrava dunque essersi consolidato. In realtà, le stesse fonti che ci parlano delle conquiste della dinastia africana, ci permettono anche di cogliere tra le righe le tracce di una situazione più difficile. Non sembra irrilevante, ad esempio, la notizia riportata da Ibn 'Iḏārī[1], secondo cui proprio lo stesso anno dell'assedio di Siracusa, il governatore di Sicilia, Ǧa'far ibn Muḥammad, sarebbe stato ucciso a Palermo dai suoi schiavi per conto di un suo zio e di suo fratello. Questi avrebbero quindi tentato di prendere il potere sulla Sicilia ma sarebbero stati rapidamente deposti a seguito di una sollevazione del popolo (*ahl*) e mandati in Ifrīqiya, e lì fatti giustiziare dall'emiro aghlabide Ibrāhīm II (r. 875-902).

Il governo della Sicilia fu allora affidato a Ḥusayn ibn Rabāḥ, il quale riprese subito le spedizioni contro i territori di Sicilia ancora bizantini, in particolare Rometta, Catania e Taormina, pur senza troppo successo. Furono anni di scontri violenti. A oriente, l'impero bizantino, sotto la guida di Basilio I (867-886) inaugurava una nuova politica di espansionismo territoriale in Italia meridionale: tra l'876 e l'887, i Bizantini riconquistavano quasi tutta l'odierna Calabria[2] e varie città della Puglia, tra cui Bari (876) e Taranto (880). Nell'anno 880, i bizantini riuscirono persino a sbarcare non lontano da Palermo, saccheggiando alcune contrade a nord-ovest dell'isola e trincerandosi infine tra i monti delle Madonie, dove, secondo Ibn al-Aṯīr[3], avrebbero fondato persino una città che egli chiama *Madinat al-malik*, «Città del Re». Più probabilmente in quell'occasione si limitarono a fortificare una struttura preesistente: forse Polizzi, forse quel centro che le fonti del XII secolo chiamano Ruqqa Basili (non lontano dall'odierna Castelbuono)[4]. Certo è che tale fortificazione rappresentava una minaccia a dir poco concreta per quella larga parte di Sicilia che era ormai sotto potere musulmano. Sarebbe stata espugnata di lì a poco, nell'882, ma era evidente che i bizantini avevano ritrovato una maggior forza.

È in questo contesto, probabilmente, che si alimentarono le prime vere tensioni all'interno dell'esercito musulmano. Uno scontro tra governanti e ribelli, lo dipingono le fonti notoriamente più tarde; probabilmente la cosa è più complessa e deriva da più cause, tra cui quello stesso tipo di tensioni tra arabi del *ǧund* e berberi che nel secolo precedente aveva sperimentato anche la Penisola iberica[5].

Quello che sappiamo di tali fatti è sostanzialmente quanto segue. Nell'anno 885, l'emiro aghlabide Ibrāhīm II, aveva inviato in Sicilia come nuovo governatore Sawāda ibn Muḥammad ibn Ḫafāǧa, evidentemente malvisto dai notabilati musulmani di Palermo. E questo per giunta accadeva nello stesso periodo in cui i bizantini riprendevano l'offensiva concentrando i loro sforzi soprattutto contro la Calabria. Sempre difficile determinare con precisione le cause profonde degli eventi, ma in questo clima non sorprende che una prima rivolta scoppiasse già l'anno seguente, nell'886[6].

La situazione peraltro era destinata a peggiorare. Alcuni anni dopo, attorno all'889, il porto di Reggio veniva attaccato dalle navi dell'imperatore Niceforo Foca. Nello stesso periodo, Sawāda si lanciava in un fallimentare attacco contro Taormina. L'anno successivo, nel marzo dell'anno 890, a Palermo scoppiava una seconda rivolta. La *Cronaca di Cambridge* la descrive come una sollevazione dei siciliani contro «la gente di Ifrīqiya»[7]; e come è stato suggerito[8] questo va probabilmente letto come l'indizio di una frizione tra le locali famiglie arabe del *ǧund* e le truppe giunte con Sawāda dall'Africa.

Tali tensioni sembrano essere rapidamente sfociate in uno scontro interno tra forze palermitane e forze agrigentine. Le fonti non spiegano quasi nulla di questa frattura tra le due città. È ragionevole (ma non del tutto dimostrabile) seguire l'idea di coloro che hanno voluto vedervi un'estensione delle tensioni tra arabi e berberi, dove gli arabi sarebbero stati associati al *ǧund* di Palermo e i berberi ad Agrigento. In ogni caso sullo sfondo rimaneva un un conflitto interno dilagante anche in Ifrīqiya e una situazione di progressiva frattura politica che si stava registrando tra Sicilia e Ifrīqiya e di cui sembrerebbe recare una traccia Ibn Ḫaldūn quando ricorda come di fronte alla reazione degli Aghlabidi, Palermo e Agrigento si fossero infine ritrovate unite. Ma a quanto pare ogni resistenza fu inutile: nel maggio del 900 l'esercito africano di Ibrāhīm II (m. 902) entrava in Palermo e restaurava il potere. Il nome di questo governatore aghlabide sarebbe rimasto famoso: le fonti arabe ne avrebbero narrato le gesta vittoriose in battaglia, ma anche il suo animo violento e vendicativo. Peraltro questo scontro intestino tra i musulmani di Sicilia non era passato per nulla inosservato tra i cristiani dell'Italia meridionale. Giovanni Diacono, ad esempio, sembra esserne stato ben informato, così come sembra aver avuto buona conoscenza della reputazione di Ibrāhīm II e di quella dei suoi figli[9].

Non a caso, mentre l'esercito di Ibrāhīm II riprendeva il controllo in Ifrīqiya, in Italia meridionale e in Sicilia il *ǧihād* ricominciò immediatamente. L'anno successivo le navi musulmane portarono un attacco devastante contro il porto di Reggio. Poi fu la volta di Taormina. L'antica *Tauromenium*, dopo la caduta di Siracusa, era divenuta il principale centro bizantino sull'isola. Le sue difese si disponevano verosimilmente su tre differenti livelli: la città vera e propria, l'area del castello del monte Tauro e infine l'attuale Castelmola[10]. Tutto fu però inutile: la città cadde il 1° agosto 902. Le fonti arabe non forniscono troppi dettagli: è una fonte greca, la vita di sant'Elia, a testimoniare di un massacro che non avrebbe risparmiato neppure donne, vecchi e bambini, compreso il vescovo Procopio che, rifiutatosi di abiurare, sarebbe morto tra atroci sevizie[11]. Certo, le iperboli letterarie sono da mettere in conto in simili fonti agiografiche, ma sembra evidente che la caduta di Taormina cambiasse considerevolmente la condizione dei musulmani sull'isola: a essa seguirono rapidamente le capitolazioni di altri centri fortificati nel Val

Demone, in particolare Rometta, che accettò di pagare la *ǧizya*. Per la prima volta dopo settant'anni, gli Aghlabidi potevano affermare che tutta la Sicilia era in mano musulmana.

2. *Il potere aghlabide e la trasmissione dell'autorità*

«La gente (*ahl*) concordò nel volere come governatore (*wālī*) [...]». Le fonti arabe sulla Sicilia descrivono spesso con queste parole l'elezione di un nuovo rappresentante del potere politico[12]. Si tratta di formule, va detto, che raccontano soprattutto di come certi rapporti di potere fossero pensati e immaginati nei secoli in cui le cronache furono scritte (cioè principalmente tra i secoli XIII e XIV), ma che qualcosa possono raccontarci anche del passato siciliano a cui fanno riferimento. Fondamentale era il patto (*bay'a*) stipulato tra la popolazione e il governante, che faceva sì che il califfo ricevesse un giuramento di fedeltà dal popolo attraverso una celebrazione pubblica. La natura di tale patto è ampiamente discussa dagli storici[13]; in ogni caso, quello che per noi soprattutto conta è che da tempo, a imitazione dei califfi, anche gli emiri e i *wālī* avevano cominciato a ricevere la *bay'a* dalla popolazione amministrata, come segno evidente dell'autorità politica e religiosa che ricadeva su di loro. In generale comunque, sappiamo che i governatori, i *wālī*, degli Aghlabidi godettero spesso di un considerevole potere personale. Se è vero che nei capoluoghi importanti, cioè Tobna, Tripoli e Tunisi, questi vennero per lo più scelti tra i membri della dinastia, in molte altre province, Sicilia compresa, i governanti si affidarono a condottieri arabi non sempre, lo abbiamo visto, del tutto docili nei confronti del potere centrale.

Anche in questo caso, però, le istituzioni degli Aghlabidi erano di fatto ricalcate sul modello 'abbaside: i *wālī* erano assistiti da un giudice, un *qāḍī*, per amministrare la giustizia, e da truppe locali[14]. Le cose probabilmente funzionarono così anche per la Sicilia, anche se, per l'ennesima volta, dobbiamo ammettere la scarsità di informazioni in nostro possesso. Non ci sono prove ad esempio che in quel periodo i centri urbani siciliani fossero già diventati centri amministrativi, come invece è possibile attestare per il X secolo. Non sappiamo neanche, d'altra parte, come fosse distribuita la terra conquistata. Con molta prudenza, in alcuni toponimi (Qal'at al-Mu'min, Qal'at 'Alī, Qal'at al-Mu'min, Qal'at Abī Ṯawr, ecc.) è forse possibile cogliere le tracce delle prime concessioni a comandanti aghlabidi. Ma è evidente che si tratta di un'operazione rischiosa, non fosse altro perché tale deduzione viene compiuta *a posteriori* sulla scorta perlopiù di toponimi attestati in documenti di età normanna[15].

Qualcosa di più è invece possibile dire riguardo all'importanza economica e politica che la guerra ebbe per questi governatori. La Sicilia era infatti una terra di frontiera militare, di *ṯaġr*: un termine, questo, che reca con sé l'idea di separazione, di luogo di passaggio e in generale di «apertura» (della bocca, di una città o di un territorio). Dal punto di vista geografico e politico, *ṯaġr* (plur. *ṯuġūr*) designò confini di natura precisa: quelle particolari zone della *dār al-islām* che erano poste a contatto con la *dār al-ḥārb*, davanti, cioè, a territori designati giuridicamente come «zone ostili», luoghi «oggetto di attacchi musulmani», in una parola territori di *ǧihād*[16].

Il *ǧihād* militare, ripetuto quasi annualmente contro i territori bizantini, aveva una fondamentale importanza tanto economica quanto politica. In un certo senso la gestione del territorio e della popolazione assoggettata, era conseguenza o derivazione della pratica del *ǧihād* e delle norme a esso relative. Ma questo è quasi tutto ciò che si può dire in proposito. È vero infatti che molte cronache attestano il pagamento della *ǧizya*, la tassa pro capite a cui diventavano soggette le popolazioni non musulmane conquistate. È vero pure che esse parlano a più riprese del differente trattamento dei vinti a seconda che le città fossero state prese con la forza o con una resa. Non sappiamo però se tali informazioni celino realmente differenti condizioni di pagamento della *ǧizya*, o se non costituiscano, in realtà, solo una generica affermazione retorica di sottomissione[17]. Inoltre la gestione del *ǧihād* da parte dei governatori non aveva solo ripercussioni di carattere economico e territoriale: in oriente come in al-Andalus, infatti, i califfati costruivano parte della loro legittimità politica anche attraverso l'atto, ritualizzato e ripetuto annualmente, della spedizione militare in territorio nemico[18]. Gli annali delle cronache arabe ricordano per l'appunto la necessità della guerra come atto di legittimazione, valido anche per i governatori provinciali rappresentanti del califfo: il ruolo fondamentale del sovrano si manifesta nelle *ṣayfiyyāt*, le spedizioni estive che costituiscono l'argomento fondamentale – se non, talvolta, l'unico – di queste cronache. Il discorso vale in generale, ma vi sono buone ragioni per ritenere che valesse allo stesso modo per la Sicilia: pure sull'isola, infatti, la pratica della *ġazwa*, della spedizione militare, sembra essersi configurata anche come un discorso politico. Tutti elementi, questi, non disgiunti dalla specifica dimensione giuridica della Sicilia aghlabide. Dimensione di cui occorrerà ora accennare qualcosa in più.

3. *Il diritto malikita in Sicilia*

Sin dai primissimi secoli della sua storia, l'interpretazione giuridica della dottrina islamica si era divisa in alcune scuole, quelle che in arabo furono chiamate *maḏhab* (letteralmente «via»). Tra queste, particolare fortuna in Africa settentrionale aveva avuto la corrente malikita, che si rifaceva agli insegnamenti del medinese Mālik ibn Anas (m. 795), autore della più antica compilazione di diritto islamico, il *Kitāb al-Muwaṭṭa'* (*Libro della strada spianata*)[19].

Più in particolare, la fortuna di tale corrente presso gli Aghlabidi risaliva proprio agli anni immediatamente precedenti la conquista della Sicilia. A quel tempo, infatti, Qayrawān stava trasformandosi in un fiorente centro urbano e stava aumentando il suo prestigio come centro di studio delle dottrine islamiche[20]. La costruzione della moschea di Sīdī 'Uqba (la Grande Moschea di Qayrawān) e la proliferazione di scuole coraniche, tanto nell'area urbana quanto nel territorio circostante, attrasse presto eminenti studiosi dall'oriente islamico, alimentando così un dibattito religioso particolarmente ricco, che si rifletteva ovviamente anche nella riflessione sulle scuole giuridiche, che proprio in quei decenni muovevano i primi passi. A pochi anni dalla conquista della Sicilia, a dire il vero, la preferenza della corte aghlabide andava più verso la scuola hanafita, che prendeva il nome dall'iraqeno Abū Ḥanīfa. Il malikismo era però già ben presente: proprio quell'Asad ibn al-Furāt che avrebbe guidato la spedizione in Sicilia aveva studiato tanto a Medina con Mālik, quanto in Iraq con i discepoli di Abū Ḥanīfa.

Il malikismo non era radicalmente diverso dalle altre scuole giuridiche, ma legittimava la sua autorità attraverso un ampio ricorso alla tradizione, alla *sunna*, rispetto ad altre forme di interpretazione o deduzione delle norme; e poneva una particolare enfasi sulla comunità storica di Medina, intesa come fonte geograficamente unica della legge[21].

Il trionfo del malikismo in Nordafrica è legato dalle fonti alla figura di Saḥnūn ibn Sa'īd (m. 855), che sarebbe stato celebrato dalla successiva letteratura malikita come il più intelligente ed erudito giurista del tempo. La stessa tradizione gli attribuisce la compilazione della *Mudawwana*, opera che sarebbe rimasta un punto di riferimento fondamentale per i giuristi malikiti dei secoli successivi, anche se forse in realtà tale testo fu il prodotto successivo e stratificato della sua scuola[22]. In tarda età, Saḥnūn avrebbe accettato l'incarico offertogli dall'emiro aghlabide Muḥammad ibn Aḥmad e divenne così primo *qāḍī* di Qayrawān. Intendersi sulla natura di tale istituzione non è scontato e vale la pena aprire una parentesi.

Al tempo dei califfi 'abbasidi, la figura del *qāḍī* aveva visto definirsi progressivamente i limiti di giurisdizione e di competenza. I *qāḍī* esercitavano le proprie funzioni attraverso un preciso mandato, spesso rimanendo in carica anche dopo la morte dell'autorità che li aveva nominati. Allo stesso tempo arbitro, giudice civile, giudice penale, conservatore di documenti, il *qāḍī* aveva una competenza in teoria universale in quanto si rifaceva direttamente alla Legge divina. Ma proprio questo carattere religioso del loro ruolo fece spesso attribuire a essi anche altre funzioni: come ad esempio la guida alla preghiera, la tutela degli orfani o l'esecuzione delle disposizioni testamentarie[23].

Ora, della storia di questi giudici in Africa settentrionale sappiamo, una volta tanto, qualcosa di più e questo grazie soprattutto a una specifica tipologia di fonti. Si tratta di particolari raccolte di biografie organizzate per lo più in ordine cronologico e note in arabo come *ṭabaqāt*. Tali raccolte, la cui fortuna è attestata sin dai primi tempi dell'islam, nacquero a quanto sembra per la necessità di identificare gli individui che riportavano tradizioni relative al Profeta, ma presto cominciarono a comparire *ṭabaqāt* dedicate a svariati gruppi sociali, come medici, poeti o, appunto, giudici[24]. Inutile dire che tali opere rappresentano una fonte di particolare importanza per indagare la vita intellettuale del Nordafrica e della Sicilia: negli ultimi anni, anzi si è registrato un nuovo interesse per questa tipologia di fonti[25] e qualcosa di ciò che ci raccontano è ora possibile riassumerlo. Al principio della dominazione islamica dell'isola i sapienti – è ovvio – giunsero tutti dall'esterno, inviati dal potere aghlabide di Ifrīqiya per assumere l'incarico di *qāḍī*. Sappiamo così di molti giuristi africani che sull'isola insegnarono il *fiqh*, come un certo Abū Sa'īd Luqmān ibn Yūsuf al-Ġassānī (m. 930 c.) che per quattordici anni fu a Palermo insegnando, tra l'altro, anche la *Mudawwana*. Informazioni preziose, queste, per documentare la diffusione del malikismo in Sicilia; diffusione, è stato detto[26], che può essere letta in più modi. Politicamente può essere vista come una vittoria dei giuristi sui governatori; socialmente come riaffermazione dei diritti popolari contro gli eccessi dello sfruttamento dell'élite araba; teologicamente, infine, come la vittoria di quei giuristi che si opponevano al razionalismo teologico propugnato da sistemi come quello dei mu'taziliti. In ogni caso, ciò che conta è che il malikismo in Sicilia si sarebbe affermato con forza; così tanta forza da resistere anche ai mutamenti politici e religiosi che di lì a poco avrebbero investito l'isola: quando la nuova dinastia orientale dei fatimidi si sarebbe sostituita agli Aghlabidi nel controllo dell'Ifrīqiya e della Sicilia.

NOTE AL CAPITOLO QUINTO

[1] Ibn ʿIḏārī al-Marrākušī, *Kitāb al-Bayān al-Muġrib*, a cura di G.S. Colin ed É. Lévi-Provençal, Leiden, Brill, 1948, vol. I, p. 117.

[2] Sull'avanzata bizantina in Calabria si veda G. Noyé, *La Calabre entre Byzantins, Sarrasins et Normands*, in E. Cuozzo e J.-M. Martin (a cura di), *Cavalieri alla conquista del Sud*, Roma-Bari, Laterza, 1998, pp. 90-116.

[3] Ibn al-Aṯīr, *Al-Kāmil fī al-Tārīḫ*, a cura di C.J. Tornberg, Leiden, Brill, 1851-1876, vol. VI, p. 39.

[4] L'ipotesi di Polizzi è sostenuta da M. Amari in *Storia dei Musulmani in Sicilia*, Catania, Prampolini, 1937, vol. I, p. 559, n. 2.

[5] Si veda E. Manzano Moreno, *Conquistadores, emires y califas*, Barcelona, Crítica, 2006, pp. 90-93, 319-320.

[6] La data della rivolta è collocata nel mese di Rağab 273, dunque nel dicembre dell'886 (si veda M. Talbi, *L'émirat aghlabide*, Paris, Maisonneuve, 1996, p. 496).

[7] *Cronaca di Cambridge*, in A.A. Vasiliev, *Byzance et les Arabes*, vol. II: *La dynastie macédonienne (867-959)*, Brussels, Éditions de l'Institut de Philologie et d'Histoire Orientales et Slaves, 1950, p. 101.

[8] A. Metcalfe, *The Muslims of Medieval Italy*, Edinburgh, Edinburgh University Press, 2009, p. 29.

[9] Giovanni Diacono, *Acta Translationis Sancti Severini*, in B. Capasso (a cura di), *Monumenta ad Neapoletani Ducatus*, Napoli, Giannini, 1831, I, p. 299; inoltre si veda Talbi, *L'émirat aghlabide*, cit., p. 507.

[10] F. Maurici, *Le città della Sicilia bizantina: un problema aperto*, in M. Congiu, S. Modeo e M. Arnone, *La Sicilia bizantina. Storia, città e territorio*, Caltanissetta, Sciascia Editore, 2010, p. 130.

[11] *Vita di Sant'Elia il Giovane*, a cura di G. Rossi Taibbi, Palermo, Istituto Siciliano di Studi Bizantini e Neoellenici, 1962.

[12] Metcalfe, *The Muslims*, cit., p. 15.

[13] G. Vercellin, *Istituzioni del mondo musulmano*, Torino, Einaudi, 1996, pp. 8-9. Ultimamente, riferendosi soprattutto al caso di al-Andalus, Manzano Moreno (*Conquistadores, emires y califas*, cit., pp. 223-224) ha negato, mi sembra con buone ragioni, che la *bayʿa* sia mai stata dotata di un esplicito carattere contrattuale.

[14] Talbi, *L'émirat aghlabide*, cit., pp. 698-699.

[15] Metcalfe, *The Muslims*, cit., p. 36.

[16] Si veda P. Chalmeta Gendrón, *El concepto de tagr*, in P. Sénac (a cura di), *La marche supérieure d'al-Andalus et l'occident chrétien*, Madrid, Casa de Velázquez, 1991, pp. 15-27 (in part. p. 16).

[17] Metcalfe, *The Muslims*, cit., p. 33. Per una posizione più scettica A. Nef, *La fiscalité en Sicile sous la domination islamique*, in A. Nef e V. Prigent (a cura di), *La Sicile de Byzance à l'Islam*, Paris, De Boccard, 2010, pp. 148-149.

[18] Riguardo ad al-Andalus si veda G. Martinez-Gros, *L'idéologie omeyyade. La construction de la légitimité du Califat de Cordoue (Xe-XIe siècles)*, Madrid, Casa de Velázquez, 1992; A. Vanoli, *Alle origini della Reconquista*, Torino, Aragno, 2003.

[19] La letteratura su questo è ormai vasta ma si può vedere ancora la classica opera di D. Santillana, *Istituzioni di diritto musulmano malichita, con riguardo anche al sistema sciafiita*, 2 voll., Roma, Istituto per l'Oriente, 1926-1943. Per un'aggiornata introduzione e una traduzione italiana del testo, si rimanda a Mālik ibn Anas, *Muwaṭṭa'. Manuale di legge islamica*, a cura di R. Tottoli, Torino, Einaudi, 2011.

[20] Su questo M. Talbi, *al-Bī'a allatī anša'at Saḥnūn: 'ālim al-Qayrawān 160/-240/777-854*, in Id., *Études d'histoire ifriqiyenne et de civilisation musulmane médiévale*, Tunis, Université de Tunis, 1982, pp. 91-164; inoltre W. Granara, *Islamic Education and the Transmission of Knowledge in Muslim Sicily*, in J. Lowry, D. Stewart e S.M. Toorawa (a cura di), *Law and Education in Medieval Islam*, London, Gibb Memorial Trust, 2004, pp. 150-173.

[21] Riprendo qui una definizione di R. Brunschvig, *Polemiques medievales autour du rite de Malik*, in «al-Andalus», 15 (1950), pp. 379-398.

[22] Questa la ragionevole ipotesi di N. Calder, *Studies in Early Islamic Jurisprudence*, Oxford, Clarendon Press, 1993, p. 11.

[23] Vercellin, *Istituzioni*, cit., pp. 309-310.

[24] Sul genere letterario delle *ṭabaqāt* si veda C. Gillot, *Ṭabaḳāt*, in *Enciclopédie de l'Islam*, II ed., Leiden, Brill, 1965, t. X, pp. 7-10; inoltre F. Rosenthal, *A History of Muslim Historiography*, Leiden, Brill, 1968, pp. 93-94; I. Hafsi, *Recherches sur le genre ṭabaqāt dans la littérature arabe*, in «Arabica», 23 (1976), 3, pp. 227-265 e 24 (1977), 1, pp. 1-41, 150-186.

[25] A. Nef, *Les élites savantes urbaines dans la Sicile islamique*, in «Mélanges de l'École française de Rome. Moyen Âge», 116 (2004), pp. 451-470.

[26] Granara, *Islamic Education*, cit., p. 157.

CAPITOLO SESTO

I FATIMIDI IN SICILIA

1. *La fine dell'unità politica islamica e l'avvento dei Fatimidi*

All'inizio del X secolo, nel mondo islamico cominciarono a comparire i primi segnali di un mutamento politico profondo: la centralità del potere califfale fu messa sempre più in discussione, a occidente come a oriente. Nella Penisola iberica questo lo si vide chiaramente attorno all'anno 929, quando l'emiro omayyade 'Abd al-Raḥmān III, dopo aver conquistato la fortezza ribelle di Bobastro, a ricordo dei suoi antenati di Damasco prese il titolo di califfo e di principe dei credenti, aggiungendo al suo nome il titolo onorifico di *Nāṣir li-dīn Allāh*, «il Vittorioso per la religione di Allāh». In oriente questo si manifestò con l'espansione della nuova dinastia sciita dei Fatimidi, che negli stessi anni avrebbe dilagato anche in Nordafrica giungendo infine a proclamare un terzo califfato autonomo.

A quello che sappiamo, i Fatimidi venivano dal sud-ovest dell'Iran, dove nel IX secolo avevano cominciato a proclamare la loro dottrina rivoluzionaria che prometteva salvezza politica e religiosa; la persecuzione che si era scatenata a seguito di tale predicazione li aveva costretti a spostarsi in Siria e fu lì che cominciò la loro fortuna. Sostenevano di discendere da Fatima, la figlia del Profeta, e appartenevano alla corrente ismailita dello sciismo, di cui però avevano superato le utopistiche attese messianiche: nei primi anni del X secolo, con molto realismo politico il loro quarto maestro proclamò che l'attesa era finita e che lui stesso era il *mahdī*, la guida destinata a inaugurare un nuovo ciclo della religione islamica. Il suo appello fu raccolto dai loro seguaci in Siria e nel Maghreb, oltre che dai loro alleati berberi. A quanto sembra, alcuni loro «missionari» (*dā'ī*)[1], tra cui soprattutto Abū 'Abd Allāh, operarono in Ifrīqiya a partire dai primi anni del X secolo e ottennero il supporto della tribù berbera dei Kutāma, stanziati nei monti della Kabylia, nell'attuale Algeria orientale; un supporto che si sarebbe rivelato fondamentale per le successive operazioni militari. I Kutāma appartenevano a un ramo dei berberi Sanhāǧa; la loro rivolta scoppiò pochi anni dopo, nel 902 con la presa di Mila (una cittadella che era diventata il simbolo stesso della presenza araba nel cuore del territorio dei Kutāma), poi di Setif nel 904. Nel 909 la presa di Raqqāda metteva fine al governo degli Aghlabidi e portava al potere 'Ubayd Allāh che assumeva il titolo di *mahdī* dando inizio alla dinastia fatimide[2].

Per circa cinquant'anni i Fatimidi avrebbero regnato sull'Africa del nord, risiedendo prima ad al-Mahdiyya (l'attuale Mahdia, città sulla costa tunisina fondata appunto dal primo califfo) e poi a Manṣūriya, non lontano da Qayrawān. Nel 969 il loro potere si estese sino al delta del Nilo: nel 973 il califfo al-Mu'izz trasferiva la sua corte nella nuova città fondata presso Fusṭāṭ, a cui diede il nome di «Vittoriosa», in arabo al-Qāhira, Il Cairo. Di lì il loro potere si sarebbe esteso nel volgere di qualche anno alla Palestina e al sud della Siria, giungendo persino ad assumere il ruolo di protettori dei luoghi santi, un titolo che da sempre era spettato ai califfi 'abbasidi.

A ben guardare questo evento politico mostrava i segni di un fenomeno di lunga durata che in seguito, dopo il crollo del califfato di Cordoba (sec. XI), avrebbe interessato anche al-Andalus: nell'islam stava infatti crescendo l'importanza politica degli eserciti tribali e dei leader carismatici che li guidavano, all'insegna di un nuovo fervore religioso e di una ritrovata capacità militare[3]. Proprio la dimensione mediterranea di questo mutamento politico avrebbe portato inevitabilmente allo scontro tra Fatimidi e Omayyadi di Spagna per il controllo dell'Africa settentrionale[4]; ma avrebbe determinato anche un complesso mutamento degli equilibri politici all'interno della Sicilia.

2. *I Fatimidi in Sicilia*

Nel 910, nello stesso anno cioè della proclamazione di 'Abd Allāh al-Mahdī, giungeva in Sicilia il primo governatore fatimide, Ibn Abī Ḫinzīr. Uno dei suoi primi atti ufficiali fu quello di guidare l'esercito arabo contro i principali insediamenti cristiani del Val Demone. Nello stesso periodo, nell'isola si insediava anche il primo *qāḍī* fatimide, Isḥāq ibn Abī l-Minhāl[5]. È stato notato[6] come in fondo lo sciismo fatimide fosse una dottrina piuttosto elitaria e non riuscisse a fare molta presa sui notabili siciliani, se è vero che ancora per l'anno 960, la *Cronaca di Cambridge* ricordava come dei siciliani fossero stati portati in Ifrīqiya per «essere introdotti alla scuola (*maḏhab*) del Principe dei Credenti»[7], cioè il califfo fatimide. Sappiamo comunque che durante tutti gli anni di governo sciita fatimide, nell'isola rimase una forte presenza di giuristi malikiti, e dunque sunniti. Inoltre sembra evidente che questo cambio di governo contribuì ad acuire il malcontento di molti nell'isola, anche in conseguenza dell'instaurarsi di un nuovo regime di tassazione, di cui potrebbe essere spia la nomina di un *ṣāḥib al-ḫums* (lett. «signore del quinto»), probabilmente l'addetto al prelievo, appunto, del quinto delle tasse, secondo la legge sciita (anche se non sappiamo a cosa questo «quinto» facesse riferimento in ambito siciliano)[8]. Fu attorno al 911 che i palermitani si sollevarono contro Ibn Abī Ḫinzīr, i cui ufficiali (*'ummāl*) avevano oppresso la popolazione (*ahl*). Nel 912 dall'Ifrīqiya inviarono un nuovo *amīr*, 'Alī al-Balawī, ma la situazione era ormai fuori controllo: a Palermo veniva assassinato il *ṣāḥib al-ḫums* mentre ad Agrigento veniva espulso il fratello di Ibn Abī Ḫinzīr. Si apriva la strada a una vera rivolta, che avrebbe visto emergere la figura di Aḥmad ibn Qurhub, un comandante militare che aveva servito sotto gli Aghlabidi come governatore di Tripoli.

La ribellione assunse una dimensione politica più vasta dei confini insulari, almeno dal momento in cui Ibn Qurhub si rivolse ufficialmente al califfo 'abbaside al-Muqtadir (908-932) e in risposta ricevette un'investitura ufficiale. Come è stato da tempo notato, tale rivolta può essere letta a più livelli. In un'ampia prospettiva, vi è sicuramente il conflitto per il potere califfale e il contrasto tra sciiti e sunniti. Vi è anche però un elemento sicuramente più locale e isolano, senza bisogno con questo di leggervi (come è stato fatto in passato) anacronistiche rivendicazioni regionalistiche o un esplicito dissenso sunnita in chiave anti-sciita[9]: la rivolta di Ibn Qurhub sembra andare piuttosto nella direzione di un tentativo di affrancarsi dal controllo dell'Ifrīqiya[10].

La fortuna di Ibn Qurhub fu comunque breve: attorno al 915 una fazione siciliana prese a contestarne l'autorità e a rifiutargli l'obbedienza. Il Mahdī inviò un nuovo governatore assieme a un esercito della tribù dei Kutāma che sbarcò a Trapani e si diresse poi verso Palermo. Nel 917 la rivolta aveva termine: Ibn Qurhub, suo figlio e il *qāḍī* sunnita che era stato nel frattempo insediato furono portati in Ifrīqiya, dove vennero torturati, mutilati e infine giustiziati pubblicamente.

I Fatimidi concessero nuovamente la pace (*amān*) all'isola di Sicilia, ma da quel momento il loro controllo divenne più stretto: per quasi vent'anni sarebbe stato l'*amīr* Sālim ibn Rašīd ad assicurare una relativa stabilità malgrado il perdurare di tensioni interne e di conflitti verso le frontiere. E tra gli elementi di tensione vi era sicuramente il problema delle tasse. Attorno al 935, dopo due stagioni di carestia, scoppiò una nuova rivolta contro l'*amīr* nel territorio di Agrigento. Di tale rivolta ci dà notizia in particolare il giurista al-Dāwūdī, in un racconto che lascerebbe intravedere, come è stato notato[11], motivazioni più profonde legate alle rivalità sorte tra i discendenti dei diversi gruppi islamici che si erano insediati su quei territori.

Per porre fine a tali sedizioni, nel 937 giungeva in Sicilia un esercito condotto dal comandante del *ǧund* di Qayrawān, Ḫalīl ibn Isḥāq. A Palermo, in direzione del porto, si iniziarono i lavori per la costruzione di un nuovo distretto fortificato che sarebbe dovuto diventare sede del governo, come avrebbe ricordato Ibn al-Aṯīr: «Dal suo canto Ḫalīl ibn Isḥāq mise mano a fabbricare sul porto della città una città [nuova], che egli rafforzò, abbattendo molte parti dell'antica e togliendone via le porte»[12].

Questa cittadella fu chiamata al-Ḫāliṣa, l'«eletta» o la «pura», un nome che portava con sé anche alcune connotazioni fiscali, dato che, almeno nelle province orientali, si riferiva a terre che erano proprietà personale dei governanti. Di quel luogo, le cui tracce più evidenti rimangono nel nome del quartiere di Palermo della Kalsa, dovremo riparlare a breve.

Le rivolte continuarono per alcuni anni e non riguardarono solo la Sicilia: Ifrīqiya, la stessa città di al-Mahdiya, fu assediata da ribelli berberi di fede kharigita. Sull'isola si registrarono sollevazioni a Mazara, Caltavuturo, Caltabellotta, Collesano e Platani. Poi, nell'anno 947, l'ennesima rivolta nella città di Palermo. A capeggiare tale rivolta era il potente clan dei Banū l-Ṭabarī, nome che suggeriva la loro origine nelle province orientali dell'impero 'abbaside (il che probabilmente spiegava in parte il loro legame con il vecchio *ǧund* aghlabide); ma proprio le tensioni di quegli anni mostrarono anche altri rapporti, compresi gli stretti legami che si erano stabiliti tra alcuni notabilati dell'isola e il potere bizantino nell'Italia meridionale.

Fu allora, per riportare ordine nei loro domini più occidentali, che i Fatimidi si rivolsero ai Banū l-Kalb, famiglia araba di Ifrīqiya, la cui ascesa come governatori dell'isola avrebbe segnato l'apogeo della Sicilia musulmana.

3. *L'emirato dei Kalbiti*

Le rivolte vennero presto sedate e a quanto sembra con particolare durezza. I Fatimidi ricorsero anche alla deportazione: forse alcuni berberi kharigiti furono portati dall'Africa del Nord in Sicilia, in particolare a Enna. I Kalbiti si installarono come governatori, *amīr*, a Palermo mantenendo un rapporto di completa fiducia e fedeltà nei confronti dei Fatimidi, anche quando, dal 969, la corte califfale si allontanò, spostandosi al Cairo, in Egitto.

Alla pace interna contribuì, come sempre, la ripresa della guerra contro i nemici esterni: il *ǧihād* contro i territori bizantini, ma anche il conflitto contro il califfato omayyade di al-Andalus, a quel tempo alleato con i bizantini contro i Fatimidi. Nel 954 l'emiro kalbite Aḥmad (953-969) lanciò una spedizione contro Alméria, porto meridionale di al-Andalus. Quelli furono anni di scontro in ogni parte del Mediterraneo, anni che registrarono, peraltro, una considerevole ripresa della spinta bizantina: sotto l'energica guida di Niceforo II Foca (m. 969), Bisanzio riconquistava Creta nel 961 e pochi anni dopo, nel 965, anche Cipro. Forse furono anche tali rovesci militari a spingere i Kalbiti a cercare la definitiva presa delle ultime parti cristiane dell'isola di Sicilia. I musulmani si diressero nuovamente verso Taormina dove la popolazione sembra si fosse nuovamente ribellata al dominio islamico. Dopo un lungo assedio, alla fine del 962 Taormina cadeva nuovamente: alla città veniva cambiato il nome in al-Mu'izziya e più di 1.500 prigionieri cristiani erano inviati al califfo fatimide. L'anno seguente i musulmani si impadronivano della fortezza di Rametta che guarda la montagna di Messina e che era stata consolidata da Niceforo Foca. Negli anni seguenti, tra il 975 e il 977 le armate musulmane si spinsero sino in Puglia. Ma in Italia i Kalbiti dovettero scontrarsi con l'esercito dell'imperatore germanico Ottone II sceso in quegli anni nella penisola per affermare la propria autorità imperiale e che in Calabria non dovette trovare una buona accoglienza[13]. Era il 982 quando la flotta musulmana sconfisse Ottone nella battaglia delle Colonne (variamente identificato con l'attuale Capo Colonna, nei pressi di Crotone, o con una località prossima alla moderna Villa San Giovanni) e tale vittoria aprì la strada a un fortunato periodo di imprese militari: l'assedio di Cosenza (988), di Taranto (991), di Matera (994), di Benevento (1002) e di Capua.

In quel periodo si avvicendarono numerosi emiri ai vertici della dinastia kalbite: tre fra il 982 e il 989; poi vennero gli anni di Abū l-Futūḥ Yusuf (989-998) e le fonti arabe sono concordi nel tramandare la saggezza e le grandi doti politiche e amministrative del nuovo *amīr*, forse per sottolineare ancor di più il contrasto con le tendenze separatistiche di coloro che gli succedettero. In ogni caso i suoi e quelli di suo figlio Ǧa'far (998-1019) furono gli ultimi grandi momenti della storia islamica di Sicilia: anni di grande fasto dove a un rituale di corte sempre più elaborato sembra aver corrisposto (e non è così strano) un sistema di tassazione sempre più parassitario. In ogni caso, però, si era alla fine: l'isola stava entrando in nuove relazioni economiche con il resto dell'Italia e gli interessi dell'Egitto fatimide erano ormai troppo lontani da quella parte occidentale del Mediterraneo. Il mondo attorno all'isola stava cambiando velocemente e la storia di Sicilia stava per prendere un nuovo corso.

4. *La politica fatimide in Sicilia*

La storia è spesso un problema di punti di vista. Da tempo è stato notato[14] come gran parte della narrazione relativa alla Sicilia musulmana fatimide sia troppo influenzata dalle fonti sunnite, che spesso hanno contribuito a offuscare (anche agli occhi di molti storici moderni, a partire da Michele Amari), l'importante contributo che la dinastia sciita ha dato alla storia islamica dell'isola.

La rivoluzione fatimide del 909 mise la parola fine, in modo violento e deciso, alla storia della dinastia aghlabide. Anche se molto delle precedenti istituzioni sopravvisse, l'isola di Sicilia si ritrovò proiettata in uno spazio per molti versi differente. All'interno i Fatimidi introdussero nuovi elementi architettonici e urbanistici, costruirono navi e arsenali, incrementarono la tecnologia agricola. All'esterno espansero le loro relazioni ben al di là dei confini della *dār al-islām*, tanto sul piano commerciale quanto su quello militare (ammesso e non concesso che una simile distinzione sia sempre facile a farsi, specie per quel periodo).

In Sicilia il *ǧihād* continuò a essere un fondamentale strumento dell'economia e della legittimazione politica[15]. In fondo è in tal senso significativo il modo in cui la successiva storiografia musulmana sciita avrebbe ricordato gli inizi della dominazione fatimide in Sicilia: le cronache riportano infatti un messaggio che sarebbe stato inviato da Abū 'Abd Allāh nel 909 alla popolazione dell'isola; un messaggio in cui il *dā'ī* sciita sottolineava l'impegno a continuare e valorizzare la condizione di *ṯaġr*, cioè di frontiera militare e dunque di terra di *ǧihād* che l'isola continuava ad avere, in quanto l'isola «più vicina alla terra dei *mušrikīn*»[16] (letteralmente gli «associazionisti»).

Malgrado però simili appelli al *ǧihād* e altri richiami alla continuità politica ed economica, i primi anni non furono affatto facili per i Fatimidi. Gli antichi clienti degli Aghlabidi e i molti musulmani dell'isola rimasti fedeli al sunnismo malikita non accettarono facilmente questi nuovi cambiamenti politici. Gli anni delle rivolte, come abbiamo visto furono lunghi e drammatici ma è considerevole che proprio a partire da quel periodo cominciasse a registrarsi un'accentuazione dei tratti islamici della società.

Certo la tradizione religiosa e giuridica fatimide era considerevolmente lontana da quanto la Sicilia aveva sperimentato sino a quel momento. Sul piano della gestione del potere, la dottrina ismailita dei Fatimidi collocava il califfo/imām al vertice e la massa dei comuni credenti alla base; in mezzo una scala di funzionari che andavano dal *sāhib al-bāb* (lett. «signore della porta»), colui che trattava direttamente con il vertice, ai vari *dā'ī*, i propagandisti missionari. Ma tale costruzione rientrava più che altro all'interno della dimensione esoterica dell'ismailismo. L'impatto della nuova cultura arabo-islamica sul piano della società è ancora in parte considerevole da studiare[17], molti sono però gli indizi che sembrano dimostrare una specifica azione di governo fatimide per intensificare l'islamizzazione dell'isola. Si pensi in particolare alla celebrazione di massa del rito di circoncisione imposta dal califfo al-Mu'izz (962)[18]; e soprattutto all'ordine emanato nel 967 che imponeva un piano di fortificazione generale dell'isola, prevedendo anche la costruzione di una moschea all'interno di ogni città fortificata. È al-Nuwayrī a riportare questa notizia:

> Nell'anno 356 [H., 17 dicembre 966-6 dicembre 967 C.] la pace fu firmata tra al-Mu'izz e [...] i Bizantini. Al-Mu'izz, dando all'emiro Aḥmad la notizia della pace, gli ordinò di ricostruire le mura della capitale e di rafforzarle [...]. Gli ordinò ancora di far costruire in ogni *iqlīm* [provincia, o distretto] una città fortificata, con una *ja-mi'* [moschea cattedrale] e un *minbar* [pulpito per la predica dell'*imām*], e di obbligare la popolazione di ciascun *iqlīm* a risiedere nella città [capoluogo], e di non permettere che essa

continuasse ad abitare nelle campagne. L'emiro Aḥmad si affrettò a eseguire gli ordini: cominciò a edificare le muraglie della capitale e inviò per tutta l'isola alcuni *šayḫ* perché si occupassero del popolamento e delle fortificazioni [delle città capoluogo delle province][19].

Il passo è stato molto commentato[20], ma in realtà le fonti non ci permettono di sapere quali furono gli effetti reali dell'ordine di al-Mu'izz. È comunque abbastanza evidente che l'opera di consolidamento politico passò per i Fatimidi anche attraverso progetti urbanistici e architettonici, spesso di grande portata. Forse in tal senso la costruzione della nuova città di al-Mahdiyya (921) in Ifrīqiya si deve paragonare all'edificazione, a Palermo, della città fortificata della Ḫālisa: uno spazio esclusivamente «fatimide» con le sue proprie specificità religiose, sociali e culturali.

Tali prospettive urbanistiche e architettoniche, inoltre, sono da collegare a un più vasto progetto politico e all'edificazione di un sistema amministrativo e di governo che all'epoca della Sicilia kalbite avrebbe infine avuto il suo modello nella corte fatimide del Cairo[21]. Lo sfarzo della corte palermitana è noto attraverso le pagine spesso critiche dei più tardi cronisti sunniti. I Kalbiti guardarono ovviamente ai loro patroni fatimidi, ma incorporarono anche modelli precedenti, provenienti da Bisanzio e persino dal califfato 'abbaside. Scribi, artisti, intellettuali e artigiani provenienti da gran parte del mondo mediterraneo dell'epoca, spesso ebrei o cristiani, furono prima di tutto la dimostrazione di quanto la politica fatimide fosse stata capace di spingersi ben oltre i semplici confini del territorio amministrato[22].

In quel contesto, poeti e intellettuali di corte divennero un fondamentale strumento di legittimazione politica[23]. Allo stesso modo di quanto accadeva nel medesimo periodo al Cairo[24] o a Cordoba. Dei poeti siciliani si riparlerà anche più avanti, ma vale la pena accennare almeno ad alcune delle voci che legarono il loro nome alla corte kalbite. Muḥammad ibn 'Abdūn che operò alla corte di Abū l-Futūḥ Yūsuf (989-998) e soprattutto Ibn al-Ḫayyāṭ, la cui carriera cominciò più o meno nello stesso periodo.

La sua produzione più chiaramente politica – che sopravvive principalmente attraverso l'antologia di poeti arabi siciliani di Ibn al-Qaṭṭāʿ (1042-1121)[25] – è forse uno dei migliori esempi per comprendere le strategie retoriche utilizzate dai poeti per la lode degli *imām* e della loro conoscenza esoterica e più in generale per esaltare e legittimare il governo dei Fatimidi[26].

NOTE AL CAPITOLO SESTO

[1] Il termine *dāʿī* (lett. «colui che chiama»), fu un titolo impiegato da alcuni gruppi dissidenti per designare i loro principali propagandisti o missionari, ma che divenne presto caratteristico degli sciiti.

[2] Sul crollo della dinastia aghlabide si vedano, oltre a M. Talbi, *L'émirat aghlabide*, Paris, Maisonneuve, 1996, F. Dachraoui, *Les commencements de la prédication ismaʿilienne en Ifriqiya*, in «Studia islamica», 20 (1964), pp. 89-102; M. Brett, *The Fatimid Revolution (861-973), and its Aftermoth in North Africa*, in «Cambridge History of Africa», 2 (1978), pp. 589-636.

[3] M. Bonner, *Le Jihad. Origines, interprétations, combats*, Paris, Téraèdre, 2004; trad. it. *La jihad* (sic!). *Teoria e pratica*, Soveria Mannelli, Rubbettino, 2008, p. 149.

[4] Sul rapporto tra al-Andalus e Nordafrica J. Vallvé Bermejo, *La intervención omeya en el norte de Africa*, in «Cuadernos de la Biblioteca Española de Tetuán», 4 (1967), pp. 7-39; P. Guichard, *Omeyyades et Fatimides au Maghreb. Problématique d'un conflit politico-idéologique (vers 929-vers 980)*, in M. Barrucand (a cura di), *L'Egypte fatimide, son art et son histoire*, Paris, Presses de l'Université de Paris-Sorbonne, 1999, pp. 55-67.

[5] Su questo e quanto segue si veda L.C. Chiarelli, *Sicily during the Fatimid Age*, Ph.D. dissertation, Salt Lake City, University of Utah, 1986.

[6] A. Metcalfe, *The Muslims of Medieval Italy*, Edinburgh, Edinburgh University Press, 2009, p. 44.

[7] *Cronaca di Cambridge*, in M. Amari, *Biblioteca arabo-sicula*, Lipsia, Brokhaus, 1857, p. 175.

[8] Sul *ṣāḥib al-ḫums* si vedano H. Halm, *Das Reich des Mahdi. Der Aufstieg der Fatimiden (875-973)*, München, Beck, 1991; trad. ingl. *The Empire of the Mahdi. The Rise of the Fatimids*, Leiden, Brill, 1996, p. 177; J. Johns, *Arabic Administration in Norman Sicily*, Cambridge, Cambridge University Press, 2002, p. 24; A. Nef, *La fiscalité en Sicile sous la domination islamique*, in A. Nef e V. Prigent, *La Sicile de Byzance à l'Islam*, Paris, De Boccard, 2010, pp. 132-156, in partic. pp. 140-146.

[9] Così già Michele Amari (anche se non esplicitamente) e soprattutto A. Ahmad (*A History of Islamic Sicily*, Edinburgh, Edinburgh University Press, 1975).

[10] Metcalfe, *Muslims*, cit., p. 45.

[11] *Ibidem*, pp. 50-51.

[12] In Amari, *Biblioteca*, cit., p. 255.

[13] G. Noyé, *La Calabre entre Byzantins, Sarrasins et Normands*, in E. Cuozzo e J.-M. Martin (a cura di), *Cavalieri alla conquista del Sud*, Roma-Bari, Laterza, 1998, pp. 96-109.

[14] M. Canard, *Fatimides*, in *Enciclopédie de l'Islam*, II ed., Leiden, Brill, 1965, vol. II, p. 862; inoltre per un'antologia di fonti, A. Pellitteri, *I Fatimidi e la Sicilia (sec. X)*, Palermo, Centro culturale Al-Farabi, 1997, in part. p. 22.

[15] Su questo M. Canard, *Quelques notes rélatives à la Sicile sous les premiers califes fatimides*, London, Variorum, 1974, pp. 569-576; inoltre soprattutto W. Granara, *Political Legitimacy and Jihad in Muslim Sicily, 827-1053*, Ph.D. dissertation, Philadelphia, University of Pennsylvania, 1986.

[16] Al-Qādī al-Nu'mān, *Kitāb iftitāh al-da'wa*, Beirut, Wadād al-Qādī, 1970, p. 222. L'opera di al-Qādī al-Nu'mān, giurista ismailita vissuto nel X secolo in Ifrīqiya è probabilmente la più importante fonte riguardante la nascita della dinastia dei Fatimidi. Si tratta di una cronaca divisa in 42 capitoli (*dikr*) che comincia con l'avvio della predicazione ismailita nello Yemen e si conclude con il califfato di al-Mu'izz attorno alla metà del X secolo. Su di lui si veda S.A. Hamdani, *Between Revolution and State. The Path to Fatimid Statehood*, London, I.B. Tauris, 2006.

[17] A. Nef e V. Prigent, *Per una nuova storia dell'alto medioevo siciliano*, in «Storica», XII (2006), 35-36, p. 54.

[18] Su questo A. Pellitteri, *The Historical-Ideological Framework of Islamic Fatimid Sicily (Fourth/Tenth Century) with Reference to the Works of the Qādī al-Nu'mān*, in «al-Masāq», 7 (1994), pp. 138-140; J. Johns, *Arabic Administration in Norman Sicily*, Cambridge, Cambridge University Press, 2002, pp. 25-26.

[19] Al-Nuwayrī, *Nihāyat al-arab fī funūn al-adab*, Il Cairo, Dār al-Kutub al Misriyya, 1923, vol. XXIV, p. 546.

[20] Si vedano in particolare H. Bresc, *Une culture solide, un État faible*, in H. Bresc e G. Bresc Bautier (a cura di), *Palerme 1070-1492. Mosaïque de peuples, nation rebelle: la naissance violente de l'identité sicilienne*, Paris, Autrement, 1993; trad. it. *Palermo 1070-1492. Mosaico di popoli, nazione ribelle: l'origine dell'identità siciliana*, Soveria Mannelli, Rubbettino, 1996, pp. 36-37 (ma anche H. Bresc, *Conclusions*, in *La Sicile à l'époque islamique. Questions de méthode et renouvellement récent des problématiques*, in «Mélanges de l'École française de Rome. Moyen Âge», 116 (2004), p. 503); F. Cresti, *Città, territorio, popolazione nella Sicilia musulmana. Un tentativo di lettura di un'eredità controversa*, in «Mediterranea», 4 (2007), pp. 35-37.

[21] M. Canard, *Le Cérémonial Fatimite et le Cérémonial Byzantin: essai de Comparaison*, in «Byzantium», 20 (1951), pp. 417-418. Si veda inoltre P. Saunders, *Ritual, Politics, and the City in Fatimid Cairo*, Albany, SUNY Press, 1994.

[22] W. Granara, *Rethinking Muslim Sicily's Golden Age. Poetry and Patronage at the Fatimid Kalbid Court*, in Atti del Convegno «I Fatimidi e il Mediterraneo», Palermo, 3-6 dicembre 2008, («Alifba», 22), Palermo, Accademia Libica in Italia/Università di Palermo, 2008, p. 101.

[23] Granara, *Rethinking Muslim Sicily's Golden Age*, cit., pp. 95-108.

[24] Sull'importanza e la specificità del ruolo dei poeti presso la corte fatimide del Cairo si veda in particolare T. Qutbuddin, *Al-Mu'ayyad al-Shrīāzī: A Case of Commitment in Classical Arabic Literature*, Leiden, Brill, 2005, in particolare pp. 143-218. L'autrice sottolinea quelli che considera i tratti caratteristici della poetica fatimide. In particolare l'immagine dell'*imām* come soggetto di lode (*mamdūh*): la discendenza dell'*imām* da Muḥammad e 'Alī; l'immagine dell'*imām* sia come servo che come rappresentante di Dio, ecc.

[25] Ibn al-Qaṭṭā', Abū l-Qāsim 'Alī ibn Ǧa'far, *al-Durra al-ḫaṭīra fī šu'arā al-ǧazīra*, a cura di Bašīr al-Bakkūš, Beirut, Dār al-Ġarb al-Islāmī, 1995.

[26] Granara, *Rethinking Muslim Sicily's Golden Age*, cit., pp. 103-108.

CAPITOLO SETTIMO

L'ARABIZZAZIONE DELLA SOCIETÀ SICILIANA: MUSULMANI E CRISTIANI

1. *Arabizzazione e islamizzazione*

La Sicilia divenne dunque musulmana. Questa affermazione è meno scontata di quanto si potrebbe pensare. Se dal punto di vista politico, infatti, la cosa a metà del X secolo è ormai più che evidente; dire invece in che senso la società dell'isola si islamizzò è un problema del tutto diverso.

Occorre innanzi tutto intendersi sui nomi e distinguere i piani. Islamizzazione è infatti un termine non sempre chiaro: alcuni autori lo usano per riferirsi alla percentuale di conversioni alla religione islamica; altri lo usano in un senso più generico per intendere il processo di assorbimento di nuovi modelli culturali e sociali legati al mondo musulmano. È evidente che specie nel medioevo le due cose furono strettamente connesse. Sappiamo, e lo vedremo meglio più avanti, che anche per la Sicilia l'unità culturale data dalla nuova religione e dalla lingua araba legò l'isola a uno spazio più ampio, una rete sociale, politica e commerciale, che si estendeva per tutto il Mediterraneo meridionale e di lì verso oriente. L'economia cittadina si avvantaggiò non poco di quel fitto sistema di scambi mercantili in cui non solo si importavano prodotti orientali, come spezie, metalli, preziosi e tessuti, ma si esportavano anche numerosi prodotti verso i territori dell'islam.

Detto questo, però il problema rimane, perché è curiosamente più facile misurare tali scambi che le concrete trasformazioni culturali e sociali all'interno dell'isola. Proviamo allora a proseguire distinguendo tra arabizzazione, intesa genericamente come trasformazione culturale che non comporta necessariamente una particolare assunzione religiosa, e islamizzazione, intesa invece in senso stretto come conversione.

Riguardo all'arabizzazione, le fonti, ormai lo si è capito, non sono così numerose da permetterci una risposta sicura. L'inventario (ancora da farsi in modo completo) delle opere prodotte nell'isola in lingua araba è un indice ovviamente insufficiente, che può dirci al massimo qualcosa riguardo a una ristretta élite di eruditi. In questo senso anche la famosa opera di Ibn Makkī, su cui torneremo più avanti, relativa agli errori di lingua araba commessi dai siciliani, è poco indicativa dato che si rivolge fondamentalmente proprio a quella élite colta di cui si accennava ora. In realtà le tracce più forti di un'ampia arabizzazione dell'isola sono tutte *a posteriori* (e dunque perlomeno problematiche da utilizzare per i secoli precedenti): si trovano nella toponomastica e nelle testimonianze (registri, carte notarili, ecc.) di epoca normanna, e attestano un bilinguismo greco-arabo relativamente diffuso[1]. A questo si devono aggiungere le numerose fonti ebraiche, di cui riparleremo a breve, e che ci parlano di una quotidianità di scambi tra musulmani, cristiani ed ebrei che lascia supporre per lo meno una comune conoscenza dell'arabo (ma forse anche la condivisione di una sorta di lingua franca)[2].

Anche riguardo al problema dell'islamizzazione i dati a nostra disposizione sono a dir poco insufficienti, ma l'impressione che si ricava è quella di una consistente e crescente presenza di musulmani sull'isola[3]. Tra il IX e l'XI secolo, le fonti agiografiche greche (in fondo non tanto posteriori ai fatti narrati) descrivono quasi tutte una Sicilia così islamizzata da spingere i santi a lasciare l'isola per la Calabria; e anche la letteratura araba sembrerebbe confermare questa impressione di progressiva trasformazione dello spazio religioso siciliano. Così ad esempio al-Harawī, che ci ha lasciato un'importante descrizione dei luoghi che in Sicilia i musulmani consideravano santi (l'autore, è vero, è del XII secolo ma descrive luoghi che con buona probabilità i musulmani avevano cominciato a venerare nei secoli precedenti)[4]. Vi sono poi le tracce, spesso consistenti, fornite dall'archeologia, come il ritrovamento di amuleti che rinviano a pratiche magiche popolari legate alla religione musulmana[5]; o come la scoperta di un vasto cimitero musulmano a nord-est di Palermo, nelle vicinanze della cittadella fatimide della *Ḫāliṣa*, e che presenterebbe diversi strati di sepolture[6].

Tracce che contribuiscono a rendere più che plausibile l'osservazione di un famoso viaggiatore arabo, Ibn Ǧubayr, che in Sicilia giunse nel XII secolo, ormai al termine di questa grande stagione, ma che raccontò di un'isola ancora fortemente islamizzata.

Naturalmente questo non è un punto di arrivo, ma di partenza. Molto infatti resta da fare per decifrare la storia dell'islam siciliano. A cominciare dalla necessità di dar conto delle sue articolazioni interne. Se è vero, ad esempio, che conosciamo i nomi di tanti sapienti e giuristi malikiti, è vero d'altro canto che occorrerebbe investigare meglio la predicazione e la presenza sciita nell'isola; presenza celata spesso dalle troppe fonti sunnite in nostro possesso. E se poi guardassimo ancor più da vicino, probabilmente anche queste facili dicotomie sfumerebbero. Studi recenti, ad esempio, hanno fatto ipotizzare che nell'isola siano rimaste a lungo presenti anche altre dottrine islamiche. È il caso soprattutto dell'ibadismo (*al-ibāḍiya*), ramo del kharigismo, originatosi attorno al VII secolo e presto diffusosi con successo nel Maghreb. Molte tribù berbere lo abbracciarono portandolo in Sicilia con la conquista. Le fonti ibadite lasciano intravedere come l'isola fosse entrata a far parte anche di una specifica rete commerciale legata a quella cultura, una rete che a quel tempo si espandeva dall'Africa sub-sahariana sino al Mediterraneo. Influenza commerciale, questa, che forse fu tra i motivi che condussero i Fatimidi a entrare in conflitto con gli Ibaditi, ma che soprattutto dimostra una volta di più la complessità del mondo islamico siciliano[7].

Ma qualsiasi tentativo di descrivere l'arabizzazione e l'islamizzazione dell'isola, deve anche e soprattutto tenere conto dei molti che musulmani non furono e neppure divennero: così come in tutto il mondo musulmano, infatti, numerosissimi furono i cristiani e gli ebrei che pur mantenendo la propria religione entrarono a far parte di quella nuova cultura araba dell'isola.

2. *Ḏimmī: i non musulmani*

Parlare di cristiani come di ebrei all'interno del mondo musulmano dei primi secoli è parlare soprattutto di *ḏimmī*: di appartenenti, cioè, a una religione monoteistica che usufruivano di un patto di protezione, la *ḏimma* appunto, sancito dal pagamento di un'imposta che assicurava loro il diritto di risiedere nel territorio dell'islam, la garanzia della libertà e la possibilità di godere di diritti privati. Sul piano giuridico, i dottori della legge la consideravano una sorta di corollario della dottrina del *ǧihād*: la *ḏimma* infatti riguardava la gestione dei vinti e forniva uno strumento per far sì che i miscredenti, frequentando i credenti, potessero prendere coscienza delle virtù e dei meriti dell'islam[8].

Detto questo, il concetto di *ḏimmī*, variò notevolmente a seconda delle opere giuridiche, ma anche dei contesti storici e geografici. Secondo la definizione più restrittiva, i protetti avrebbero dovuto essere la sola Gente del Libro (*ahl al-Kitāb*), cioè quei popoli che avevano ricevuto un messaggio (*al-Kitāb*, «il Libro») valido per loro e la loro epoca. All'interno di tale categoria generica figuravano, secondo alcuni espliciti riferimenti coranici (II, 62, XXII, 17), gli ebrei, i cristiani, gli adepti delle religioni iraniche, raggruppati sotto la denominazione generale di *maǧūs*, e i sabei (è ben noto comunque come, al di là di queste indicazioni, in tempi e luoghi diversi, tale statuto fu accordato a popoli di religioni differenti: samaritani ma anche buddhisti e indù).

Nelle raccolte giuridiche le clausole dello statuto di *ḏimma* vennero presentate solitamente come derivate dalle disposizioni contenute in una lettera indirizzata dal califfo 'Umar ai cristiani di Siria[9]. Tra queste ritroviamo alcune regole costanti: il non musulmano si impegna a offrire un'ospitalità di tre giorni a ogni musulmano di passaggio; a non suonare le campane né a elevare la voce al di fuori della preghiera; a non costruire nuovi edifici di culto, limitandosi a riparare quelli rovinati senza ingrandirli ulteriormente; a evitare di raggrupparsi con i suoi correligionari nei quartieri abitati da musulmani; a non fare mostra della propria fede né opera di proselitismo; a non apprendere il Corano né a insegnarlo ai propri figli; a non impedire le conversioni all'islam, a non assomigliare ai musulmani nei costumi e nell'apparenza; a portare addosso un segno distintivo; a non servirsi di una sella per la sua cavalcatura; a onorare e rispettare i musulmani, alzandosi in loro presenza; a non elevare le proprie abitazioni sporgendosi su quelle dei musulmani; a non portare armi; a non possedere schiavi musulmani o che siano appartenuti a dei musulmani. Inutile dire che queste disposizioni sono assolutamente posteriori a 'Umar: sappiamo, ad esempio, che il segno distintivo non fu attribuito ai *ḏimmī* che verso la metà dell'VIII secolo; e pare che la prima volta in cui tutte queste disposizioni compaiono riunite in un solo documento non sia anteriore al IX secolo. Soprattutto, però, va notato che, malgrado la più o meno precisa regola giuridica, la situazione dei *ḏimmī* nella realtà storica fu, spesso, estremamente lontana da quella che potrebbe essere ipotizzata attraverso i trattati di *fīq*.

Che i *ḏimmī* costituissero comunque una delle voci più rilevanti per l'erario musulmano, è fuori discussione. Gli elementi essenziali delle tasse nell'oriente medievale erano due: l'imposta fondiaria (*ḫarāǧ*) e, appunto, il testatico (*ǧizya*); tassa questa che non ha mai avuto (ma è comprensibile) un criterio fisso, variando sempre a seconda delle situazioni locali e delle considerazioni congiunturali. Per documentare l'istituzione della *ḏimma* non abbiamo molto: vi sono le scarse informazioni riportate dalle cronache, che ci parlano delle formule di sottomissione delle varie città. Ci sono poi alcuni sigilli in piombo e rame, che sono stati interpretati da molti come quei segni che i *ḏimmī* dovevano portare su di sé come attestato dell'avvenuto pagamento della *ǧizya* alle autorità musulmane; questi sigilli sono databili tra la metà del IX secolo e l'inizio del X grazie ai nomi dei governatori che vi sono incisi; rimane il fatto però, che non tutti questi manufatti sembrano essere della stessa natura e che la loro funzione non è forse così chiara come si spererebbe[10]. In ogni caso, al di là dei segni, i *ḏimmī* in Sicilia esistettero e furono numerosi: di loro infatti si sono conservate molte testimonianze, tanto da parte cristiana, quanto, soprattutto, ebraica. In generale le autorità religiose ebraiche e cristiane si servivano di norma anche come capi secolari, in via ufficiale o semiufficiale, delle rispettive comunità. Così come altrove i loro rapporti col potere islamico variarono e si modificarono a seconda del momento o della stessa singola città. È per questo che nelle pagine seguenti occorrerà distinguere tra differenti gruppi sociali e diversi periodi, recuperando, per quanto possibile, le tracce concrete di quei cristiani e quegli ebrei che vissero in Sicilia sotto l'islam.

3. *I cristiani nella Sicilia musulmana*

Di quella che fu la vita dei cristiani di Sicilia dopo la conquista musulmana sappiamo quasi nulla: le fonti arabe sono su questo quasi del tutto silenziose e solo *a posteriori*, a partire cioè dalla presenza normanna, è possibile cogliere un nucleo considerevole di cristiani di fatto arabizzati. Alcuni storici li hanno definiti «mozarabi», facendo riferimento al termine con cui in Spagna si designano i cristiani di cultura arabo-islamica: indipendentemente dal nome utilizzato, è comprensibile che in anni di relazioni globali e ormai giornaliere tra culture e religioni differenti, lo studio dei cristiani nel mondo musulmano, di soggetti, cioè, così in bilico tra due mondi, risulti particolarmente allettante.

Le cronache e le opere geografiche arabe, si diceva, ci danno solo vaghe notizie dell'esistenza di qualche chiesa e di generiche presenze di cristiani. In realtà è dai confini di quel mondo che ci giungono le maggiori informazioni: da quelle frontiere marittime della Sicilia che continuarono a essere estremamente permeabili. Per i cristiani del Val Demone, soprattutto, i territori bizantini della Calabria erano vicinissimi e i contatti con altre comunità cristiane dovettero essere sempre piuttosto consistenti. Sembra di poterne cogliere una prova proprio attraverso quelle vite di santi siciliani che abbiamo ricordato poche pagine fa. Tra essi Elia il Giovane, Leone-Luca di Corleone, Vitale di Castronuovo e soprattutto san Nilo di Rossano (910-1004), forse il più celebre[11]. Le loro vite (ma sarebbe meglio chiamarle *bioi*, secondo l'originale greco) furono composte tra il IX e l'XI e sul piano letterario presentano alcuni elementi di novità. Mentre l'agiografia dell'età precedente, infatti, si era dedicata soprattutto a rievocare martiri e vescovi, l'obiettivo era ora quello di dare lustro al monastero da cui proveniva il santo: l'ambientazione delle sue gesta diventava la campagna e non la città, una campagna popolata di boschi, aspre montagne, fiumi e animali e sempre minacciata dalla presenza del nemico musulmano. Lo sfondo è infatti quello di un'epoca di razzie e di un'isola che appunto sta profondamente trasformando la sua identità religiosa e culturale; è tutto questo che spinge i santi uomini a lasciare la terra di Sicilia e a trasferirsi in Calabria per fondare nuovi monasteri. Sembra ragionevole vedere in quegli accenni la concreta traccia di una progressiva islamizzazione dell'isola e di uno spostamento di uomini verso il continente; spostamento che forse fu davvero consistente, se è vero che avrebbe finito col contribuire alla bizantinizzazione dell'Italia meridionale tra i secoli IX e X[12].

Nei monasteri che a quell'epoca furono fondati in Italia meridionale, molti dovevano essere coloro che conoscevano bene il mondo musulmano, perché vi erano a contatto per svariate ragioni e forse spesso perché vi provenivano. Tale conoscenza faceva di loro degli intermediari di particolare importanza: sembra attestare proprio questo la *Cronaca di Cambridge*, parlando di un monaco che, negli anni 953-954, avrebbe concluso un trattato per il rientro di truppe in Ifrīqiya; lo conferma la vita di san Nilo, ricordando il segretario cristiano dell'*amīr*, che si sarebbe adoperato per ottenere il rilascio di un gruppo di monaci catturati[13]. Simili spostamenti forzati di cristiani dovettero essere piuttosto frequenti e spesso, probabilmente, avvennero anche su notevoli distanze, tra Egitto, Africa e Siria. È ad esempio attraverso un simile fenomeno, che forse si può spiegare come mai dei cristiani copti egiziani lasciarono il loro nome (al-Aqbāṭ) a un villaggio nei pressi di Palermo[14].

Per il resto, però, anche in questo caso è alle fonti posteriori che dobbiamo rivolgerci per disegnare un quadro più chiaro. La documentazione disponibile a partire dalla fine dell'XI secolo attesta infatti la sopravvivenza di un piccolo gruppo di strutture monastiche in Sicilia, le sole di cui si può affermare con certezza che si mantennero durante la dominazione islamica: San Filippo d'Agira, San Filippo di Fragalà e Sant'Angelo di Brolo. Difficile dire qualcosa invece sull'organizzazione interna della chiesa siciliana: all'entrata dei normanni in Sicilia, le fonti avrebbero registrato solo la presenza del vescovo di Palermo, relegato nella piccola chiesa di San Ciriaco alla periferia della città: non ne abbiamo prove ma è ragionevole ipotizzare che nell'epoca predente fosse stata questa figura, con sede nella capitale, a rappresentare tutti i cristiani dell'isola presso i musulmani[15].

Oltre a questo vi sono i dati onomastici, particolarmente ricchi, perché oltre agli atti notarili e ai diplomi regali dell'età normanna si incontrano liste di personaggi, compilate in arabo o bilingue, in arabo e greco. Anch'esse sono fonti difficili da maneggiare, come è stato sottolineato a più riprese[16], ma obbligano almeno a chiedersi quale fosse l'identità di molti di quei cristiani il cui nome era interamente o parzialmente arabo: così, ad esempio, a Corleone nel 1182 si troveranno soggetti espressamente designati come cristiani il cui nome potrebbe appartenere perfettamente a un musulmano; mentre a Palermo, più o meno negli stessi anni, figureranno numerosi cristiani la cui onomastica mescola greco e arabo (per esempio appare un Christodoulos figlio di Bousetou, forse un adattamento per l'arabo Abū l-Sayyid; oppure una Constantza figlia di Abū l-Faḍl)[17].

Per comprendere la loro storia occorre forse allargare lo sguardo oltre i confini siciliani: il mondo di quei cristiani, infatti era ben più vasto dei confini dell'isola e si protendeva tanto verso l'Africa quanto verso oriente. Sappiamo di relazioni con cristiani egiziani, come quell'Oreste che giunse in Sicilia tra il 980 e il 985 e che lì intraprese la compilazione delle vite dei santi Saba, Cristoforo e Macario[18]. Sappiamo delle relazioni profonde che essi mantennero con i cristiani orientali di lingua greca[19]: legami di carattere commerciale, culturale ma probabilmente anche liturgico[20].

È proprio su questo spazio più vasto di legami mediterranei che si misura anche la vita e l'identità dei *ḏimmī* ebrei. La loro storia è in parte diversa e deve essere narrata diversamente, non solo per ragioni culturali, ma anche e soprattutto, per un caso singolare che ci ha restituito così tante e preziose informazioni su di loro.

NOTE AL CAPITOLO SETTIMO

[1] Tali fonti sono state studiate soprattutto da A. Metcalfe, *Muslims and Christians in Normand Sicily. Arabic Speakers and the End of Islam*, London, Routledge, 2003 e D.A. Agius, *Siculo Arabic*, London-New York, Kegan Paul International, 1996.

[2] La diffusione mediterranea di un idioma che mescola differenti linguaggi è stata attestata e studiata soprattutto per i secoli successivi, ma è molto probabile che un fenomeno simile esistesse già. Si veda a tale proposito J. Dakhlia, *Lingua franca, Histoire d'une langue métisse en Méditerranée*, Arles, Actes Sud, 2008.

[3] Su più vasta scala una simile tendenza è stata registrata anche da una famosa analisi relativa all'islamizzazione in ambito iberico che partiva dallo studio della progressiva incidenza dei nomi arabi nei contesti ispano-romani, attraverso dati ricavati soprattutto dai dizionari biografici: R.W. Bulliet, *Conversion to Islam in the Medieval Period. An Essay in Quantitative History*, Cambridge, Mass., Harvard University Press, 1979.

[4] A. Nef, *L'histoire des «Mozarabes» de Sicile*, in C. Aillet, M. Penelas e P. Roisse (a cura di), *¿Existe una identidad mozárabe? Historia, lengua y cultura de los cristianos de al-Andalus (siglos IX-XII)*, Madrid, Casa de Velázquez, 2008, p. 264.

[5] M.A. De Luca, *Talismani con iscrizioni arabe rinvenuti in Sicilia*, in «Mélanges de L'École française de Rome. Moyen Âge», 116 (2004), 2, pp. 367-388; inoltre J.-C. Coulon, *Les objets magiques: un indice d'evolution culturelle? Les documents magiques siciliens entre Byzance et l'Islam*, in A. Nef e V. Prigent (a cura di), *La Sicile de Byzance à l'Islam*, Paris, De Boccard, 2010, pp. 95-111.

[6] A. Bagnera ed E. Pezzini, *I cimiteri di rito musulmano nella Sicilia medievale*, in «Mélanges de L'École française de Rome. Moyen Âge», 116 (2004), 1, pp. 231-302.

[7] Su questo tema sono fondamentali gli studi di L.C. Chiarelli, *The Ibadi presence in Muslim Sicily*, in «Bulletin of the Royal Institute for Inter-Faith Studies», 7 (2005), 1.

[8] Su questo A. Morabia, *Le Gihad dans l'Islam médiéval*, Paris, Albin Michel, 1993, pp. 263 ss.

[9] Si veda Abū Yūsuf Ya'qūb, *Kitāb al-ḫarğ*, Il Cairo, Bûlâq, 1302/1885; trad. fr. E. Fagnan, *Le Livre de l'impôt foncier*, Paris, P. Geuthner, 1921, p. 1214; inoltre si veda L. Gardet, *La cité musulmane. Vie sociale et politique*, II ed., Paris, Vrin, 1961, pp. 197-198.

[10] P. Balog, *Dated Aghlabid Lead and Copper Seals from Sicily*, in «Studi Maghrebini», 11 (1979), pp. 125-132; C.F. Robinson, *Neck-Seal-*

ing in Early Islam, in «Journal of the Economic and Social History of the Orient», 48 (2005), 3, pp. 401-444; A. Nef, *La fiscalité en Sicile sous la domination islamique*, in Nef e Prigent, *La Sicile de Byzance*, cit., pp. 148-149.

[11] Sui santi greci siciliani durante il periodo islamico è ancora fondamentale il contributo di G. da Costa Louillet, *Saints de Sicile et d'Italie méridionale aux VIIIe, IXe et Xe siècles*, in «Byzantion», 29/30 (1959-60), pp. 89-173; inoltre si vedano le considerazioni di Metcalfe, *The Muslims of Medieval Italy*, cit., pp. 34-35.

[12] L.-R. Ménager, *La «Byzantinisation» religieuse de l'Italie méridionale (IXe-XIIe siècles) et la politique monastique des Normands d'Italie*, in «Revue d'histoire ecclésiastique», 103 (1958), pp. 747-774.

[13] *Bios kai politeia tou hosiou patros hèmôn Neilou tou Néou*, a cura di G. Giovanelli, Grottaferrata, Badia di Grottaferrata, 1972, p. 101.

[14] H. Bresc e A. Nef, *Les Mozarabes de Sicile (1100-1300)*, in E. Cuozzo e J.-M. Martin, *Cavalieri alla conquista del Sud*, Roma-Bari, Laterza, p. 136.

[15] H. Bresc, *Arabs Christian in the Western Mediterranean (XIIth-XIIIth Centuries)*, in «Library of Mediterranean history», 1 (1994), p. 27.

[16] Metcalfe, *Muslims and Christians*, cit., pp. 74, 85; Nef, *L'histoire des «Mozarabes» de Sicile*, cit., p. 266.

[17] Bresc e Nef, *Les Mozarabes de Sicile*, cit., pp. 148-152. Sayyid sembra lezione più probabile del Sa'īd proposto dai due autori: ringrazio Adalgisa De Simone per questa nota.

[18] M. Scaduto, *Il monachesimo basiliano nella Sicilia medievale. Rinascita e decadenza, sec. XI-XIV*, rist. Roma, Edizioni di Storia e letteratura, 1982, p. xxxvii.

[19] M. McCormick, *The Imperial Edge: Italo-Byzantine Identity, Movement and Integration, AD 650-950*, in H. Ahrweiler e A.E. Laiou (a cura di), *Studies on the Internal Diaspora of the Byzantine Empire*, Washington, D.C., Dumbarton Oaks, 1998, pp. 17-52.

[20] Su tali relazioni liturgiche si veda A. Jacob, *L'evoluzione dei libri liturgici bizantini in Calabria e in Sicilia dall'VIII al XVI secolo con particolare riguardo ai riti eucaristici*, in *Calabria bizantina: vita religiosa e strutture amministrative (Atti del primo e secondo incontro di studi bizantini)*, Reggio Calabria, Parallelo 38, 1974, pp. 47-69; Id., *Deux formules d'immixtion syro-palestiniennes et leur utilisation dans le rite byzantin de l'Italie meridionale*, in «Vetera Christianorum», 13 (1976), pp. 29-64. Sulle prospettive di studio della liturgia cristiana nella Sicilia musulmana si vedano le importanti considerazioni di Nef, *L'histoire des «Mozarabes» de Sicile*, cit., pp. 267-279.

CAPITOLO OTTAVO

GLI EBREI NELLA SICILIA MUSULMANA

1. *L'ebraismo siciliano prima dell'islam*

Non è molto quello che sappiamo della storia ebraica di Sicilia prima dell'arrivo dei musulmani. Una diffusa convinzione vorrebbe che i primi ebrei si siano insediati nell'isola più o meno un secolo prima dell'Era cristiana. L'ipotesi non è irragionevole ma è priva di prove: tutto si riduce infatti, più o meno, al nome di un liberto, il maestro di retorica Caecilius di Calacte (Kalè Aktè) che visse nella seconda metà del primo secolo a.C. e che forse fu ebreo; vi è poi la menzione negli Atti degli Apostoli (28,12) del passaggio di Paolo di Tarso da Siracusa (in cui peraltro non si fa menzione di una comunità ebraica). E quasi nulla di più. Forse è invece possibile dire qualcosa sulle lingue che questi ebrei parlavano o leggevano. C'era innanzi tutto la lingua dell'oralità, di uso comune, che corrispondeva sostanzialmente, come in ogni altro luogo della diaspora (ad esempio le vicine comunità di Gallia o di Spagna)[1], alla lingua del resto della popolazione, anche se forse con alcune specifiche particolarità. In Sicilia il latino come lingua di cultura doveva essere conosciuto, almeno da alcuni membri delle comunità ebraiche: ce lo dice la prima prova documentaria che attesta la presenza ebraica sull'isola. Si tratta di una lapide di Catania risalente al 383, che reca la memoria di Aurelius Samuel e di sua moglie Lasie Irene, morta in quell'anno all'età di 23 anni. Il testo è in latino, ma la prima riga è in ebraico e contiene il nome di Samuel e alcune frasi in uso a quell'epoca in Palestina e nella diaspora. Quasi impossibile dire però cosa quelle comunità isolane conoscessero davvero dell'ebraico. Forse, come è stato sostenuto per il caso spagnolo, molto poco[2], forse la lingua della Bibbia fu conosciuta da qualche membro della comunità; ma in realtà la maggior parte delle iscrizioni locali è in greco: è quella infatti la lingua che appare maggiormente diffusa tra gli ebrei dell'isola, e che attesta probabilmente le loro relazioni con le comunità orientali. Queste lapidi non riportano date, anche se è ragionevole ipotizzare che appartengano al IV o al V secolo[3]: sono le principali testimonianze di una presenza ebraica diffusa soprattutto sulla costa orientale dell'isola, a Catania, Siracusa, Chiaramonte Gulfi, Sofiana, oltre che a Rabat, sull'isola di Malta.

Anche della vita di quelle comunità possediamo solo alcune tracce: un versetto biblico inciso su una colonna di marmo a Siracusa, un amuleto composto da una sottile lamina d'oro recante scritte ebraiche quasi incomprensibili, sigilli, lampade a olio. Spesso peraltro elementi non riconducibili con certezza al mondo ebraico[4], anche se in ogni caso testimonianze evidenti di una vasta circolazione mediterranea di culture e di idee. Di tale circolazione abbiamo testimonianza anche attraverso l'epistolario di Gregorio Magno, che costituisce la prima vera prova documentale della presenza degli ebrei in Sicilia. Sappiamo che per i *negotiatores* provenienti dall'oriente l'isola costituiva una tappa obbligatoria per i traffici nei principali centri del Tirreno, e come tra essi vi fossero anche ebrei che commerciavano schiavi a Catania e Siracusa; con dinamiche probabilmente simili, se non direttamente legate, a quelle che negli stessi anni muovevano a Napoli un più vasto traffico ebraico di schiavi acquistati con regolarità in Gallia[5]. Una decina di lettere di Gregorio trattano poi, più specificamente, di vari problemi legati agli ebrei in Sicilia: aspetti finanziari, conversioni, ma anche la loro difesa contro il vescovo locale. È proprio attraverso quest'ultimo caso, esposto in due lettere risalenti all'anno 568, che veniamo a sapere della sinagoga di Palermo[6]. Nella prima lettera il papa scriveva al vescovo Vittorio di Palermo che gli ebrei si erano lamentati per l'ingiustizia che egli aveva compiuto sequestrando le loro sinagoghe. Gregorio ingiungeva al vescovo di astenersi dal consacrare le proprietà degli ebrei e di affidare la soluzione del caso a un arbitrato, altrimenti sarebbe stato lui stesso a dirimere la questione. Ma qualcosa non funzionò: il papa arrivò troppo tardi o il vescovo Vittorio ignorò i suoi ordini non facendosi scrupolo di consacrare le sinagoghe, pur non avendone l'autorità. Essendo la consacrazione un atto irreversibile, papa Gregorio ordinò allora a un certo Fantinus, *defensor* di Palermo, di provvedere affinché il vescovo pagasse agli ebrei il prezzo delle sinagoghe e delle adiacenti proprietà. Una delle parti più interessanti di questa corrispondenza sta proprio nella descrizione di tali proprietà, con le sue case, i suoi giardini e i suoi ospizi. Quest'ultimo riferimento, «cum hospitiis suis»[7], farebbe pensare a quello che in un periodo più tardo sarà definito in ebraico come *heqdēš* (luogo consacrato, «santo» per il suo uso comunitario e specialmente filantropico), con cui si intese in senso generico ogni bene delle comunità preposto all'accoglienza di poveri o viaggiatori. Un tipo di fondazione pia attestata a Palermo nell'XI secolo, ancora durante il dominio musulmano[8].

Al di là di questo, comunque, da quasi tutte le lettere traspare l'evidente preoccupazione di Gregorio per la conversione degli ebrei al cristianesimo e per i pericoli dottrinali che a vario titolo potevano riguardarli. Ne è prova anche il caso, piuttosto misterioso a dire il vero, dell'ebreo Nasas, che fu sospettato di aver costruito un altare in onore di Elia e di aver indotto dei cristiani ad adorarlo[9]. Nasas fu anche accusato ben più gravemente di aver comprato schiavi cristiani, la qual cosa era con molta chiarezza proibita dalla legge ecclesiastica (e già dal diritto romano e bizantino). Gregorio sollecitò un'indagine da parte del *praetor* di Sicilia.

Forse in quel caso si trattò solo di un'accusa pretestuosa; ma che nell'isola gli influssi religiosi e culturali fossero vari e complessi pare evidente. Da tempo ad esempio è stata indagata la presenza e la diffusione di pratiche magiche greco-egizie (non prive di elementi ebraici) nella Sicilia tardo-antica, spesso legate a preoccupazioni di natura rurale e meteorologica[10]; allo stesso modo sono state evidenziate analoghe pratiche in uso presso le comunità ebraiche del tempo[11]: talvolta contaminazioni con culti pagani (estremamente diffuse anche in altri luoghi della diaspora orientale, malgrado i severi veti rabbinici), più spesso attestazioni di pratiche magiche legate alla mistica ebraica e di provenienza orientale. Pratiche che in Sicilia avrebbero goduto di una certa fortuna, dato che avrebbero finito per influenzare considerevolmente anche gli ambienti magici cristiani, come attesterebbero gli amuleti rinvenuti, ad esempio, a Comiso e Noto[12].

Dopo le lettere di papa Gregorio, un lungo silenzio scende sulla Sicilia ebraica. L'unica informazione, datata attorno al 655, parla del rifiuto di Zosimo, vescovo di Siracusa, di permettere agli ebrei da poco trasferitisi *in loco* di costruirsi una sinagoga. La politica ebraica di Bisanzio nei confronti degli ebrei con ogni probabilità aveva effetto anche in Sicilia. Sappiamo di un tentativo di conversione forzata voluto da Basilio I nell'anno 873[13], ma non sappiamo se ebbe alcun effetto in Sicilia: d'altro canto in quegli anni l'isola stava ormai entrando in un'altra parte della sua storia.

2. *Il problema delle fonti: la «genizah» del Cairo*

Attorno al 1890, in un'antica sinagoga egiziana di Fusṭāṭ (o come è chiamato oggi Cairo Vecchio), i lavori di ristrutturazione portarono alla luce la *genizah*, il luogo deputato alla conservazione del materiale sacro non più utilizzato.

In questi archivi giacevano centinaia di migliaia di documenti: lettere, registri di conti, sentenze rabbiniche, raccolte di poesia, trattati di scienza e di filosofia; le vestigia scritte di un intero mondo, redatte per lo più tra l'XI e il XIII secolo. Che così tante cose profane, come lettere e testi scientifici, si trovassero nella *genizah* è presumibilmente da attribuire al fatto che quasi tutti i documenti, qualunque fosse la lingua utilizzata – ebraico, arabo, persiano, spagnolo, greco – fossero stati scritti in caratteri ebraici e che i responsabili della *genizah* avessero esteso la definizione di sacro a tutto ciò che era scritto con la grafia propria della lingua biblica (la quasi totalità dei documenti che riguardano la Sicilia sono in arabo e offrono anche la preziosa testimonianza di una lingua giudeo-araba specifica dell'isola).

Un caso più unico che raro, dunque, che permise improvvisamente di gettare uno sguardo su un mondo di grande vivacità culturale, un mondo che abbracciava l'intero Mediterraneo, legato com'era da una fitta rete di rapporti sociali, commerciali e intellettuali[14].

Le persone che ci parlano da quelle migliaia di manoscritti appartenevano a un mondo prevalentemente urbano. Vivevano in una rete di legami sociali e commerciali che andava da Alessandria d'Egitto alla Spagna, passando ovviamente per la Sicilia, e comprendeva città come Siviglia o Siğilmāsa in Marocco; legami che si estendevano poi lontano, sino ad Aden, a sud, e Costantinopoli a nord (ma si trovano riferimenti anche alle sponde settentrionali del Mediterraneo: Narbonne, Marsiglia, Genova, Pisa, Venezia, ecc.).

Insomma, i *ḏimmī* ebrei che compaiono nelle carte della *genizah* appartenevano per lo più a quello che potremmo chiamare il ceto medio dei mercanti e degli artigiani qualificati, dei funzionari di governo e dei medici. Ed è proprio nel contesto di tali attività che traspare evidente la complessità sociale in cui essi operavano. Le attività commerciali, ad esempio, non erano appannaggio di un particolare gruppo: gli scambi si svolgevano tra gente dell'una o dell'altra fede (e per giunta su scala internazionale): le partecipazioni societarie tra musulmani ed ebrei, in ambito sia commerciale, sia industriale, erano infatti tutt'altro che eccezionali; persino i dottori della legge, cui spettava un tirocinio dopo la scuola confessionale, lavoravano a stretto contatto di gomito con persone di altre fedi. Non è la cronaca di un idillio, ma la breve raffigurazione di una società dove le identità collettive, le appartenenze, le relazioni e i conflitti, si collocavano in uno spazio diverso da quello che ci aspetteremmo. Una raffigurazione che peraltro trascina con sé un classico – mai troppo scontato – problema di metodo: un invito, cioè, a non fidarsi troppo delle parole con cui definiamo le relazioni tra culture. Termini come fede, religione, ebrei, arabi, non sempre indicarono le stesse cose; sicuramente non quelle per cui oggi le usiamo.

3. *Gli ebrei nella Sicilia musulmana*

Torniamo allora alla storia degli ebrei siciliani. Di cosa accadde loro nei primi anni di conquista islamica ben poco è noto. Tra le pochissime fonti a nostra disposizione, vi è la testimonianza oculare del monaco Teodosio, incontrato molte pagine fa: raccontando della sua prigionia dopo la presa di Siracusa, descrisse fra i suoi compagni uomini di varie nazionalità, tra cui anche degli ebrei (peraltro non necessariamente siracusani). Il loro destino possiamo solo provare a immaginarlo: forse furono venduti come schiavi, forse furono riscattati dalla loro comunità, come già a quel tempo spesso accadeva. In ogni caso, in pochi anni, la conquista musulmana della Sicilia dovette provocare un drastico cambiamento nelle condizioni di vita degli ebrei nell'isola. In primo luogo perché essi videro modificarsi profondamente la loro posizione legale, passando dal dominio dei bizantini alla tutela islamica fornita dalla *ḏimma*. Secondariamente, perché tale passaggio di potere corrispose anche e soprattutto al passaggio verso una differente sfera culturale, linguistica ed economica. Gli ebrei siciliani entrarono nell'orbita delle comunità ebraiche orientali, nordafricane e spagnole, indebolendo progressivamente i loro contatti con le comunità dell'Italia continentale: si apriva per loro lo spazio immenso dei legami commerciali e sociali della *dār al-islām*.

Anche sul piano demografico, probabilmente, molto cambiò. Non abbiamo dati precisi e non sappiamo in che misura l'antica comunità ebraica siciliana fosse stata decimata durante il IX secolo. Sappiamo per certo che molti furono gli ebrei che migrarono verso la Sicilia da altri territori del mondo musulmano, chi per affari, chi per ragioni familiari o altro. È a partire da questo momento che, poco a poco, la documentazione della *genizah* comincia a illuminare anche la storia degli ebrei siciliani. A dire il vero, anche in questo caso occorre prudenza: come si diceva, la documentazione di cui disponiamo per la Sicilia è costituita per lo più da lettere commerciali, lettere dunque che illuminano soprattutto la vita dei mercanti ebrei del tempo ma che poco ci dicono su tutti coloro che non erano coinvolti nei traffici di merci e di uomini tra la Sicilia e altri territori della *dār al-islām*.

Dal punto di vista delle attività commerciali, comunque, la Sicilia era percepita come parte della più vasta area dell'Ifrīqiya. Gli ebrei vi importavano, tra l'altro, spezie e tessuti; ne riparleremo più avanti. Se le fonti però ci dicono molto riguardo agli scambi e alle attività commerciali, esse ci dicono molto meno riguardo alla vita ebraica in Sicilia sotto i musulmani. Sappiamo degli scambi continui con (e degli aiuti economici per) le comunità ebraiche di Palestina; sappiamo soprattutto delle molte lamentele nei confronti della tassazione musulmana: una *ǧizya* che negli anni venti dell'XI secolo pare ammontasse a 17 tarì all'anno senza contare che agli ebrei potevano essere imposte altre tasse: ai mercanti (in particolare se *ḏimmī*) potevano ad esempio essere applicate tasse aggiuntive, chiamate *ḫums* o *'ušr* in arabo e *ḥomeš* o *'issūr* in ebraico (i termini significano rispettivamente «quinto» o «decimo»)[15]. Forse in tali lamentele vi era una buona parte di retorica (come in quelle lettere del IX secolo che ricordavano le sofferenze di quegli ebrei «poveri e senza mezzi» e che a causa dell'aumento erano andati in bancarotta ed erano stati costretti a fuggire oltremare). D'altro canto non c'è neppure nessun motivo di dubitare però che tale pressione fiscale potesse essere percepita da molti come davvero eccessiva. Oltre questo non molto, specie per quanto riguarda gli ebrei non direttamente coinvolti nelle attività commerciali.

Anche una mappa delle comunità siciliane per quest'epoca è a dir poco difficile da fornire. Sappiamo di presenze ebraiche, tra le altre, a Siracusa, Mazara del Vallo, Trapani, Ragusa e, ovviamente Palermo. La maggior parte dei mercanti attestati attraverso le carte della *genizah* agivano nella capitale musulmana e sappiamo che alla fine del X secolo doveva esservi un quartiere degli ebrei (*ḥārat al-Yahūd*): ne parla il viaggiatore Ibn Ḥawqal, ed è forse lo stesso quartiere che verrà menzionato alcuni secoli dopo, in un atto di vendita nel 1299 e in cui si sarebbero trovati, tra l'altro, il mattatoio ebraico e altre istituzioni comunitarie[16].

Si può supporre[17] che tutti o quasi gli ebrei delle varie località siciliane fossero organizzati in comunità, benché si trovi menzione specifica solo per quelle di Palermo e Siracusa. Per entrambe le città è attestata la presenza di una sinagoga e di un'organizzazione interna, anche se di essa non sappiamo quasi nulla, se non l'importanza riservata agli anziani. Certo, usando le informazioni provenienti da altre comunità ebraiche sotto il dominio musulmano e cristiano, possiamo provare a immaginare (ma nulla più) che tali anziani della Sicilia musulmana fossero di fatto i successori di quei *presbyteri* di epoca romana e bizantina, divenuti gli *zeqenim* dei documenti della *genizah*: coloro cioè che assistevano i funzionari della comunità offrendo pareri e sostegno.

Abbiamo anche traccia delle attività di tribunali ebraici (*bēt dīn*). Così, ad esempio, sappiamo di un caso discusso a Siracusa nel 1020, per stabilire se Eliyah ben al-Ḥaddād si fosse appropriato indebitamente di parte di una proprietà del defunto Naḥum ben Ismaīl al-Ḥaddād: al caso assistette l'intera comunità (cioè solo i maschi adulti) e il tribunale si riunì due volte[18]. Proprio a proposito di questo caso, è stato sottolineato come si trattasse di una procedura legale insolita nella legge ebraica, ma purtroppo non siamo in grado di confrontarla con molti altri dati relativi ai tribunali siciliani. Allo stesso modo, siamo in grado di dire ben poco riguardo ai giudici. Nel mondo che si riflette nei documenti della *genizah*, infatti, ogni grande comunità presentava una struttura relativamente complessa: si parla spesso di un *muqaddam* (in arabo «colui che è messo alla testa») per designare la guida della comunità, spesso un giudice, si citano i cantori, gli studiosi della Scrittura e gli anziani. I ruoli di simili guide erano molteplici: un *muqaddam* doveva dirimere tutte le questioni relative alla legge religiosa e ai riti; doveva spiegare la legge religiosa, doveva presiedere il tribunale locale; talvolta faceva persino da scrivano, stendeva documenti legali e scriveva lettere ufficiali.

In Sicilia, solo occasionalmente i giudici furono dei professionisti, cioè rabbini (a giudicare dalle firme sui verbali, ad esempio, il tribunale siracusano sopra ricordato non comprendeva un solo rabbino). Sembra anzi che le funzioni religiose normalmente affidate a un rabbino venissero spesso esercitate da altri e questo potrebbe riflettere la dimensione relativamente ridotta dell'insediamento ebraico in Sicilia nell'epoca musulmana. Ma tentare una qualsiasi ipotesi sui numeri di tali comunità è a dir poco rischioso. Ciò che più conta, almeno per queste pagine, è il rapporto profondo che le comunità ebraiche di Sicilia ebbero col mondo musulmano in cui vivevano; rapporto che contribuisce a illuminare una parte importante della storia di Sicilia. Proprio per questo bisognerà ora approfondire in parte la natura di quel mondo che musulmani, cristiani ed ebrei condivisero per più di due secoli.

NOTE AL CAPITOLO OTTAVO

[1] R. Bonfil, *Cultura ebraica e cultura cristiana nell'Italia meridionale nell'alto medioevo*, in AA.VV., *L'ebraismo dell'Italia meridionale peninsulare dalle origini al 1541*, IX congresso internazionale dell'Associazione italiana per lo studio del giudaismo, Potenza-Venosa, 20-24 settembre 1992, Galatina, Congedo, 1996, p. 132.

[2] Tale posizione, peraltro condivisibile, è esposta con chiarezza da D.J. Wasserstein, *Langues et frontières entre juifs et musulmans en al-Andalus*, in M. Fierro (a cura di), *Judíos y musulmanes en al-Andalus y el Magreb*, Madrid, Casa de Velázquez, 2002, pp. 1-12, in particolare pp. 3-4.

[3] Per le epigrafi citate D. Noy, *Jewish Inscriptions of Western Europe*, vol. I: *Italy (Excluding the City of Rome), Spain and Gaul*, Cambridge, Cambridge University Press, 1993, nn. 143-162, pp. 184-220 (Sicilia); nn. 163-168, pp. 221-227 (Malta). Le epigrafi sono riportate anche in S. Simonsohn, *The Jews in Sicily*, Leiden-New York-Köln, Brill, 1997, pp. 3-6 (Doc. 1-11).

[4] Il testo della colonna siracusana (tratto da Nm 10,35), è stato attribuito a dei samaritani piuttosto che a degli ebrei, ma anche le iscrizioni della lamina lasciano non pochi dubbi, dato che sembrerebbero state incise da qualcuno che non conosceva la lingua o non capiva il testo. Si veda S. Simonsohn, *Tra Sicilia e Cariddi. Gli ebrei in Sicilia*, Roma, Viella, 2011.

[5] Gregorius I Papa, *Registrum Epistolarum*, a cura di P. Ewald e L.M. Hartmann, in *M.G.H. Epistolae*, Berlin, 1891-1899, III 37; VI 30; VIII 21; su questo S. Boesch Gajano, *Per una storia degli Ebrei in Occidente tra Antichità e Medioevo. La testimonianza di Gregorio Magno*, in «Quaderni Medievali», 8 (1979), pp. 12-43, R. Rizzo, *Papa Gregorio Magno e la nobiltà in Sicilia*, Palermo, Officina di Studi Medievali, 2008, pp. 90, 105-106.

[6] Le lettere di Gregorio Magno con riferimento agli ebrei sono edite in S. Simonsohn, *The Jews in Sicily*, Leiden-New York-Köln, Brill,

1997, Doc. 12- 21, pp. 6-14. Quelle relative alla difesa degli ebrei palermitani sono i nn. 19 e 20.

[7] Si veda B. Blumerkranz, *Juifs et chrétiens dans le monde occidental*, Paris, Mouton, 1960, pp. 311, 356; Id., *Les auteurs chrétiens latins du Moyen Âge sur les juifs et le judaïsme*, Paris, Mouton, 1963, p. 81; E.A. Synan, *The Popes and Jews in the Middle Ages*, New York, Macmillan, 1965, p. 46.

[8] M. Gil, *Sicily 827-1072, in the Light of the Geniza Documents and Parallel Sources*, in *Italia Judaica. Gli ebrei in Sicilia sino all'espulsione del 1492*, Roma, Archivi ministero per i Beni culturali e ambientali, 1995, p. 153; in generale sul tema si veda M. Cohen, *Poverty and Charity in the Jewish Community of Medieval Egypt*, Princeton, Princeton University Press, 2005. Occorre ricordare comunque come sia a dir poco difficile, specie per l'alto medioevo, distinguere tali spazi ospedalieri e, soprattutto, le loro destinazioni d'uso: P. Horden, *The Earliest Hospitals in Byzantium, Western Europe, and Islam*, in «Journal of Interdisciplinary History», 35 (2005), 3, pp. 374-377.

[9] Doc. 15, in Simonsohn, *The Jews in Sicily*, cit., pp. 8-9.

[10] Si veda G. Sfameni Gasparro, *I culti orientali in Sicilia*, Leiden, Brill, 1973, in particolare pp. 42-44. Inoltre G. Manganaro Perrone, *Magia «benefica» nella Sicilia tardo antica*, in «Epigraphica», 69 (2007), pp. 263-286; inoltre J.-C. Coulon, *Les objets magiques: un indice d'evolution culturelle? Les documents magiques siciliens entre Byzance et l'Islam*, in A. Nef e V. Prigent (a cura di), *La Sicile de Byzance à l'Islam*, Paris, De Boccard, 2010, pp. 95-111.

[11] G. Lacerenza, *Magia giudaica nella Sicilia tardoantica*, in N. Bucaria (a cura di), *Gli Ebrei in Sicilia dal tardoantico al medioevo. Studi in onore di Mons. Benedetto Rocco*, Palermo, Flaccovio, 1998, pp. 293-310.

[12] Su questo materiale si veda R.J.A. Wilson, *Sicily under the Roman Empire*, Warminster, Aris & Phillips, 1990, pp. 310 ss., 414 ss. Sul problema delle influenze ebraiche L.V. Rutgers, *Interaction and its Limits. Some Notes on the Jews of Sicily in Late Antiquity*, in «Zeitschrift für Papyrologie und Epigraphik», 115 (1997), pp. 245-256.

[13] Doc. 22-23; inoltre V. von Falkenhausen, *L'ebraismo dell'Italia meridionale in età bizantina*, in *L'ebraismo dell'Italia meridionale peninsulare dalle origini al 1541*, Atti del convegno internazionale di studio Potenza-Venosa, 20-24 settembre 1992, Galatina, Congedo, 1996, pp. 32 ss.

[14] A metà del Novecento se ne convinse in particolare Shlomo Dov Goitein (1900-1985), a cui dobbiamo uno dei più grandi affreschi sulla cultura mediterranea medievale: basandosi appunto sui documenti della *genizah* egli ricostruì, in una serie di famosi volumi apparsi a partire dagli anni sessanta col titolo di *A Mediterranean Society*, la rete di traffici e scambi che coinvolgeva le comunità ebraiche, in particolare quelle legate al mondo musulmano ma non solo: un mondo che si estendeva a tutti i porti del Mediterraneo e anche oltre, almeno fino all'India: S.D. Goitein, *A Mediterranean Society. The Jewish Communities of the Arab World as Portrayed in the Documents*

of the Cairo Geniza, 4 voll., Berkeley-Los Angeles-London, University of California Press, 1967-1988.

[15] Goitein, *A Mediterranean Society*, vol. II: *The Communities (1971)*, cit., pp. 380 ss.; Gil, *Sicily 827-1072*, cit., pp. 142 ss.

[16] Gil, *Sicily 827-1027*, cit., pp. 145 ss. Sulla collocazione del quartiere ebraico si veda A. De Simone, *Palermo araba*, in *Storia di Palermo*, vol. II: *Dal tardo-antico all'Islam*, Palermo, L'Epos, 2000, p. 94.

[17] Simonsohn, *Tra Sicilia e Cariddi*, cit., cap. IV.

[18] *Ibidem*.

CAPITOLO NONO

IL TERRITORIO E LA SUA GESTIONE

1. *La Sicilia musulmana: insediamento, fortificazioni e spazio rurale*

Una delle discussioni che ancora anima storici e archeologi, riguarda ciò che successe tra periodo bizantino e periodo musulmano, non è chiaro cioè se e in che misura le *massae* del tardo impero romano si siano poi trasformate nei casali dell'alto medioevo; oppure se le chiese e le necropoli bizantine siano diventate insediamenti normanni. In tal senso l'archeologia, malgrado alcuni importanti lavori degli ultimi decenni, è ancora lontana dal fornire una risposta definitiva e le fonti scritte non aiutano molto: da una parte, prima del periodo normanno gli abitati rurali semplicemente non sono documentati, se non in forma indiretta e ambigua; dall'altra non sono certo tante le attestazioni di fondazioni di villaggi fra l'XI e il XII secolo (il che farebbe pensare che quelli attestati successivamente siano dunque preesistenti). Inoltre, per giunta, i diplomi normanni presentano una toponomastica ricchissima di nomi recanti al proprio interno le parole arabe *raḥl*, *manzil* o *qarya*[1]: tre termini utilizzati per indicare uno spazio abitativo o un villaggio (*qarya*) rurale; tutti e tre quindi riferiti a insediamenti aperti. Simili nomi sembrano confermare l'esistenza di quella rete di piccoli nuclei abitativi collocati nelle campagne e che parrebbe attestata dalle più tarde fonti medievali. Dal canto suo, inoltre, l'archeologia ha mostrato come in alcune aree i siti occupati fra il VI e il VII secolo abbiano restituito anche ceramiche del X e XI secolo: è chiaro che in questo caso bisognerebbe saper distinguere meglio tra casi di effettiva continuità e casi di rioccupazione dei siti; in generale però sembra ragionevole e realistico ritenere che la colonizzazione musulmana abbia determinato una fase di moltiplicazione delle residenze sparse, oltre che di rilancio dell'abitato rurale preesistente[2].

Collegato a questo discorso è il problema delle fortificazioni in periodo musulmano. Nel Val di Mazara e non solo troviamo molte forme derivate dall'arabo *qal'a(t)*, termine con cui si intende sostanzialmente una cittadella fortificata: Calta-, Calat(a)-, Cauta-, Carta-; ma anche, allo stesso modo, da *qaṣr* («castello», da intendersi meno come una fortezza propriamente detta e più come un palazzo privato)[3] e *Burǧ*, «torre» (alludendo per lo più a quel tipo di torri isolate, che venivano utilizzate a sorveglianza e difesa dei luoghi di passaggio)[4]. A questo proposito, la presenza di simili toponimi, assieme ad altri dati desunti dalle fonti letterarie, ha fatto ipotizzare per l'età islamica un fenomeno di «incastellamento» di svariati siti siciliani[5]; il termine incastellamento rimanda in realtà a uno specifico modello storiografico sviluppato per spiegare il processo di formazione di particolari *villaggi fortificati* a opera di signori locali; processo che avrebbe determinato inoltre una concentrazione degli insediamenti (*amassamentum hominum*) e dei prodotti (*congregatio fundorum*)[6]. Ora, le successive indagini archeologiche sul suolo siciliano hanno sfumato notevolmente tale idea: la verità è che allo stato attuale della ricerca, in assenza di un dettagliato quadro socio-storico del periodo musulmano, tutta la questione degli insediamenti non può essere risolta in maniera definitiva. Quello che emerge è infatti un panorama dagli aspetti molteplici, e a volte apparentemente contraddittori: villaggi e luoghi abitati la cui continuità dall'epoca romana a quella normanna sembra essere quasi sicura; villaggi e luoghi abitati abbandonati durante la conquista musulmana e i cui resti mettono in evidenza una fase di distruzione che corrisponde *grosso modo* a quest'epoca; villaggi e luoghi abitati abbandonati da secoli in epoca bizantina che rinascono intorno all'XI secolo[7]. È un problema certamente legato alla grande scarsità di dati; ma a ben guardare è un problema anche di metodo e di certe categorie storiografiche che forse andrebbero definitivamente superate.

A un altro livello, però, le fonti scritte permettono di individuare alcuni elementi di novità di cui è stata portatrice la conquista musulmana e che sembrano indicare il senso di un notevole cambiamento nei confronti dell'epoca bizantina. Si tratta soprattutto dello statuto di proprietà della terra e, a partire da qui, della trasformazione della gestione e dell'organizzazione del territorio agricolo (anche se gli effetti di tale trasformazione furono cancellati abbastanza rapidamente a partire dallo stabilimento del potere normanno). In effetti la conquista islamica portò a un cambiamento del regime della proprietà che modificò profondamente la situazione ereditata dalle epoche precedenti. L'affermazione del nuovo potere ebbe come conseguenza – secondo le consuetudini del *ǧihād* – la distribuzione di terre agli uomini del contingente armato che partecipavano alle azioni belliche. La prassi legale distingueva tra *ġanīma*, cioè il frutto di una razzia, bottino conquistato con azioni violente, e *fay'*, cioè le ricchezze e le terre acquisite in seguito a trattati o ad accordi pacifici. La *ġanīma* doveva essere divisa dandone un quinto al potere centrale e ripartendo il restante tra i vari combattenti dell'esercito; il *fay'* era invece a disposizione del capo della comunità che ne regolava l'impiego e la distribuzione. Questa la teoria: la pratica in Sicilia, come al solito, la possiamo documentare solo in minima parte. A tale proposito, un considerevole dibattito storiografico è nato attorno al problema dei *latifundia*, le grandi proprietà che avevano caratterizzato la storia della Sicilia antica e sembrano sparire durante il periodo della dominazione musulmana, salvo poi riapparire nuovamente a partire dal XII secolo. In anni recenti è stato sostenuto che forse grandi proprietà avrebbero continuato a esistere durante l'epoca arabo-islamica, anche se la scomparsa di alcune istituzioni che ne erano alla base, come la chiesa e l'aristocrazia locale, portò sicuramente alla sparizione di una parte dei grandi latifondi[8]. Una trasformazione nella gestione della terra e della sua tassazione, sembrerebbe essere confermata dal *Kitāb al-amwāl* di al-Dawūdī (m. 1101), di fatto il solo testo di cui disponiamo riguardo tali temi[9]. Nel suo trattato sull'imposta fondiaria, infatti, l'autore consacra un lungo passaggio alla situazione siciliana, in particolare alla regione di Agrigento. L'isola vi è descritta come un luogo dove la ripartizione e la tassazione delle terre non avrebbero rispettato le regole del diritto islamico. Vi si parla tra l'altro delle dinamiche che hanno portato al costituirsi di nuovi possedimenti, nonché di rivalità nate tra i nuovi coloni. Naturalmente tutto da prendere con le dovute cautele, non solo perché si tratta un testo dall'impianto esplicitamente teorico (anche se l'esposizione di simili questioni deve essersi ispirata a problemi reali), ma anche perché non si può generalizzare tali esempi a tutto il resto della Sicilia[10].

2. *Agricoltura, nutrizione e carestie*

Sappiamo abbastanza delle tipologie di insediamento nell'Italia meridionale di epoca bizantina[11]; della Sicilia invece non sappiamo quasi nulla[12]. Come abbiamo appena visto le fonti arabe ci parlano di un complesso cambiamento del regime di proprietà terriera oltre che di ristrutturazione del territorio nei suoi rapporti con i nuclei urbani. Inoltre le prove archeologiche sembrano mostrare un quadro molto mutevole, invitando a evitare facili generalizzazioni e a non considerare dunque l'isola come un'unità[13].

In ogni caso questa nuova gestione della terra dovette avere profonde ripercussioni anche nell'attività agricola. Quando i musulmani invasero la Sicilia, la *dār al-islām* stava già sperimentando una profonda innovazione dell'agricoltura, quella che in arabo si chiama *filāḥa* (dalla cui radice deriva il ben noto termine per contadino-agricoltore: *fallāḥ*). In molte parti del mondo musulmano, a cominciare da al-Andalus, furono introdotte nuove tecnologie, nuovi sistemi di irrigazione e nuovi sistemi intensivi di rotazione delle colture[14].

Per quanto riguarda la Sicilia, troviamo nei testi arabi generiche affermazioni riguardanti la fertilità dell'isola, ricca di boschi e di foreste e soprattutto di acqua. La più preziosa testimonianza è quella del viaggiatore Ibn Ḥawqal, originario della Persia e di probabile fede sciita, che in Sicilia giunse negli ultimi anni del X secolo. Egli confermava il buon livello dell'agricoltura, parlando dell'approvvigionamento idrico nelle campagne del palermitano, ricchissime di masserie recintate o fortificate (*maḥall*) e di sorgenti con numerosi mulini piantati sui corsi d'acqua. Ancora Ibn Ḥawqal, inoltre, accennava alla coltivazione di cocomeri, papiro e canna «persiana», oltre che di cotone, canapa, ortaggi e viti, nonché di una produzione di lino di ottima qualità. Non parlava di agrumi, è vero, ma un secolo dopo abbiamo già alcune prove della loro importanza nell'agricoltura siciliana. Tra queste la testimonianza del già citato Ibn Makkī, autore di un'opera sugli errori linguistici dei siciliani che invitava a correggere in *nāranǧ* (arancio o arancia) l'errata pronuncia popolare *laranǧ* e *aranǧ*, e in *laymūna* (limone) le errate forme *lūmia* e *līmūna*.

Come al solito non è possibile dire molto sulle tecniche agricole utilizzate nella Sicilia musulmana. Non è possibile, ad esempio, dire quanto dei sistemi di coltivazione fosse attribuibile alla tradizione indigena o agli apporti berberi o arabi. Abbiamo prova però di un importante scambio di conoscenze agronomiche tra la Sicilia e altre parti della *dār al-islām*, soprattutto al-Andalus. Lo sappiamo grazie all'esplicita citazione di coltivazioni e tecniche «siciliane» nei trattati sull'agricoltura che circolavano nel mondo musulmano del tempo. Relativamente conosciuto è ad esempio il *Kitāb al-qaṣd wa l-bayān* dell'andaluso Ibn Baṣṣāl (seconda metà dell'XI secolo), il quale nel capitolo X, dedicato alla semina di cereali e vari vegetali, fa esplicito riferimento alle tecniche di coltivazione del cotone (*zirā'a al-quṭn*) da lui apprese in Sicilia[15]. Lo stesso avrebbe riferito, più o meno nello stesso periodo il sivigliano Abū l-Ḫayr al-Šaǧǧār al-Išbīlī, autore di un altro trattato sull'agricoltura (*Kitāb al-filāḥa*), ricordando come il metodo siciliano di coltivazione del cotone permettesse un raccolto notevolmente superiore alla media[16]. Temi, questi, che avrebbero echeggiato a lungo negli scritti arabi di agricoltura, se è vero che ancora un secolo dopo un altro andaluso, Ibn al-'Awwām, nel suo monumentale *Kitāb al-filāḥa* avrebbe fatto numerosi riferimenti all'agricoltura siciliana[17].

Come in al-Andalus, pure in Sicilia tali innovazioni dovettero riflettersi anche in cambiamenti concreti sul piano della vita quotidiana e in particolare sull'alimentazione, di cui sappiamo qualcosa grazie alle fonti scritte e alla documentazione archeologica: grano, in primo luogo[18], ma anche cereali poveri come avena e orzo, coltivati in pianura; olivo e vigne coltivate sui declivi; e poi relativa abbondanza di fave, fagioli, cipolle oltre alle coltivazioni di alberi da frutto, in particolare meli, peri, mandorli, noci e fichi[19].

È materia di discussione se, malgrado l'assenza di numerosi apporti (la carne in primo luogo), tale dieta mediterranea, ricca di vegetali leguminosi e cereali, abbia potuto essere sostanzialmente adeguata in termini di proteine[20]. In questa dieta, comunque, qualche rischio c'era. Almeno secondo Ibn Ḥawqal che parlando degli abitanti di Palermo, in un passo famoso della sua opera si soffermò a lungo a discutere di una loro singolare pratica, e cioè l'uso smodato che essi facevano della cipolla; consumo che a suo dire avrebbe alterato profondamente i loro sensi e persino la loro intelligenza: mangiata cruda, dalla sera alla mattina, essa avrebbe «guastato la loro capacità immaginativa, deteriorato i loro cervelli [...] a tal punto che interpretano sempre le cose in modo sbagliato»[21]. Stava ovviamente esagerando, e lo faceva probabilmente con la spocchia di chi, dal centro dell'impero, si reca in provincia. Ma l'argomentazione non era priva di una certa raffinatezza scientifica: secondo lui (che sosteneva di basarsi peraltro sul *Libro di notizie mediche* di Yūsuf Ibrāhīm al-Kātib)[22] la cipolla sarebbe stato infatti un afrodisiaco e in quanto tale avrebbe intorpidito i sensi producendo appunto un deterioramento del cervello nella sua capacità immaginativa, quella che in arabo si chiama *taḫayyul* e che secondo il filosofo al-Fārābī (m. 950) era la facoltà, propria dell'anima umana, di riordinare le sensazioni e di distinguerle secondo combinazioni e distinzioni molteplici, alcune corrispondenti al vero, altre false.

Non sempre facile (e in parte anacronistico) distinguere tra proprietà nutritive e proprietà curative: il discorso vale in parte per la cipolla, vale sicuramente per le numerose spezie che in Sicilia giungevano per lo più dai mercati orientali[23]. Ricercate per i più svariati motivi, oltre che per l'uso alimentare, per la medicina esse erano soprattutto sostanze il cui gusto e odore suggerivano un più alto grado di purezza. Così ad esempio vi era lo zafferano, ai tempi coltivato un po' ovunque (sembra anche in Sicilia)[24] e prescritto tra l'altro per problemi oftalmici, ma anche per ingessature[25]; vi era il pepe che provocando sternuti purgava il cervello dalle superfluità flemmatiche[26]; vi erano lo zenzero, la cannella, il coriandolo, il chiodo di garofano e anche il vino stesso, che avevano proprietà purgative e agivano sugli spiriti (cioè sull'elemento più sottile degli umori) in vari modi[27], secondo un principio che non si discostava, di fatto, da quello della cipolla evocato da Ibn Ḥawqal. Vi erano infine sostanze ancora più esotiche, come il mirabolano, ricavato da alberi della specie delle *terminalia*[28] che era prescritto per malattie oftalmiche, problemi digestivi e anche come afrodisiaco.

Certo è che, malgrado simili raffinati apporti e malgrado le considerevoli innovazioni agronomiche, l'alimentazione rimaneva sempre un problema considerevole. Il pericolo di carestie, infatti, rimase un elemento a dir poco concreto anche per gli abitanti della florida Sicilia musulmana. Sappiamo ad esempio che una seria carestia colpì l'impero bizantino nel 927-928[29]; non se ne trova memoria per la Sicilia, ma la *Cronaca di Cambridge* riporta che alcuni anni dopo (per la precisione l'11 luglio 936), nell'isola «un furioso vento meridionale di Scirocco arse le viti e la frutta, così che quell'anno non si fece vendemmia»[30]. Quasi il preannuncio di un periodo di ben peggiori sofferenze: ancora la *Cronaca di Cambridge* ricorda come nel 940 una grande carestia imperversò tanto nella capitale, Palermo, quanto nelle campagne, e fu violenta a tal punto che «dei genitori mangiarono i loro figli». Probabilmente un'iperbole letteraria, ma il segno comunque di una situazione drammatica. E l'anno dopo, a quanto pare, la fame sarebbe tornata, tanto che «rimasero deserte le fortezze e le campagne della Sicilia»[31]. Le grandi cronache arabe di Ibn al-Aṯīr, al-Nuwayrī e Ibn Ḫaldūn non riportano la notizia, ma forse essa è invece collegabile a quanto documentato per il sud Italia dal *Chronicon Salernitanum*, secondo cui durante il regno del principe Gisolfo I (943-978), una furiosa peste avrebbe colpito il principato. Moltissimi morirono e molte case furono svuotate. Ora, carestia e peste non sono ovviamente la stessa cosa, ma è ipotizzabile che la devastazione della peste fosse di gran lunga maggiore a causa di una carestia[32].

Il problema della salute, che potrebbe essere meglio indagato grazie all'intreccio di fonti diverse (comprese quelle ebraiche: anche alcune lettere della *genizah* parlano infatti di carestie)[33] e a un maggior contributo delle analisi bioarcheologiche[34], si lega inevitabilmente a quello dell'igiene. Inevitabile a questo punto un riferimento alle acque dell'isola.

3. *Le acque*

Le innovazioni apportate dall'islam in campo agronomico sono state giustamente quasi sempre messe in relazione alle innovazioni da loro apportate in ambito idraulico[35]. Come è noto infatti, la padronanza dell'acqua consente, tra le altre cose, anche di coltivare nello stesso ambiente specie molto differenti. In tal senso, i giardini privati e reali furono il luogo privilegiato per l'introduzione delle specie nuove o della riscoperta di alcune prima non apprezzate. Le tecnologie idrauliche e irrigue dei musulmani provenivano da un'esperienza antica. Si tende normalmente e giustamente a parlare della diffusione delle tecniche agronomiche e idrauliche nel Mediterraneo islamico; forse però varrebbe la pena integrare tale discorso con una più lunga storia, che dalla tradizione classica giunge al medioevo occidentale; una tradizione che ha sempre visto nel giardino e nelle sue acque uno spazio privilegiato, un luogo di delizie e, in molti casi, uno spazio adibito alla cura. Tale tradizione, come è stato sottolineato, è a oggi quasi del tutto inesplorata e questo sostanzialmente per due motivi: per l'insufficiente analisi delle tante opere inedite di farmacologia e botanica, e per la forza del paradigma ormai classico che vuole l'introduzione della scienza farmacologica attraverso la scuola salernitana e le traduzioni arabe di Costantino Africano[36].

In ogni caso da quel poco che possiamo dedurre della situazione Siciliana, il cambiamento sul piano del controllo e dell'uso delle acque è evidente. È ancora Ibn Ḥawqal a narrarci con dovizia di particolari della grande disponibilità d'acqua di Palermo: le numerose fonti, gli orti, i tanti mulini ad acqua e poi le acque potabili spesso nella città attinte attraverso pozzi scavati nelle case[37]. Difficile capire a cosa davvero facesse riferimento il nostro autore. Alcuni hanno ipotizzato che stesse facendo riferimento a quell'ampia rete sotterranea dei *qanāt*, gli aquedotti palermitani scavati tra il IX e il X secolo e alle cui acque si accedeva appunto attraverso una rete di pozzi scavati nella pietra tufacea della città[38]. Forse però, si trattava più semplicemente di altre falde acquifere in cui, col diminuire della portata, prevaleva l'infiltrazione di acqua marina, facendo sì che talvolta, come ricorda Ibn Ḥawqal, salisse da quei pozzi acqua pesante e malsana[39].

Questo sistema di controllo delle acque, si diceva, portava con sé notevoli vantaggi anche sul piano igienico e sanitario. Per quanto, però, la diffusione dei bagni pubblici in epoca islamica sia ben nota, lo studio di tale fenomeno per il caso siciliano presenta considerevoli difficoltà, dovute in parte, ovviamente, alla solita carenza di fonti e testimonianze materiali. In Italia meridionale i bagni pubblici che erano stati parte della vita quotidiana romana, erano entrati presto in disuso[40]. Diverso il discorso per i bagni privati dei ricchi, ricordati con certa frequenza nei testi altomedievali, spesso (e varrebbe la pena interrogarsi su tale consuetudine letteraria) indicati come luogo di intrighi politici: si è già fatto riferimento, a tale proposito, al racconto dell'uccisione di Costante II, ma gli esempi potrebbero essere allargati anche al *Chronicon Salernitanum*. In molti casi è difficile distinguere i semplici bagni dagli spazi termali. È stato supposto[41] che la presenza di lebbrosi tra i crociati possa avere introdotto l'uso del bagno pubblico in Europa secondo il modello islamico dello *ḥammām* piuttosto che secondo quello romano. In ogni caso fonti romane e del primo medioevo avevano già identificato i benefici dei bagni di Pozzuoli[42].

Discorso diverso per la Sicilia, dove il termalismo pare curiosamente essere meno documentato. Tanto per l'Africa settentrionale quanto per al-Andalus la documentazione relativa agli *ḥammām* e alle virtù curative delle loro acque calde è piuttosto ampia[43]; per la Sicilia dobbiamo invece accontentarci, come al solito, delle poche segnalazioni forniteci da alcuni geografi. E questo peraltro non è privo di problemi, perché per il periodo musulmano vi è il solo Ibn Ḥawqal che ricorda almeno una fonte vicina a Palermo, la 'Ayn al-Šifā («fonte della salute»), che altri autori avrebbero segnalato appunto per le sue virtù curative[44]. Gli altri riferimenti a fonti termali sono tutti molto più tardi e partono più o meno dalla metà del XII secolo: così ad esempio Termini o i bagni di Gangi, entrambi nella zona di Cefalù. Probabilmente, queste citazioni relativamente tarde si legano in parte allo sviluppo delle pratiche curative legate al termalismo, che nel mondo musulmano è databile appunto al XII secolo: il che però non implica necessariamente il disinteresse nei confronti delle acque termali, quanto un loro uso differente. Come è stato suggerito in anni recenti[45], è proprio questo cambiamento d'uso che sembrerebbe trasparire dalla complessa stratigrafia dei famosi bagni termali di Cefalà Diana, che per quanto databili nel loro insieme, appunto, al XII-XIV secolo, conserverebbero tracce di un impianto risalente al X secolo.

NOTE AL CAPITOLO NONO

[1] Su questa discussione H. Bresc, *L'habitat médiéval en Sicile 1100-1450*, in Atti del colloquio internazionale di archeologia medievale Palermo-Erice 20-22 settembre 1974, 2 voll., Palermo, Università di Palermo, 1976, vol. I, pp. 187, 189; M. Aymard e H. Bresc, *Problemi di storia dell'insediamento nella Sicilia medievale e moderna. 1100-1800*, in «Quaderni storici», 8 (1973), 3, p. 955.

[2] F. Maurici, *L'insediamento medievale in Sicilia: problemi e prospettive di ricerca*, in «Archeologia Medievale», 22 (1995), p. 495.

[3] Questo non toglie che il termine compaia spesso come evidente sinonimo di *ḥiṣn*, cioè come struttura di carattere puramente militare: H. Kennedy, *The Armies of Caliphs*, London, Routledge, 2001; trad. it. *Gli eserciti dei califfi*, Gorizia, Goriziana, 2010, pp. 281-292.

[4] Maurici, *Castelli medievali*, cit., pp. 62-72.

[5] H. Bresc e G. Bresc Bautier, *Ségestes médiévales. Calathamet, Calatabarbaro, Calatafimi*, in «Mélanges de l'École française de Rome. Moyen Âge», 89 (1977), 1, p. 344.

[6] Tale modello fu elaborato da Pierre Toubert per i suoi famosi studi sul Lazio medievale (P. Toubert, *Les structures du Latium médiéval. Le Latium méridional et la Sabine du IX*e *à la fin du XII*e *siècle*,

Roma, École française de Rome, 1973) e nei decenni successivi ha visto, soprattutto a opera della storiografia francese, numerosi tentativi di identificazione dell'analogo modello in contesti mediterranei ed europei molto diversi. Un caso esemplare in tal senso è quello della Spagna medievale dove nei decenni passati lo sforzo di identificare un diffuso processo di incastellamento è stato notevole, ma dove, a onor del vero, la ricerca archeologica più recente sta dimostrando invece anche lì la complessità e la pluralità dei modelli di fortificazione altomedievali.

[7] Maurici, *L'insediamento medievale*, cit., pp. 26-27. Sul tema continuità/rottura a partire dai dati della topografia si veda anche H. Bresc, *L'habitat médiéval en Sicile*, cit., vol. I, pp. 188-192.

[8] Questa posizione, con sfumature differenti, è stata sostenuta da Adalgisa De Simone (*Ancora sui «villani» in Sicilia. Alcune considerazioni lessicali*, in *La Sicile à l'époque islamique. Questions de méthode et renouvellement récent des problématiques*, in «Melanges de l'École française de Rome. Moyen Âge», 116 (2004), p. 475) e A. Nef (*Conquêtes et reconquêtes médiévales: la Sicile normande est-elle une terre de réduction en servitude généralisée?*, in «Mélanges de l'École française de Rome. Moyen Âge», 112 (2000), 2, p. 591).

[9] H.H. Abdul-Wahhab e F. Dachraoui, *Le régime foncier en Sicilie au Moyen Age (IXe et Xe siècles)*, in *Études d'Orientalisme dédiées à la memoire de Lévi-Provençal*, Paris, Maisonneuve et Larose, 1962, vol. I, pp. 401-444.

[10] Così giustamente Nef, *Conquêtes et reconquêtes médiévales*, cit., pp. 581-582.

[11] Si veda A. Guillou, *L'Italia bizantina dalla caduta di Ravenna all'arrivo dei Normanni*, in *Storia d'Italia*, vol. III: *Il Mezzogiorno dai Bizantini a Federico II*, Torino, Utet, 1983, p. 42; P. Skinner, *Health & Medicine in Early Medieval Southern Italy*, Leiden-New York-Köln, Brill, 1997, p. 26.

[12] Aymard e Bresc, *Problemi di storia dell'insediamento*, cit., p. 957; F. Cresti, *Città territorio, popolazione nella Sicilia musulmana. Un tentativo di lettura di un'eredità controversa*, in «Mediterranea. Ricerche storiche», 4 (2007), 9, pp. 32-35.

[13] H. Bresc, *Terre e castelli: le fortificazioni della Sicilia araba e normanna*, in R. Comba e A.A. Settia (a cura di), *Castelli storia e archeologia*, Torino, Regione Piemonte, 1984, pp. 73-87; F. Maurici, *L'insediamento medievale nel territorio della provincia di Palermo*, Palermo, Soprintendenza beni culturali e ambientali di Palermo, 1998, p. 27.

[14] Su questo si veda il pionieristico lavoro di A.M. Watson, *Agricultural Innovation in the Early Islamic World*, London-New York, Cambridge University Press, 1983. In tempi più recenti E. Burke, *Islam at the Center: Technological Complexes and the Roots of Modernity*, in «Journal of World History», 20 (2009), 2, pp. 165-186; anche se va notato come l'idea di rivoluzione agricola islamica proposta da questi e altri autori sia stata messa in discussione da altri studiosi. Per quanto riguarda la Spagna è ormai classico il lavoro di T.F. Glick, *Islamic and Christian Spain in the Early Middle Ages*, Princeton, Princeton University Press, 1978.

[15] Ibn Baṣṣāl, *Kitāb al-qaṣd wa'l-bayān*, a cura di J.M. Millás Vallicrosa e M. Azīmān, *Libro de Agricultura*, Tetuán, Instituto Muley El Hassan, 1955, pp. 114-115 (il testo arabo è consultabile online presso www.filaha.org/introduction.html).

[16] Non ho potuto consultare il testo arabo e ho fatto riferimento a un'edizione francese parziale: Abū l-Ḫayr al-Šaǧǧār al-Išbīlī, *Kitāb al-Filāḥa ou Le Livre de la Culture*, Algiers, Editions Carbonel, 1946.

[17] Ibn al-'Awwām, *Kitāb al-Filāḥa*, 2 voll., a cura di J.A. Banqueri, Madrid, 1802.

[18] È stato sottolineato come nel sud Italia si sia registrata una maggiore continuità (almeno rispetto al nord) di quella cultura cerealicola che era stata parte integrante del modo di produzione classico: M. Montanari, *Alimentazione e cultura nel Medioevo*, Roma-Bari, Laterza, 1988, pp. 124-126.

[19] Guillou, *L'Italia bizantina*, cit., p. 42; su quanto segue si veda anche Skinner, *Health & Medicine*, cit., pp. 4-6.

[20] Per due posizioni in parte differenti si vedano M.S. Mazzi, *Salute e società nel Medioevo*, Firenze, La Nuova Italia, 1978 e M. Livi-Bacci, *Population and nutrition*, Cambridge, Cambridge University Press, 1991. Inoltre, sul ruolo del pane in questa dieta si veda poi Montanari, *Alimentazione e cultura*, cit., p. 127.

[21] Ibn Ḥawqal, *Kitāb ṣūrat al-arḍ*, a cura di J.H. Kramers, in *Bibliotheca Geographorum Arabicorum*, vol. II, Leiden, Brill, 1938, pp. 123-124; trad. it. *I cammini dell'Occidente*, Padova, Cleup, 2001, pp. 76-77.

[22] Yūsuf ibn Ibrāhīm fu il *mawlā* di Ibrāhīm al-Mahdī e fu autore appunto di una *Storia (Aḫbār)* dei medici, citato da al-Qifṭī e Ibn Abī Uṣaybi'a. Su tutto questo si veda F. Gabrieli, *Ibn Hawqal e gli arabi di Sicilia*, in Id., *L'islam nella Storia*, Bari, Dedalo, 1966, p. 59, n. 5.

[23] Per un aggiornato punto della situazione anche sul piano bibliografico si veda P. Freedman, *Il gusto delle spezie nel Medioevo*, Bologna, Il Mulino, 2009.

[24] S.D. Goitein, *A Mediterranean Society. The Jewish Communities of the Arab World as Portrayed in the Documents of the Cairo Geniza*, 4 voll., Berkeley-Los Angeles-London, University of California Press, 1967-1988, vol. IV, p. 173.

[25] Per un elenco completo delle fonti si veda inoltre Z. Amar e E. Lev, *The Significance of the Genizah's Medical Documents for the Study of Medieval Mediterranean Trade*, in «Journal of the Economic and Social History of the Orient», 50 (2007), 4, p. 531.

[26] B. Lauriaux, *De l'usage des apice dans l'alimentation médiévale*, in «Médiévales», 2 (1983), p. 153.

[27] G. Vigarello, *Il sano e il malato. Storia della cura del corpo dal Medioevo a oggi*, Venezia, Marsilio, 1996, pp. 33-36.

[28] Sul mirabolano e il suo uso si veda W. Schneider, *Lexikon zur Arzneimittelgeschichte. Sachwörterbuch zur Geschichte der pharmazeutischen Botanik, Chemie, Mineralogie, Pharmakologie, Zoologie*, 7 voll.,

Frankfurt a.M., Govi Verlag, 1968-1975, vol. V/3, pp. 323-326; Id., *Geschichte der Pharmazie*, Stuttgart, Wissenschaftliche Verlagsgesellschaft, 1985, p. 186. Si veda inoltre E. Lev e Z. Amar, *«Fossils» of Practical Medical Knowledge from Medieval, Cairo*, in «Journal of Ethnopharmacology», 119 (2008), p. 27.

[29] R. Morris, *The Powerful and the Poor in Tenth-Century Byzantium*, in «Past and Present», 73 (1975), p. 8.

[30] *Cronaca di Cambridge*, in *BAS*, p. 170.

[31] *Ibidem*, p. 173.

[32] Su questo punto si veda Skinner, *Health & Medicine*, cit., p. 18.

[33] Valga per tutti l'esempio, relativamente famoso, della breve nota inserita dall'ignoto narratore che descrisse, a metà dell'XI secolo, le sciagure patite dalla sua comunità al tempo della riconquista bizantina di Palermo: vittime della «spada ma anche di pestilenze e carestie»: Doc. 50, in Simonsohn, *The Jews in Sicily*, cit., p. 66.

[34] Si veda a tale proposito l'interessante contributo, relativo però al periodo bizantino, di A. Messina e L. Sineo, *Le comunità bizantine in Sicilia. Aspetti antropologici*, in M. Congiu, S. Modeo e M. Arnone (a cura di), *La Sicilia bizantina. Storia, città e territorio*, Caltanissetta, Sciascia Editore, 2010, pp. 235-240.

[35] Si veda ad esempio per al-Andalus M. Barcelò, *De la Congruencia y la homogeneidad de los espacios hidraulicos en Al-Andalus*, in AA.VV., *El agua en la agricoltura de al Andalus*, Barcelona, Lunwerg Editores, 1995.

[36] Per una disamina di tale paradigma e una sua prima negazione si veda A. Touwaide, *The Legacy of Classical Antiquity in Byzantium and the West*, in A. Touwaide e P. Dendle (a cura di), *Health and Healing from the Medieval Garden*, Woodbridge, Boydell Press, 2008, pp. 15-28.

[37] Ibn Ḥawqal, *Kitāb ṣūraṭ*, cit., pp. 122-123.

[38] Una rete oggi studiata a fondo e in alcuni tratti visitabile: l'acqua lì incanalata, secondo tecniche collaudate nel mondo del vicino oriente, veniva portata alla superficie appunto tramite un sistema di pozzi e utilizzata per bere e irrigare. Si veda su questo P. Todaro, *Utilizzazioni del sottosuolo di Palermo in età medievale*, in C. Roccaro (a cura di), *Palermo medievale*, Palermo, Officina di Studi Medievali, 1998, pp. 109-128.

[39] Ibn Ḥawqal, *Kitāb ṣūraṭ*, cit., p. 123. Ringrazio per tale suggerimento Adalgisa De Simone.

[40] A dir poco scarsi i riferimenti a bagni pubblici nelle fonti altomedievali: Skinner, *Healt and Medicine*, cit., pp. 33 ss.

[41] M.W. Dols, *The Leper in Medieval Islamic Society*, in «Speculum», 58 (1983), p. 905, n. 83.

[42] Così ad esempio, attorno al 920, Giovanni Diacono (*Translatio Sancti Sosii Auct. Iohanne Diacono*, in *M.G.H. SS. R. Lang.*, p. 462): «Affluebant enim plurimi non tantum ex adiacenti bus castellis, sed etiam ex illis qui pro fovendis corporibus ad ipsas venerant thermas [...]».

[43] Si veda ad esempio P. Cressier, *Prendre les eaux en al-Andalus. Practique et fréquentation de la hamma*, in *Le bain: espaces et pratiques*, in «Médiévales», 43 (2002), pp. 41-54.

[44] Al-Harawī, *Kitāb al-ihārāt fī ma'rifat al-ziyārāt*, a cura di J. Sourdel-Thomine, Damas, Maisonneuve, 1953, p. 53; trad. fr. *Guide aux liex de pèlerinage d'al-Harawi*, Damas, Maisonneuve, 1957, p. 126: «In Sicilia, essendovi arrivato malato, nella moschea di 'Ayn al-Šifā, fonte che si visita, e dove vi avevo ritrovato la salute per grazia di Dio, incontrai [...]». Va peraltro detto che Ibn Ḥawqal non fa menzione di tali virtù terapeutiche.

[45] A tale proposito si veda A. Bagnera e A. Nef, *Les Bains de Cefalà (prov. de Palerme). Contexte historique et fonctions*, in M. Guérin-Beauvois e J.-M. Martin (a cura di), *Bains curatifs et bains higiéniques en Italie de l'antiquité au Moyen Âge*, Roma, École française de Rome, 2007, pp. 263-308.

CAPITOLO DECIMO

LE CITTÀ, GLI UOMINI E I COMMERCI

1. *La Sicilia musulmana e lo spazio urbano*

I nomi, per questo periodo, sono quasi la sola cosa che di molte città siciliane conosciamo.

In tal senso i primi testi della letteratura geografica araba costituiscono un riferimento inevitabile[1]: si tratta di opere nate per i bisogni delle cancellerie califfali, che esigevano precisi controlli e misurazioni dell'ormai vasto impero dell'islam; opere che, proprio a causa di tali necessità, si fondarono spesso su osservazioni dirette e su un'idea unitaria del mondo sottomesso all'autorità musulmana, dalla Spagna sino all'India. È proprio in una di queste opere che leggiamo uno dei primi elenchi di città della Sicilia fatimide:

Aṭrābinush (Trapani) è una città di mare posta a occidente ed è circondata da mura; gli abitanti bevono da un corso d'acqua. 'Ayn al-Muġaṭṭā (Canicattì) e Mazara sono due città poste a occidente. Qal'at al-Ballūṭ (Caltabellotta) è una città fortificata posta in alto; l'acqua è fornita agli abitanti da una fonte che sgorga in quel luogo. Ġirǧant (Girgenti) è una città di mare circondata da mura; si beve grazie a dei pozzi. Buṯīra (Butera) è una città di mare posta a occidente e circondata da mura fortificate, come se fosse una roccaforte (*qal'a*). Saraqūsa (Siracusa) è composta da due città attaccate; possiede un magnifico porto e la circonda un fossato pieno d'acqua di mare. Lantīnī (Lentini) è circondata da mura ed è situata su un corso d'acqua, ed è vicina al mare; le costruzioni sono in pietra. Qaṭāniya (Catania) è una città di mare posta a meridione ed è cinta da mura. Si chiama anche Madīnat al-Fīl (Città dell'Elefante). Al-Yāǧ (Aci) è una città di mare meridionale circondata da mura; si beve acqua corrente. Baṭarnū (Paternò) è una città posta a oriente; si trova ai piedi del monte dove scorre il fuoco. Ṭabarmīn (Taormina) è una città di mare che si trova a oriente e si affaccia sul paese dei *rūm*, possiede una roccaforte in pietra e un porto sul mare. Le rimanenti città della parte orientale sono dieci, eccetto Qal'at al-Ṣirāṭ, che è posta su un'altura. Baṭarliya (Petralia) è una città dell'entroterra posta a meridione; è cinta da mura e al suo centro sorge una roccaforte in cui si trova una chiesa. Barṭinīq (Partinico) non è una città di mare; vi è abbondanza di henna; essa si trova, come anche Aḫyās e Balǧa (Bilici?), in una piana.

La Sicilia è un'isola vasta e importante; i musulmani non ne possiedono un'altra più illustre, più popolosa o con un numero maggiore di città. La sua lunghezza è di dodici giorni di cammino e la sua larghezza di quattro.

Questa lunga citazione richiede alcuni chiarimenti. L'autore innanzi tutto. Si chiamava al-Muqaddasī e giunse nell'isola proprio nella seconda metà del X secolo, durante il periodo dell'emirato kalbide. Era nato attorno al 945 in Palestina, più precisamente, come ricordava il suo stesso nome, a Gerusalemme (in arabo *al-Bayt al-Muqaddas* o *Bayt al-Maqdis*, «la Città santa»). Il suo lungo viaggio lo aveva condotto attraverso gran parte delle terre dell'islam sino anche ai territori occidentali e, appunto, alla Sicilia.

Come la maggior parte dei geografi del suo tempo, al-Muqaddasī divideva il mondo in regioni (in arabo, con un termine mutuato dal greco, *iqlīm*)[2], percependole come entità tanto geografiche quanto storiche. Come la maggior parte dei geografi arabi del suo tempo, egli collocava la Sicilia entro un insieme geografico che attraversava tutta la fascia nord-sahariana sino a comprendere al-Andalus e che chiamava *iqlīm al-Maġrib*, cioè «Clima d'Occidente».

Le città infine. In tutta l'opera di al-Muqaddasī (ma anche in questo caso il discorso vale per le opere geografiche in generale) lo spazio era scandito da alcuni elementi costanti: a fondamento di qualsiasi nucleo umano era la presenza di approvvigionamento idrico e fortificazioni: cinta murarie, roccaforti, così come pozzi e cisterne rappresentavano l'aspetto basilare della vita urbana. Di Trapani conosciamo dunque solo le mura e un corso d'acqua potabile; lo stesso per Caltabellotta, il cui nome stesso di origine araba richiama la sua struttura difensiva (Qal'al-Ballūṭ: lett. «rocca della quercia»)[3], ma anche per Girgenti, Butera o Lentini. Scarsissimi (ma comunque utili) i dettagli ulteriori. Di Catania, ad esempio, veniamo a sapere solo che già aveva preso il suo nome arabo di «Città dell'elefante» (Madīnat al-Fīl)[4].

In che misura queste città – talvolta semplici borghi fortificati – fossero diventate islamiche è difficile dirlo. Come è stato spesso sottolineato per analoghi casi mediterranei (soprattutto in al-Andalus), è ovviamente nello spazio urbano che è più facile cogliere i segni dell'islamizzazione: lì si trovavano gli uomini di legge; lì si trovavano le istituzioni e le strutture fondamentali per la vita della comunità[5]: la moschea, la scuola (*madrasa*), il bagno pubblico (*ḥammām*), il mercato (*sūq*), ma anche, discostati dalla zona pubblica, la sede del potere locale che solitamente includeva la residenza del governante e gli uffici dell'amministrazione (*dīwān*). Anche l'ambiente religioso presentava i suoi elementi ricorrenti: in ogni città musulmana di discrete dimensioni si trovavano una grande moschea principale (*ǧāmiʿ*), luogo del raduno per la preghiera del venerdì e molte moschee di quartiere (*masǧid*), di dimensioni spesso molto ridotte e costruite per lo più grazie ai fondi che i musulmani riservavano per fini pii (*waqf*). Per lo più si trattava di luoghi molto semplici: una sala rettangolare, coperta da stuoie e orientata verso la *qibla*, ossia verso la Mecca, e un piccolo cortile interno con un pozzo per le abluzioni rituali.

Con ogni probabilità, in quegli anni l'unica città siciliana che a grandi linee poté corrispondere a una simile descrizione fu Palermo. Di questa capitale bisognerà raccontare quindi qualcosa di più.

2. *La nascita di una capitale: breve storia di Palermo*

Palermo era una città antica: punica e poi romana. Al solito mancano le fonti per narrare compiutamente quel passato remoto. Per secoli il suo spazio rimase relativamente ristretto: limitato da due corsi d'acqua, il Kemonia e il Papireto, e con il mare che si insinuava profondamente all'interno (più o meno sino all'attuale congiunzione di via Roma e via Maqueda). Di qui presumibilmente l'antico nome greco di *Pánormos*, «tutta porto». Il suo antico perimetro è ancora ben leggibile nel tessuto topografico del centro storico: a occidente, verso la montagna, la Paleapoli, la città vecchia, che in età romana avrebbe ospitato gli spazi della vita pubblica e della gestione politica della città (in particolare il foro, adorno di statue e pavimentazione marmorea con la sua splendida basilica)[6] a oriente, verso il mare, la Neapoli che sarebbe stata soprattutto zona di abitazioni e di botteghe.

Sulla cittadina portuale che fu Palermo in epoca bizantina il silenzio delle fonti è pressoché completo, se si eccettuano le comunque preziose informazioni del solito Gregorio Magno, e gli sporadici riferimenti a vescovi palermitani tra i secoli VII e VIII[7]. Si trattava comunque di un centro minore, rispetto alle più favorite città della costa orientale: Siracusa in primo luogo, ma anche Catania, Messina e forse Lentini, tutte poste in più diretto contatto con Bisanzio.

La storia della città doveva cambiare radicalmente con la conquista musulmana. Come si diceva molte pagine fa, le sue mura caddero nell'autunno dell'anno 831, di lì a poco sarebbe cominciata per Palermo una storia differente: la città divenne il centro amministrativo della Sicilia musulmana e la sua fortuna urbanistica e politica sarebbe continuata ben al di là di quel periodo.

La maggior parte delle nostre informazioni giunge anche in questo caso dai geografi: ancora da al-Muqaddasī (che ci ha lasciato però una descrizione estremamente sbrigativa della città) e soprattutto dal suo contemporaneo, il già incontrato Ibn Ḥawqal. Quello che segue lo si deve in gran parte al suo resoconto di viaggio intitolato *Libro della configurazione della terra*.

Balarm, così chiamarono gli arabi la città vecchia adattando il più antico nome greco, nel X secolo appariva ai viaggiatori circondata da una maestosa cinta muraria in pietra e divisa all'interno in cinque quartieri chiaramente distinti tra loro[8]. Nella sua cinta muraria si aprivano nove porte, elencate da Ibn Ḥawqal in senso antiorario a partire dalla più antica, *Bāb al-Baḥr*, cioè la «Porta del mare»; seguivano poi *Bāb al-Šifā*, la «Porta della salute»; la porta di Sant'Agata (di origine pre-araba, a giudicare dal nome), *Bāb Ruta*, *Bāb al-Riyāḍ*, la «Porta dei giardini», corrispondente forse alla porta di età classica rinvenuta al di sotto del Palazzo reale[9]; *Bāb al-Sūdān*, la «Porta dei neri», che sarebbe stata chiamata nei secoli successivi *Busudeni*; *Bāb al-Hadīd*, la «Porta del ferro», che conduceva allo Hārat al-Yahūd, cioè al sobborgo degli ebrei; la nona porta, infine, fungeva da collegamento con la Ḫāliṣa. La descrizione più antica della cittadella fatimide è, anche in questo caso, quella che ci ha lasciato Ibn Ḥawqal: una cinta muraria non imponente, abitata dall'emiro e dal suo seguito; dotata di due bagni pubblici e di una piccola moschea *ğami'*, ospitava una guarnigione militare, l'arsenale (*dār al-sinā'a*)[10] e gli uffici amministrativi[11].

Tra la Ḫāliṣa e la città antica sembrano essersi sviluppati tre quartieri: a nord lo *Ḥārat al-Saqāliba* (il «quartiere degli schiavi»), che includeva il porto ed era il più popoloso, a sud il quartiere della moschea e infine il quartiere nuovo. Non abbiamo motivo di dubitare di tali indicazioni e neppure delle parole ammirate dei viaggiatori. Al-Muqaddasī raccontò di una Palermo bianca e rossa, con costruzioni di pietra e calce, abbondante di frutta e di ogni altro prodotto del suolo e circondata da fonti zampillanti e sistemi di irrigazione. Ma al di là di queste tracce toponomastiche e di queste note di colore, tutto il resto rimane un problema aperto, persino la precisa localizzazione della Ḫāliṣa pone notevoli dubbi[12]. Quello che è invece difficile negare è soprattutto l'immagine di città popolosa ed estremamente dinamica che emerge da questi resoconti di viaggio. L'importanza della città la si poteva misurare, sempre a dire di Ibn Ḥawqal, dalle dimensioni della stessa moschea principale che avrebbe potuto contenere quasi settemila persone, corrispondenti, secondo quanto aveva osservato, a trentasei file di fedeli. Il viaggiatore concludeva poi il discorso con una nota che è diventata a suo modo famosa: tra la città di Palermo e i suoi dintorni si sarebbero contate circa trecento moschee. Con ogni probabilità stava esagerando, ma è innegabile (ne abbiamo prova anche da altre fonti) che Palermo fosse diventata in poco tempo estremamente popolosa. Difficile dire con precisione in che termini: qualcuno ha pensato di poter ipotizzare un numero di abitanti un po' inferiore alle centomila anime[13]. Di alcuni di loro, della loro vita e delle loro attività. possiamo provare ora a dire qualcosa di più. Quelli che seguono sono solo esempi di un mondo la cui complessità in parte è destinata per sempre a sfuggirci. Esempi che però ben rappresentano una parte importante di quella società urbana che in quei secoli caratterizzò in modo così evidente non solo la Sicilia, ma gran parte di tutto il vasto mondo musulmano.

3. *Giudici e maestri*

La condivisione di una nuova cultura, quella condivisione che passava dalla tradizione islamica e dal veicolo linguistico dell'arabo, aveva visto nascere una classe di esperti di religione e di diritto: *'ulamā* e *fuqaha'*. Non sempre è facile distinguere tra queste due figure[14]: entrambi ricoprirono spesso allo stesso modo il ruolo di interpreti della legge divina, la *šarī'a*, e di guardiani di un'elaborata normativa di comportamento[15]; talvolta influenzando profondamente le decisioni politiche.

Della storia di tali figure in Sicilia si è già accennato precedentemente: molto di quanto sappiamo, si diceva, ci giunge anche in questo caso dalle raccolte biografiche, le *ṭabaqāt*[16]. È attraverso tali raccolte, infatti, che assistiamo alla progressiva trasformazione del tessuto culturale dell'isola: dal primo periodo dopo la conquista, quando i sapienti giunsero per lo più dall'esterno, inviati dalle scuole dell'Ifrīqiya, per assumere il ruolo di *qāḍī*, giudici, sino al formarsi, nel X secolo, di una classe di sapienti autoctona, come si vede, ad esempio dai nomi della loro *nisba*: al-Māzarī («di Mazara»), al-Saraqūsī («di Siracusa»), ecc.[17]. Furono loro che perpetuarono una tradizione di studi siciliana, dedicata in particolare allo studio del *fiqh* (giurisprudenza) e a quello degli *ḥadīṯ* (tradizione profetica).

La formazione di questi sapienti siciliani passò, come in gran parte del mondo musulmano, attraverso l'istruzione in una vasta serie di discipline, a cominciare ovviamente dalla lettura del Corano e la sua esegesi (*tafsīr*) passando per il ragionamento dialettico (*kalam*) e gli studi di linguistica e di letteratura[18].

Al livello più basso di questa catena di trasmissione del sapere vi erano i maestri di scuola, i *mu'allim*, che insegnavano a scrivere copiando i versetti del Corano o insegnavano i primi rudimenti di grammatica ricorrendo alle poesie o alle raccolte di proverbi. È piuttosto nota, a tale proposito, la violenta invettiva che Ibn Ḥawqal lanciò contro i maestri di scuola palermitani accusati a più riprese di stupidità e ignoranza. Numerosissimi, a dire del viaggiatore: dato che a Palermo vi sarebbero state «scuole in ogni luogo, divise in varie categorie e diversi gradi di demenza»[19]. L'accusa è interessante per i molti dettagli di cultura e vita quotidiana che fornisce, ma va presa con prudenza: in primo luogo perché qui come altrove è evidente la distanza culturale tra il raffinato mondo orientale da cui proveniva il viaggiatore e il mondo musulmano dell'isola; in secondo luogo perché tale accusa si iscriveva in un *topos* piuttosto frequentato nella letteratura araba, che tendeva spesso a ridicolizzare le figure di questi maestri che vivevano di piccoli sotterfugi e di donazioni e omaggi da parte degli alunni e delle loro famiglie.

In questo proliferare di scuole pubbliche e private, in questo proliferare di maestri più o meno improvvisati, si può leggere però la grande crescita di Palermo. Città di provincia rispetto all'oriente islamico, ma grande capitale del Mediterraneo occidentale e al centro di una rete di legami culturali piuttosto vasta. Gli esempi che seguono riguardano ancor più da vicino tale dimensione mediterranea dell'isola.

4. *Medici*

Nell'alto medioevo, cristiano o musulmano che sia, non è poi così facile intendersi su cosa fosse davvero la pratica medica e su quale distanza vi fosse realmente fra i testi – per lo più prescrittivi – e la quotidianità della cura[20]. Per la Sicilia, poi, il considerevole silenzio delle fonti rende tutto ancora più complesso. Ma se questo da una parte sembra chiudere definitivamente il discorso;

dall'altra, proprio per la specifica natura del sapere medico è forse possibile parlare *anche* di Sicilia partendo più da lontano, appunto da quel mondo mediterraneo che circondava l'isola.

Per farlo si possono scegliere punti di vista diversi. Si può cominciare ad esempio dalle fonti arabe relative all'Africa settentrionale. Alcune cose sono ben note. Sappiamo ad esempio che molto presto nel mondo islamico il mestiere del medico, del *ṭabīb*, raggiunse un'alta considerazione sociale[21]; e che tale ruolo si definì anche attraverso modelli di apprendistato e di supervisione dell'attività medica, incentrati in primo luogo nella pratica negli ospedali, in arabo, con un nome derivato dal persiano, chiamati a quel tempo *māristān*[22].

Questo fu vero, in parte, anche per l'occidente musulmano. Sembra infatti che al tempo della conquista della Sicilia gli Aghlabidi avessero già stabilito centri di insegnamento medico in Ifrīqiya. A Qayrawān in particolare furono chiamati eminenti fisici dall'Egitto e da Baghdad, tra cui Isḥāq ibn 'Umrān (IX secolo), Isḥāq ibn Sulaymān al-Isrā'īlī (m. 955) e il suo allievo Ibn al-Ǧazzār (m. 980). Pare che il primo ospedale a Qayrawān venisse costruito proprio negli stessi anni della conquista di Sicilia, attorno all'830. Le fonti ne parlano usando la parola berbera *dimna* e sostengono che fosse stato voluto dall'emiro aghlabide Ziyādat Allāh I per l'assistenza dei lebbrosi e dei ciechi[23]. Probabilmente si tratta di una memoria in larga misura esagerata, ma è anche vero che altre fonti, di fatto non troppo posteriori, attestano già per la metà del IX secolo, il funzionamento di questa struttura[24].

Tale attività medica nel Nordafrica ebbe sicuramente un impatto in Sicilia e alcuni indizi sembrerebbero confermarlo[25]. Sappiamo infatti di studiosi provenienti dall'Ifrīqiya che insegnarono medicina sull'isola: ad esempio Abū Sa'īd Luqmān ibn Yūsuf al-Ġassānī (m. 931), che giungeva da Qayrawān e passò quattordici anni in Sicilia insegnandovi giurisprudenza e medicina. Oppure il caso di 'Alī ibn al-Ḥasan ibn al-Ṭūbī (XI secolo) originario della Sicilia, che dopo aver viaggiato per il mondo islamico avrebbe applicato sull'isola gli insegnamenti del famoso medico nestoriano di Baghdad Yūḥannā ibn Māsawayh.

In epoca normanna il viaggiatore arabo Ibn Ğubayr, avrebbe raccontato di «chiese (*kanā'is*) destinate ai malati cristiani [...] simili agli ospedali musulmani (*maristānāt al-muslimīn*)». Difficile dire se questa testimonianza debba essere considerata prova di una continuità dell'attività di assistenza. Rimane comunque probabile (anche se non dimostrabile) che la pratica medica acquisita in ambito islamico ebbe un riflesso considerevole nelle istituzioni successive.

Indizi, insomma, che non molto di più dicono della medicina nella Sicilia musulmana. Indizi che però possono essere integrati con le fonti legate al mondo ebraico mediterraneo. La presenza di medici ebrei nel mondo arabo è infatti ampiamente attestata: le autorità islamiche nel Mediterraneo non sembrarono mai particolarmente preoccupate riguardo alla possibilità che pazienti musulmani potessero essere curati da medici di altra confessione religiosa, fossero essi ebrei o cristiani[26]. È noto, anzi, che il primo califfo fatimide in Egitto, al-Mu'izz, nella seconda metà del X secolo avesse al suo servizio un medico ebreo, un certo Moses ben El'āzār[27] proveniente da Oria, in Puglia[28]. Questo riferimento all'Italia meridionale è importante: indipendentemente dalla difficile questione relativa alla genesi della cosiddetta Scuola medica salernitana, è vero che in quel periodo e in quei territori della penisola si registra una considerevole attività di medici ebrei. Di Oria era anche il famoso Šabbeṯay Donnolo (m. 982), la cui produzione e la cui attività mostrano i complessi rapporti che il mondo ebraico dell'Italia meridionale intratteneva con la cultura bizantina e, più in generale con il mondo ebraico mediterraneo[29]. Non solo, abbiamo anche alcune prove dei contatti intrattenuti da queste comunità con la Sicilia. Lo testimonia ad esempio il famoso *Sefer yūḥasīn*, noto anche come «Rotolo di Aḥīma'aṣ», della metà dell'XI secolo (che ad esempio accenna ai contatti di Rabbi Palatiel di Oria con i governanti musulmani dell'isola); lo attesta soprattutto il vasto materiale della *genizah* del Cairo, documentando non solo gli scambi e le relazioni culturali, ma anche – ed è una parte relativamente inesplorata della ricerca – la presenza e il traffico nei porti siciliani di particolari sostanze legate alla pratica medica[30].

È peraltro curioso come questo legame tra cultura ebraica e medicina islamica continuerà a essere attestato in Sicilia anche ben dopo la fine del potere islamico. In tempi recenti è stata infatti posta l'attenzione sulla circolazione del sapere medico arabo-islamico all'interno degli ambienti ebraici siciliani tra i secoli XIII e XIV[31]. Tramite queste indagini, sappiamo, infatti, che sull'isola continuarono a circolare a lungo opere come il *Kitāb al-ḥāwī fī l-ṭibb* (*Il libro comprensivo della medicina*) di Rāzī (m. 925 o 935), il *Kitāb kāmil al-ṣināʿa al-ṭibbiyya* (*Il libro perfetto dell'arte medica*) di al-Maǧūsī (sec. X)[32] e soprattutto il celeberrimo *Qanūn fī l-ṭibb* di Ibn Sīna, il *Canone* di Avicenna, della cui diffusione tra gli ebrei siciliani abbiamo numerosissime attestazioni.

5. *Mercanti*

A Palermo verso la fine del X secolo non erano pochi i *tuǧǧār*, i mercanti (sing. *tāǧir*), coloro che vivevano grazie alle numerose attività commerciali che una capitale – e per giunta una capitale dotata di un porto importante – poteva offrire. È ancora Ibn Ḥawqal ad averci lasciato una descrizione ormai famosa dei mercati di Palermo:

> La maggior parte dei mercati si trova tra la moschea di Ibn Saqlāb e il Quartiere Nuovo; vi è il mercato dove si trovano tutti i venditori d'olio, quello dei venditori di farina, dei cambiatori, dei droghieri, dei fabbri, degli armaioli; vi sono poi i mercati del grano, quello dei sarti, dei pescivendoli, dei venditori di semi e quello dove si trova una corporazione di macellai; poi vi sono venditori di legumi, fruttivendoli, mercanti di piante aromatiche, venditori di giare, panettieri e cordai; vi è poi una corporazione di venditori di profumi, poi macellai, ciabattini, conciatori, falegnami, vasai. I mercanti di legname si trovano fuori dalla città[33].

È un elenco di mestieri come tanti se ne possono trovare nel mondo musulmano dell'epoca. Gran parte di essi sono spia di un commercio intenso e vasto fatto da viaggiatori e da importatori ed esportatori di materie prime o lavorate. I beni esportati dalla Sicilia comprendevano metalli e minerali preziosi come oro e argento e meno pregiati come allume, rame, piombo, mercurio e zolfo, che erano estratti sull'isola. La Sicilia esportava frutta, succhi, spezie come lo zafferano e anche mandorle, grano, olio, miele e altre derrate alimentari. Vi erano poi anche mercanzie lavorate di produzione siciliana, come pelli, lacca, cotone e altri tessuti, compresi il panno e i capi d'abbigliamento, finiti o semi-finiti. In cima alla lista c'era la seta, una varietà della quale era chiamata in siciliano *lāsīn*, che si vendeva relativamente a buon mercato sia in forma grezza che tessuta. In Sicilia era prodotto ogni tipo di capi di vestiario, compresi gli articoli ricamati per i quali all'estero si ottenevano ottimi prezzi. I luoghi di produzione erano le città, come Palermo, Siracusa, Mazara, ma anche dei villaggi come Demenna.

Tra le merci importate in Sicilia ai primi posti vi era il lino, sia egiziano che nordafricano. Il lino egiziano era scambiato in enormi quantità (si pensi al caso del mercante Ibn 'Awkal che all'inizio del X secolo spedisce a Palermo seicento *qinṭār* di lino, cioè circa 21 tonnellate e mezza)[34]. Anche il mercato della seta aveva una sua importanza: la Sicilia forniva infatti particolari qualità di seta greggia, come quella prodotta a Siracusa, e la immetteva sui mercati orientali e in particolare in Egitto, in piccole quantità come merce semipreziosa[35].

Vi erano poi le spezie, a cui si è già accennato e che giungevano per lo più dai mercati orientali: indaco, pepe, cinnamomo, chiodi di garofano e sali d'ammoniaca[36]; tutte merci che venivano poi portate ai magazzini palermitani dello speziale (in arabo *'attarūn*). Si importavano anche erbe medicinali e legni odorosi, sostanze chimiche e altri materiali usati nelle manifatture come il borace, l'indaco e altre tinture, lacche, ammoniaca e resine, come anche perle e perline, gioielli e pietre preziose e semi-preziose, ma anche gli oli, compreso l'olio d'oliva, lo zucchero, il sapone e la cera.

Inutile dire che gran parte di quanto sappiamo dei commerci dell'epoca lo dobbiamo alle fonti della *genizah*. Ma anche se si tratta di un punto di vista ebraico, i dati che se ne ricavano permettono in realtà di avere un quadro sufficientemente chiaro di tutta l'economia dell'epoca, indipendentemente dalle confessioni religiose, che sul piano degli affari contavano peraltro ben poco: mercanti ebrei dell'epoca come Ibn 'Awkal e Nahray ben Nissīm operavano su molte piazze diverse facendo affari tanto con cristiani quanto con ebrei e musulmani.

Sui banchi dei mercati di Palermo, insomma, nei sacchetti, nelle scatole o magari in quegli unguentari di cui l'archeologia ha attestato la diffusione anche per il periodo musulmano, si potevano trovare merci che giungevano da molto lontano. Per alcune di esse, come ad esempio il mirabolano, si trattava di un viaggio a dir poco impegnativo: la merce passava attraverso le reti commerciali dell'oceano Indiano, da Aden era poi trasportata in Egitto attraverso il porto di 'Aidhab; dall'Egitto poi il mirabolano giungeva a Qayrawān e, attraverso al-Mahdiyya, arrivava infine in Sicilia[37]. Solo un esempio; che mostra bene però come l'isola, la sua cultura, i suoi medicamenti, persino il suo cibo, fossero parte di un ben più vasto sistema di scambi mediterranei. A quei tempi tutto questo era molto chiaro: per capirlo non importava leggere trattati di geografia, ma più semplicemente recarsi in una grande città. E a Palermo probabilmente non c'era luogo migliore del porto per comprendere e sperimentare concretamente tutto questo.

6. *Dalla città al mare: la Sicilia musulmana e la rete commerciale mediterranea*

Proviamo allora a immaginarlo il porto di Palermo, usando non solo le fonti sulla Sicilia, ma anche quelle provenienti da altre aree mediterranee e da altre culture e capaci di raccontarci qualcosa in più sullo spettacolo di navi e merci che forse avremmo potuto vedervi. Il mare, si diceva, entrava profondamente nella città, molto più di oggi: la Cala era uno specchio d'acqua naturalmente protetto da mareggiate e venti dominanti che si estendeva sino alle mura della città. Non sappiamo se disponesse a quei tempi di particolari sistemi di difesa; con ogni probabilità in epoca musulmana era già presente quella catena posta a chiusura dell'imboccatura del porto che sarebbe stata in uso nei secoli seguenti (e che in tempi a noi più vicini avrebbe avuto una delle estremità fissata nel luogo della chiesa di Santa Maria della Catena)[38].

All'interno della Cala lo spettacolo delle vele e degli scafi non sarebbe stato molto diverso da quello di altri porti mediterranei, cristiani o musulmani che fossero, dato che tutti quanti attingevano in realtà a un'eredità comune in fatto di progettazione di navi. Le grandi triremi e quinqueremi del periodo ellenistico e del primo periodo romano erano scomparse da tempo ed erano state sostituite da navi più leggere[39]. Le navi mercantili erano per lo più grandi, sferiche e lente; al contrario delle navi da guerra, quelle che i greci chiamavano *dromon* o *chelandion* e gli arabi *sinī* e *šalandī*: più strette, lunghe circa una trentina di metri, e spinte da due grandi vele latine (ma talvolta anche da vele quadrate). I remi esistevano, naturalmente, ma servivano più per manovrare che per spingere l'imbarcazione[40]. A bordo delle grandi navi mercantili, si potevano incontrare mercanti e marinai (non sempre facile distinguere in questo periodo tali categorie) provenienti da buona parte del mondo musulmano mediterraneo: dai porti del Levante, dall'Egitto, dall'Ifrīqiya e da al-Andalus. La Sicilia era una tappa naturale per molti di coloro che attraversavano il Mediterraneo, tanto da essere diventata una delle sedi migliori per alcuni mercanti ebrei che scambiavano merci lungo le rotte d'occidente: seta, lino, spezie.

La durata dei viaggi, ovviamente, variava considerevolmente. Le traversate dalla Sicilia all'Egitto potevano durare da circa due settimane, nelle più favorevoli condizioni di navigazione, fino a mesi interi. Oltre a Palermo, un porto particolarmente favorito era Mazara del Vallo, data la sua prossimità all'Africa, ma la navigazione toccava anche Trapani, Sciacca, Siracusa, Catania e Messina. Le navi sulla rotta Sicilia-Africa-Egitto avevano in quell'epoca un solo proprietario – a differenza della coproprietà di navi prevalente nell'Europa medievale – e i proprietari erano soprattutto musulmani. Tra essi vi erano anche il governatore oltre a notabili e funzionari d'alto rango; tuttavia per la maggior parte erano affaristi. Gli equipaggi, capitano e marinai, erano soprattutto musulmani, qualche cristiano e relativamente pochi ebrei.

Al porto di Palermo si potevano anche trovare trasporti per viaggi a corta e media distanza: il porto africano di al-Mahdiyya o i grandi porti della Spagna come Almería. Conosciamo alcuni dei problemi giuridici connessi a tali viaggi grazie alla voce di un *qāḍī* tunisino dell'IX secolo, Yaḥyā ibn 'Umar, che distinguendo tra viaggi di costa (*rīf*) o di mare aperto (*'alā al-baḥr*) ricordava come il capitano dell'imbarcazione affittata avesse differenti diritti e responsabilità a seconda della sua destinazione o del tipo di rotta[41].

Come è noto, infatti, si navigava per lo più di cabotaggio, di costa appunto. Le rotte erano numerose e attraversavano l'intero Mediterraneo: spesso le isole erano tappe imprescindibili in alcuni di questi percorsi. Per i marinai che lo frequentavano, quel sistema era definito da itinerari più che da concrete estensioni territoriali: su questo (come su molte altre cose), il mondo musulmano e il mondo cristiano occidentale attingevano alla stessa eredità greca e latina, dove lo spazio era pensato più che altro come un sistema fatto di punti collegati tra loro in una rete complessa di strade, acquatiche in questo caso.

Porre l'accento sui marinai e, più in generale, su coloro che vivevano e percorrevano il mare è tutt'altro che un aspetto accessorio. Gli studi degli ultimi decenni ci hanno mostrato con sempre più chiarezza, come gli spostamenti di uomini e merci furono intensi anche nel primo medioevo, spesso disinteressandosi, come si è già detto, delle facili distinzioni religiose: mercanti, ambasciatori, pellegrini, rifugiati, schiavi, soldati; e con essi una varietà di merci difficilmente immaginabile: lettere, libri, monete, droghe, spezie, persino reliquie di santi. Sappiamo ad esempio che dalle coste africane o siciliane del IX secolo (e con ogni probabilità, dunque, anche nel porto di Palermo) si potevano scorgere navi veneziane, che oltre al loro carico di schiavi (comperati magari a Roma e rivenduti agli infedeli)[42], trasportavano anche qualche dignitario, talvolta persino un'ambasciata musulmana[43]. Si potevano incontrare pellegrini in viaggio verso la Terra Santa: alcuni (spesso quelli da occidente) seguendo la via che toccava l'Egitto, altri passando da Costantinopoli. Si potevano incontrare «pirati» *mori*: naturalmente chiamati così solo se visti dalle coste cristiane; loro forse si pensavano semplicemente come commercianti africani, in cerca di schiavi ovviamente. Con un po' di fortuna, si diceva, si potevano incontrare persino dei santi: agli inizi di quel fatidico 827, in un altro punto del Mediterraneo, sarebbero stati infatti (il condizionale è d'obbligo) due mercanti veneziani a trafugare da Alessandria d'Egitto le ossa di san Marco[44].

In tutti questi esempi, vale la pena notarlo ancora una volta, si parla di un mondo più complesso di quello che si potrebbe superficialmente immaginare pensando a quei secoli lontani. Un mondo dove le barriere linguistiche, culturali e religiose sono a dir poco elastiche, o almeno si collocano in spazi diversi da quelli che oggi siamo soliti percepire. Musulmani, cristiani ed ebrei si incontravano negli spazi della navigazione e degli scambi, oltre che nei tanti luoghi che dei traffici mediterranei vivevano, e costruirono sistemi di relazioni che possiamo solo in parte scorgere attraverso le righe delle scarse fonti giunte sino a noi.

NOTE AL CAPITOLO DECIMO

[1] Per il concetto di «opera geografica» rimane fondamentale A. Miquel, *La géographie humaine du monde musulman jusqu'au milieu du XIe siècle*, Paris, Mouton, 1967-1980, voll. I-III.

[2] Il greco *klíma* indicava l'inclinazione della terra verso il polo a partire dall'equatore. I geografi arabi assumeranno tale termine, modificato in *iqlīm*, per intendere, invece, una regione, una zona della terra; tali zone, inoltre, saranno solitamente in numero di sette, per precisi riferimenti astrologici.

[3] O «delle querce» se si intende *ballūṭ* come un collettivo. Ringrazio Adalgisa De Simone per il suggerimento.

[4] U. Rizzitano, *La conquista musulmana*, in *Storia della Sicilia*, Napoli, Esi, 1980, vol. III, p. 141; soprattutto però A. De Simone, *Catania nelle fonti arabe*, in G. Zito (a cura di), *Chiesa e società in Sicilia. L'età normanna*, Torino, Sei, 1995, pp. 109-135.

[5] Si veda su questo il contributo di I. Lapidus, *Muslim Cities and Islamic Societies*, in Id. (a cura di), *Muslim Cities and Islamic Societies in Middle Eastern Cities. A Symposium on Ancient Islamic and Contemporary Middle Eastern Urbanism*, Berkeley, University of California Press, 1969, pp. 47-79.

[6] Le vestigia superstiti di tale basilica (la cosiddetta *aula viridis* di età normanno-sveva, adibita a sede di pubbliche adunanze) erroneamente reputate l'avanzo di un teatro d'età classica, scomparvero nel 1549.

[7] Si veda su questo l'ottima ricognizione di F. Maurici, *Dall'assedio vandalo alla conquista musulmana*, in *Storia di Palermo*, vol. II: *Dal Tardo antico all'islam*, Palermo, L'Epos, 2000, pp. 24-28.

[8] Su questo e quanto segue si veda soprattutto A. De Simone, *Palermo araba*, in *Storia di Palermo*, cit., pp. 78-127; inoltre F. D'Angelo, *La città di Palermo fra la fine dell'età araba e la fine dell'età normanna*, in F. D'Angelo (a cura di), *La città di Palermo nel medioevo*, Palermo, Officina di Studi Medievali, 2002, pp. 7-33.

[9] R. Camerata Scovazzo, *Delle antiche cinte murarie di Palermo e di altri rinvenimenti archeologici effettuati tra il 1984 e il 1986*, in *Panormus II*, Palermo, Centro di documentazione e ricerca per la Sicilia antica Paolo Orsi, 1990, pp. 95-100.

[10] Gli arsenali (*dār al-sinā'a*, letteralmente: «casa della produzione») erano edifici fortificati che formavano un insieme autonomo, con accesso diretto al mare. Tale struttura era stata ripresa direttamente dai bizantini e mantenuta fondamentalmente invariata in gran parte dei porti mediterranei. Si veda su questo L. Torres Balbas, *Atarazanas hispanomusulmanas*, in «Al-Andalus», 11 (1946), pp. 175-209; C. Picard, *Les arsenaux musulmans de la Méditerranée et de l'océan Atlantique (VIIe-XVe siècle)*, in D. Coulon, C. Otten-Froux, P. Pagès e D. Valérian (a cura di), *Chemins d'outre-mer. Études sur la Méditerranée médiévale offertes à Michel Balard*, 2 voll., Paris, Publications de la Sorbonne, 2004, vol. I, pp. 691-710.

[11] Ibn Ḥawqal (Abū l-Qāsim Ibn Ḥawqal al-Nasībī), *Kitāb ṣūrat al-'arḍ*, a cura di J.H. Kramers, II ed., in *Bibliotheca Geographorum Arabicorum*, vol. II, Leiden, Brill, 1938, p. 119.

[12] E. Pezzini, *Un tratto delle cinta murarie della città di Palermo*, in «Mélanges de l'École française de Rome. Moyen Âge», 110 (1998), 2, p. 763, n. 174, e p. 769.

[13] Su questo e per un approfondimento bibliografico si veda F. Cresti, *Città, territorio, popolazione nella Sicilia musulmana. Un tentativo di lettura di un'eredità controversa*, in «Mediterranea», 4 (2007), pp. 27-28.

[14] Si può forse semplificare ricordando con G. Vercellin (*Istituzioni del mondo musulmano*, Torino, Einaudi, 1996, pp. 231-232) che, in senso generale, gli *'ulamā* (sing. *'alim*) possono essere intesi come «intellettuali», «dotti», «esperti di religione» ma anche «giuristi», nonostante questa ultima accezione sia meglio coperta dal termine *faqīh*.

[15] A tale proposito il caso di al-Andalus ha permesso un'analisi ben più precisa: si veda a titolo di esempio M. Benaboud, *El papel público y social de los 'ulamā en al-Andalus en el período de los taifas*, in «Cuadernos de Historia del Islam», XI (1984), pp. 7-52, in cui peraltro si sottolineano ulteriormente le difficoltà per distinguere queste due categorie di sapienti (pp. 20-21).

[16] Si vedano tra gli studi di M.A. De Luca, *Giudici e giuristi nella Sicilia musulmana. Notizie e biografie estratte dal Tartīb al-Madārik*, Palermo, Istituto per la diffusione della cultura araba siciliana e mediterranea, 1989; W. Granara, *Islamic Education and the Transmission of Knowledge in Muslim Sicily*, in J. Lowry, D. Stewart e M.S. Toorawa (a cura di), *Law and Education in Medieval Islam*, London, Gibb Memorial Trust, 2004, pp. 150-173; soprattutto A. Nef, *Les élites savantes urbaines dans la Sicile islamique d'après les dictionnaires biographiques arabes*, in «Mélanges de l'École française de Rome. Moyen Âge», 116 (2004), 1, in particolare pp. 453-458 per i problemi metodologici che tali fonti sollevano.

[17] Si veda E. Griffini, *Nuovi testi arabo-siculi*, in *Centenario della nascita di Michele Amari*, 2 voll., Palermo, Virzì, 1910, vol. I, p. 380; Nef, *Les élites savantes*, cit., p. 462.

[18] Granara, *Islamic Education*, cit., pp. 166-173. Sui caratteri generali dell'educazione intellettuale nell'islam classico si veda L. Capezzone, *La trasmissione del sapere nell'islam medievale*, Roma, Jouvence, 1998.

[19] Ibn Ḥawqal, *Kitāb ṣūraṭ*, cit., p. 126.

[20] P. Horden, *What's Wrong with Early Medieval Medicine?*, in «Social History of Medicine», 3 (2009), p. 2.

[21] Su questo si veda F. Micheau, *La formation des médecins arabes au Proche-Orient (Xe-XIIIe siècle)*, Atti del XIIe congresso della Société des historiens médiévistes de l'enseignement supérieur public, Nancy, 1981, pp. 105-125; M. Shatzmiller, *Labour in the Medieval Islamic World*, Leiden-New York-Köln, Brill, 1994, pp. 277-278; P.E. Pormann ed E. Savage-Smith, *Medieval Islamic Medicine*, Edinburgh, Edinburgh University Press, 2007, in part. il cap. III.

[22] Il termine arabo *bamaristan* o *maristan* deriva dal persiano *bīmārestān* (dove la parola *bīmār* indica in persiano il «malato» a cui si aggiunge il suffisso di luogo *stān*). Anche la forma abbreviata *mārestān* passò all'arabo, assieme peraltro a numerosi termini denotanti attività mediche: Ṣādeq Sajjādī, voce *Bīmārestān*, in *Encyclopaedia Iranica*, edizione online 1989, in www.iranica.com/articles/bimarestan-hospital-.

[23] S.K. Hamarneh, *Development of Hospitals in Islam*, in «Journal of the History of Medicine and Allied Sciences», 17 (1962), p. 375; M.W. Dols, *The Leper in Medieval Islamic Society*, in «Speculum», 58 (1983), 4, p. 907; H.H. Abdul-Wahhab, *Al-Ṭibb al-'Arabī fī Ifrīqiya*, in «al-Fikr», 10 (1953), 3, pp. 907-916; cit. in S. Hamarneh, *Health Sciences in Early Islam. Collected Papers*, Boca Raton, FL, Taylor & Francis, 1984, p. 102.

[24] Così ad esempio Abū Bakr al-Tuǧībī (m. 1031), citato da al-Nāǧī (*Ma'ālim*, II, 96-98), in cui si parla dell'emiro aghlabide Abū Ibrāḥīm (856-863) che si sarebbe recato in visita al lebbrosario per rendere omaggio a un cieco che avrebbe avuto il dono di esaudire le preghiere; si veda M. Talbi, *L'émirat aghlabide*, Paris, Maisonneuve, 1996, p. 252.

[25] Su questo si veda L.C. Chiarelli, *Muslim Sicily and the Beginnings of Medical Licensing in Europe*, in «Journal of the Islamic Medical Association of North America», 31 (1999), 2, pp. 79-82.

[26] S.D. Goitein, *A Mediterranean Society. The Jewish Communities of the Arab World as Portrayed in the Documents of the Cairo Geniza*, 4 voll., Berkeley-Los Angeles-London, University of California Press, 1967-1988, vol. II, pp. 240-261.

[27] Nelle fonti arabe il suo nome è reso come al-'āzār, al-'a o al-'ayzār, si veda B. Lewis, *Palatiel: A note*, in «Bulletin of the School of Oriental and African Studies», 30 (1967), pp. 177-181, in particolare p. 179, n. 19.

[28] Su di lui si veda Goitein, *A Mediterranean Society*, cit., vol. II, p. 243; C. Colafemmina, *Un medico ebreo di Oria alla corte dei fatimidi*, in «Materia Giudaica», 11 (2006), 1-2, pp. 5-12.

[29] Si veda G. Lacerenza, *Donnolo e la sua formazione*, in Id. (a cura di), *Šabbeṯay Donnolo. Scienza e cultura ebraica nell'Italia del secolo X*, Napoli, Università l'Orientale, 2004, pp. 45-68.

[30] Questo tipo di fonti, insomma, ha il pregio considerevole di approfondire il problema della distanza fra la teoria medica e la pratica. Una possibilità già rilevata da Riddle [J.M. Riddle, *Theory and Practice in Medieval Medicine*, in «Viator», 5 (1974), pp. 157-184] che però conosceva ancora ben pochi frammenti rispetto a quelli oggi disponibili: E. Lev e Z. Amar, *«Fossils» of Practical Medical Knowledge from Medieval Cairo*, in «Journal of Ethnopharmacologie», 119 (2008), p. 25.

[31] Per una prospettiva aggiornata B. Grévin e G. Mandalà, *Le rôle des communautés juives siciliennes dans la transmission des savoirs arabes en Italie, XIIIe-XVe siècle*, in A. Fuess, B. Heyberger e P. Vendrix (a cura di), *La frontière méditerranéenne (XVe-XVIIe siècles). Échanges, circulations et affrontements*, Atti del convegno, Tours, 17-19 giugno 2009, Turnhout, Centre d'Études Supérieures de la Renaissance (in corso di stampa).

[32] La circolazione dell'opera di al-Maǧūsī è stata recentemente dimostrata da G. Mandalà, *Un codice arabo in caratteri ebraici dalla Trapani degli Abbate (Vat. ebr. 358)*, in «Sefarad», 71 (2011), 1, pp. 7-24.

[33] Ibn Ḥawqal, *Kitāb ṣūrat*, cit., pp. 119-120.

[34] In realtà di più considerando che una tonnellata gli si bagnò durante il viaggio e dovette buttarla: N.A. Stillman, *The Eleventh Century Merchant House of Ibn 'Awkal'*, in «Journal of the Economic and Social History of the Orient», 16 (1973), pp. 29-30.

[35] Su questo H. Bresc, *Arabi per lingua ebrei per religione*, Messina, Mesogea, 2001, p. 20.

[36] M. Ben-Sasson, *The Jews of Sicily 825-1068*, Jerusalem, Magnes Press, 1991.

[37] *Ibidem*, p. 626. Le lettere tra i mercanti di al-Fustāt e di Alessandria riguardanti il commercio di mirabolano sono in M. Gil, *In the Kingdom of Ishmael*, Tel Aviv, Tel Aviv University/Ministry of Defense, 1997, vol. III, p. 16.

[38] La prima volta che ne abbiamo menzione è in occasione dell'attacco pisano del 1063, quando la catena del porto sarebbe stata appunto spezzata permettendo agli assalitori di catturare sei navi mercantili:

V. Zorić, *La catena portuale. Sulle difese passive dei porti prima e dopo l'adozione generalizzata delle bocche da fuoco*, in C. Roccaro (a cura di), *Palermo medievale*, VIII colloquio medievale, Palermo 26-27 aprile 1989, Palermo, Officina di Studi Medievali, 1998, p. 78.

[39] Su questo e quanto segue, J.H. Pryor ed E. Jeffreys, *The Age of the Dromon. The Byzantine Navy ca. 500-1204*, Leiden, Brill, 2006, pp. 123-161; F.M. Hocker, *Late Roman, Byzantine and Islamic Fleets*, in R. Gardiner (a cura di), *The Age of the Galley. Mediterranean Oared Vessels since Pre-Classical Times*, London, Conway Maritime Press, 1995, pp. 86-100; H. Kennedy, *The Great Arab Conquests*, London, Weidenfeld & Nicolson, 2007; trad. it. *Le grandi conquiste arabe*, Roma, Newton Compton, 2008, pp. 318-319.

[40] A. Udovitch, *Time, the Sea and Society. Duration of Commercial Voyages on the Southern Shores of the Mediterranean during the High Middle Ages*, in *La navigazione mediterranea nell'alto medioevo*, Spoleto, Centro italiano di studi sull'alto Medioevo, 1978, p. 517; O. Remie Constable,*Trade & Traders in Muslim Spain*, Cambridge, Cambridge University Press, 1994, in part. cap. II.

[41] Tale *fatwa* è citata numerose volte da autori diversi, si veda a titolo di esempio Ibn Abī Firās, *Kitāb akriyat al-sufūn*, a cura di M.A. Tāhir, in «Cahiers de Tunisie», 31 (1983), p. 28; si veda Constable, *Trade & Traders*, cit., pp. 37-38.

[42] La cosa è attestata dal *Liber Pontificalis* (a cura di L. Duchesne, vol. I, Paris, Thorin, 1955, p. 433). Sulla rete commerciale veneziana di quei primi secoli si vedano M. Nallino, *Il mondo arabo a Venezia sino alle crociate*, in *La Venezia del Mille*, Firenze, Sansoni, 1965, pp. 163-181; G. Jehel, *L'Italie et le Maghreb au Moyen Âge. Conflits et échanges du VIIe au XVe siècle*, Paris, Puf, 2001, pp. 105-107; M.P. Pedani, *Venezia porta d'Oriente*, Bologna, Il Mulino, 2010, pp. 17-24.

[43] Lo racconta papa Leone III a Carlo Magno in una lettera dell'11 novembre 813 (*Leonis III. Papae Epistolae* X, a cura di K. Hampe, in *Epistolae Karolini Aevi, M.G.H., Epistolae*, II ed., t. III, Berlin, 1898, ep. 7, pp. 97-99): il vescovo di Roma ricorda come il suo legato nell'isola di Sicilia, il patrizio Gregorio, avesse ricevuto un'ambasciata musulmana, che aveva viaggiato su navi veneziane e che era stata inviata da un personaggio designato come *amiralmuminin* (cioè in arabo *amīr al-mu'minīn*, «principe dei credenti», con ogni probabilità Idris II (791-829), sultano del Maġrib al-Aqsa (*grosso modo* l'attuale Marocco)).

[44] Il famoso episodio è raffigurato nella cappella di San Clemente della basilica di San Marco a Venezia. Si veda su questo Pedani,*Venezia porta d'Oriente*, cit., pp. 8-9.

CAPITOLO UNDICESIMO

L'IMMAGINE DELLA SICILIA ALL'EPOCA DELL'ISLAM

1. *Il mondo d'occidente visto dagli arabi*

La Sicilia era terra di confine e per intendersi su come i musulmani ne mostrarono l'immagine e ne descrissero la storia occorre anche, inevitabilmente, fare riferimento alla percezione che essi ebbero del mondo che la circondava. Per l'islam come per il cristianesimo la Rivelazione era ovviamente uno dei criteri fondanti attraverso cui leggere gli altri popoli. Come abbiamo già visto, cristiani, ebrei e altri antichi monoteisti (gli adepti delle religioni iraniane, raggruppati sotto la denominazione generale di *mağūs*, e i sabei) erano accomunati dalla definizione di *ahl al-Kitāb*, «Gente del Libro». Secondo il Corano, infatti, Muḥammad era stato il sigillo della profezia, ultimo di una serie che includeva Abramo, Mosè e Gesù. Allāh, infatti, aveva rivelato agli ebrei la Torah e ai cristiani il Vangelo (Corano II, 62; XXII, 17). Per questa via i teologi musulmani avrebbero accusato cristiani ed ebrei di avere deformato e falsificato i loro testi sacri che originariamente avevano invece annunciato lo stesso perfetto monoteismo. Proprio tale perfezione è in fondo il problema: di fronte all'idea islamica della Perfetta unità di Dio, la teologia trinitaria appariva troppo pericolosamente commista col paganesimo; e naturalmente Gesù non poteva che essere percepito come semplice uomo, penultimo profeta che non sarebbe davvero morto sulla croce né, naturalmente, resuscitato.

Abbiamo precedentemente visto alcune conseguenze giuridiche di tale percezione religiosa di ebrei e cristiani. Qui è soprattutto la percezione dello spazio che conta. E riguardo a questo il Corano non aveva poi molto da dire: il mondo che traspariva dalle parole della Rivelazione era in fondo quello della Penisola arabica e delle vie commerciali a essa collegate: certo, vi trovavano posto i bizantini, il cui nome arabo, *rūm*, avrebbe dato il titolo anche a una sura (Corano XXX), ma il testo non forniva quasi nessuna informazione concreta su di loro.

In realtà anche gli arabi, come i latini, ebbero bisogno della tradizione geografica greco-romana per costruire la loro visione del mondo. Tra i secoli IX e X, in un mondo musulmano che era ormai diventato un impero, i geografi arabi presero a tradurre le opere degli antichi, greci soprattutto, ma anche indiani e persiani. Riscoprirono così, tra le altre, l'*Almagesto*, la *Geografia*, le *Tavole* di Tolomeo, la *Geografia* di Marino di Tiro e le *Tavole* di Teone d'Alessandria; su questo svilupparono nuove elaborate conoscenze del cielo e le misurazioni della terra che avrebbero orientato i tanti viaggiatori arabi di quel tempo. Una conoscenza che divenne da subito parte integrante dell'*adab*, la cultura enciclopedica ed elegante che caratterizzò il mondo letterario dell'islam di quei primi secoli.

Naturalmente è comprensibile che il mondo del X secolo descritto da grandi autori come al-Mas'ūdī, al-Muqaddasī o Ibn Ḥawqal fosse soprattutto il mondo musulmano: come è stato scritto[1], è probabilmente vero che la separazione tra dentro e fuori sia uno dei presupposti dell'idea islamica dello spazio. Si è già detto della divisione tra *dār al-islām* e *dār al-ḥarb*: facile dicotomia, che forse fu più utile ai giuristi che ai viaggiatori. Inevitabile comunque che quelle raffigurazioni del mondo ponessero al centro, a seconda dei casi, le città sante di Mecca e Medina oppure la capitale califfale di Baghdad. Inevitabile anche che al di fuori della *dār al-islām* i contorni si facessero più sfumati. Non in assoluto però. Bisanzio, la terra dei *rūm*, suscitò grande interesse, tanto sul piano militare e politico, quanto su quello storico e geografico[2], con una particolare e ammirata attenzione per la città di Costantinopoli. Lo stesso si può dire anche per i vasti territori di India e Cina (oggetto comunque di attività politiche e, soprattutto, di intensi scambi commerciali), mentre invece discorso ben diverso vale proprio per l'Europa. Questo nome, Europa, è fondamentalmente un anacronismo, ma non del tutto: gli arabi infatti lo ripresero dal greco adattandolo in *Urūfā*. Non lo utilizzarono però molto e soprattutto non indicarono con esso un territorio caratterizzato da specifici elementi politici e culturali. L'Europa fu solo la parte nord-occidentale di un mondo percepito e diviso per climi.

Quei territori «europei» sono piuttosto vaghi agli occhi dei geografi arabi. Nelle fredde lande settentrionali si muovevano, tra gli altri, i russi (*rūs*), i galiziani (*al-Ǧalāliqa*: termine generico con cui furono spesso intesi tutti gli abitanti della Penisola iberica settentrionale) e anche i normanni, designati dalle fonti arabe come *Urdumaniyyūn* ma più spesso sotto il nome generico di *maǧūs* cioè lo stesso nome con cui si designavano gli zoroastriani, sottolineandone l'idolatria[3]. Immagini spesso confuse insomma, ma anche talvolta informazioni più precise. Il discorso vale soprattutto per il popolo dei franchi (*Ifranǧ*), di cui si avevano alcune informazioni relative ai commerci, alle loro istituzioni politiche e alla loro storia. Al-Mas'ūdī (m. 956-957), ricordò ad esempio che i franchi erano costituiti in una confederazione i cui prìncipi riconoscevano l'autorità di un re unico residente a Parigi (Barīza)[4].

Ma assieme alla scansione climatica a cui si accennava sopra, gli arabi avevano ereditato dai greci, più precisamente da Aristotele attraverso Galeno, una più vasta dimensione astronomica (astrologica diremmo noi oggi) del mondo e una teoria umorale a essa sottintesa, secondo cui anche nell'uomo agivano gli stessi quattro elementi fondamentali che costituivano il cosmo: terra, acqua, aria e fuoco[5]. In un complesso gioco di rimandi, ne risultava così anche per gli arabi, la stessa convinzione che era stata propria già di Ippocrate, e cioè che vi fosse un rapporto diretto tra posizione geografica e civiltà. E così come già Platone aveva visto negli abitanti del nord degli uomini violenti e coraggiosi – in contrapposizione ai greci naturalmente versati per le scienze[6] – così anche gli autori arabi di fronte al mondo cristiano «europeo», conclusero più o meno le stesse cose: come ricordò al-Mas'ūdī, era evidente che fossero stati il freddo e la mancanza di sole a dare agli uomini del nord gli occhi azzurri e i capelli rossi ma allo stesso modo tale clima aveva dato loro anche stupidità e ignoranza... un destino a cui fortunatamente erano sfuggiti gli arabi, nati ovviamente al centro del mondo. Un secolo dopo, alcuni di quegli uomini del nord avrebbero cambiato per sempre la storia di Sicilia[7].

2. *Sicilia*

La Sicilia era posta sotto il segno del Leone, questo affermavano alcuni geografi arabi (ma solo alcuni)[8] e ne vedevano la controprova nei continui turbamenti politici. Nell'XI secolo, così aveva cura infatti di specificare l'anonimo *Libro delle curiosità delle scienze e delle meraviglie per gli occhi* (*Kitāb ġarā'ib al-funūn wa mulaḥ al-'uyūn*, XI secolo):

> Gli astrologi affermano che quando la casa del Leone sorge obliquamente esercita, nonostante la sua reputazione benefica, un'influenza malefica, cosicché ogni paese sotto il suo influsso è difficile da governare per il sovrano. Il Leone domina Samarcanda, Ardabīl, la Mecca, Damasco e la Sicilia: questi paesi non sono in sintonia con i loro sovrani e i sovrani con loro[9].

Le stelle si specchiavano sulla terra con sin troppa precisione talvolta. Ma i luoghi non sempre avevano bisogno dell'astronomia per essere descritti.

Lo spazio della Sicilia cominciava, ovviamente dai suoi dintorni. Dall'Italia continentale soprattutto. Ora, il nome Iṭāliyā, un po' come «Europa», era più che altro una memoria classica che gli autori arabi del X e XI secolo usavano poco. Molti furono, invece, i geografi che al di là del nome descrissero la penisola nelle sue dimensioni: il persiano Ibn Rustah (X secolo) e al-Mas'ūdī parlarono in modo piuttosto generico del golfo dell'Adriatico (Adriyas) e della città di Venezia (Fanadiya) che vi stava in fondo. Dal punto di vista del nome, di questa penisola si ricordavano piuttosto le estreme propaggini meridionali, la Calabria (Qalūriya) soprattutto, e alcuni popoli che vi vivevano, in particolare franchi e longobardi (Lu'bardiyyūn)[10]. Anche in questo caso i dati sono piuttosto vaghi e riprendono alcuni elementi già noti: al-Mas'ūdī dice dei longobardi che sono potenti, feroci e sottomessi a un «duca» (anche se l'interpretazione del termine *adākīs* è piuttosto incerta); poi riporta i nomi di alcune loro città: la capitale Benevento, Bari e Taranto. Ibn Ḥawqal racconterà cose simili: parlerà della ricchezza di Amalfi e dell'importanza commerciale di Napoli, evocandone forse il vulcano.

Quello di al-Mas'ūdī non è un caso isolato: l'immagine araba della Penisola italiana è fortemente schiacciata verso sud e non a caso: è l'immagine delle rotte commerciali musulmane. L'unico vero discorso a parte è costituito da Roma: nelle tante descrizioni dell'antica capitale si mescolano in modo complesso antiche tradizioni storiche, memorie di viaggio, il gusto del meraviglioso proprio della letteratura enciclopedica araba, oltre a una certa confusione tra le due sedi imperiali: Roma d'occidente e Costantinopoli, Roma d'oriente[11]. Città dalle possenti doppie mura, attraversata da un canale navigabile fiancheggiato da mercati lastricati di marmo; luogo della celebrazione pubblica del papa (Bāb), il «re» dei cristiani, e luogo di continue cerimonie religiose all'interno delle tante venerate chiese. È ovviamente una Roma immaginaria, dove più che le ipotetiche «verità» urbanistiche serve di più cercare i legami con una memoria della città e del suo impero che nel mondo arabo (ma a onor del vero anche in quello latino) si sedimentò attraverso le opere geografiche ma anche e soprattutto i racconti e le cronache[12].

Qualcosa di simile anche se su diversa scala è possibile dirlo forse anche per la Sicilia. Occorre intendersi però: il fatto che Penisola italiana e Sicilia siano vicine non implica necessariamente che debbano essere pensate assieme. Per gli arabi infatti non fu così. In ambito mediterraneo, le isole sono spesso state rappresentate come un insieme a sé stante, con una particolare attenzione data alle maggiori: Cipro, Rodi, Creta, Sicilia, Sardegna.

Le prime informazioni sull'isola comparvero nella letteratura araba alla fine del IX secolo. Inizialmente si trattò per lo più delle scarne note di alcune cronache, come quella brevissima di al-Balāḏūrī, in cui l'autore accennò a una spedizione musulmana e alla successiva conquista a opera della dinastia aghlabide[13]. Poi fu la volta della letteratura geografica e di viaggio: al-Istaḫrī (metà del IX secolo), Ibn Ḥawqal o al-Muqaddasī (entrambi, come si ricorderà, della fine del X secolo), che cominciarono a stendere le prime vere descrizioni dell'isola:

Quest'isola ha la forma di un triangolo isoscele il cui angolo acuto si trova a occidente dell'isola. La sua lunghezza è di sette giorni di marcia e la lunghezza di quattro. È situata a oriente di al-Andalus, in mare aperto, di fronte alla parte del Maġrib che va dall'Ifrīqiya, passando per Bāǧa, Tabarqa, sino a Marsā l-Ḫaraz. A ovest, nel mare, si trova l'isola di Quršiqa (Corsica). A sud della Sicilia c'è l'isola di Qawsara (Pantelleria). Sul litorale a est, nel grande continente dove si trova Costantinopoli, sorge la città di Rīw (Reggio), poi vi sono le province di Qalūriya (Calabria)[14].

Ibn Ḥawqal, ma anche al-Muqaddasī, fornirono informazioni preziose sull'isola e sulla sua geografia. Ma tali informazioni, lo abbiamo visto precedentemente, avevano come centro di interesse soprattutto le città più importanti, le loro istituzioni e le loro attività commerciali. Nel X secolo, però, cominciarono ad apparire descrizioni differenti dell'isola; nuove, forse, per la letteratura araba, ma legate a una tradizione mediterranea probabilmente ben più antica. Descrizioni da cui traspare una differente percezione dell'isola e della sua storia.

3. *L'isola e il suo vulcano*

Anche al-Mas'ūdī, nel suo *Murūǧ al-ḏahab*, descrisse la Sicilia, collocandola all'interno di un più ampio capitolo dedicato al mare e alle isole:

Prima dell'avvento dell'Islām, i primi paesi sul mare [conquistati] dai franchi furono l'isola di Rodi, che noi abbiamo prima ricordato trovarsi di fronte ad Alessandria, e in cui ai nostri giorni si trova un arsenale (*dār al-ṣanā' al-murākib*) dei rūm; poi l'isola di Creta, che i musulmani hanno preso ai franchi stabilendosi in ogni suo luogo. Furono paesi dei franchi anche l'Ifrīqiya e l'isola di Sicilia. Abbiamo già dato notizia di quest'isola e dell'isola conosciuta come al-Burkān (Vulcano). Essa è l'Aṭma da cui escono corpi (*aǧsām*) di fuoco come corpi di uomini ma senza teste; di notte essi si alzano poi ricascano in mare. Essa è la pietra con cui si raschiano gli scritti dei quaderni (*diftār*)[15]: leggera e bianca, ha l'aspetto di un favo o di un nido di piccole vespe[16].

Al di là degli scarsi cenni storici, l'elemento rilevante di questa descrizione, è evidentemente la rilevanza data ai fenomeni vulcanici. La cosa non deve stupire: a parte l'oggettiva grandiosità del fenomeno, era il genere letterario stesso a spingere l'attenzione verso il meraviglioso o i fenomeni naturali eccezionali[17].

Anche per questo, a partire almeno dal X secolo, le descrizioni del vulcano trovarono un posto privilegiato in molta parte della letteratura araba[18]. Bisognerebbe anzi specificare e parlare al plurale: perché oltre all'Etna, l'attività eruttiva nelle isole Lipari dovette essere a quel tempo a dir poco evidente, se è vero che grande attenzione venne riservata pure a Vulcano e Stromboli. Ma non sorprende che l'Etna, soprattutto, per le sue impressionanti dimensioni e la presenza incombente sull'intera isola, diventasse uno dei soggetti più frequenti nella letteratura araba sulla Sicilia.

Per gli autori successivi ebbe molti nomi. Talvolta fu chiamato semplicemente *aṭma*, che altro non è che l'appellativo generico (femminile in arabo) con cui gli autori classici indicavano i vulcani (e che con buona probabilità era a sua volta il calco del nome greco del vulcano, *Aitna*)[19]. Talvolta usarono il nome, altrettanto generico, di *burkān*, anche se spesso con questo termine si finì più che altro per indicare l'isola di Vulcano. In realtà la maggior parte degli autori, da al-Idrīsī a Ibn Ǧubayr (entrambi del XII secolo) sino ad al-Ḥimyarī (XIV secolo) lo chiamò *Ǧabal al-nār*, «la Montagna di fuoco»; tanto comune divenne questa denominazione che la prima parte del nome si è conservata nel tautologico e popolare nome Mongibello, usato ancora oggi per riferirsi all'Etna.

Imponente, eccelso, visibile col tempo sereno a oltre cento miglia di distanza, come osservava Ibn Ǧubayr, l'Etna fu descritto quasi sempre attraverso le sue caratteristiche più impressionanti: il fumo e il fuoco e ovviamente il cratere. Il maghrebino al-Ḥimyarī lo descriverà come una voragine immensa simile a una bocca da cui esce un vento violento[20]. Altri ricorderanno la gran massa di cenere fine su cui è impossibile camminare.

Si favoleggiò di miniere d'oro, di zolfo o di mercurio che si sarebbero trovate sui fianchi della montagna. Più comunemente si ricordò l'eruttare della pietra pomice. Questo, anzi, sarebbe diventato un vero e proprio *topos* narrativo: quasi con le stesse parole per secoli, dopo al-Mas'ūdī, la letteratura araba avrebbe ripetuto l'immagine di quegli oggetti di fuoco, sorta di corpi umani senza testa eiettati dal vulcano e ricaduti in mare a dare origine a quella pietra leggera e bianca.

Ma ciò che in tanti descrissero e associarono al vulcano, non aveva diretto rapporto con la geologia. In fondo è comprensibile: l'Etna incombe sul paesaggio siciliano e sulla storia stessa dell'isola. Un legame antico ricordato anche dagli autori arabi. Il grande cosmografo al-Qazwīnī (m. 1283) – che si basava sulla perduta storia di Sicilia di Ḥasan ibn Yaḥyā (XI secolo) – così sintetizzò:

> È una montagna che domina il mare; per arrivare alla sua cima ci vogliono tre giorni di cammino. Vi si trovano molti alberi, la maggior parte dei quali sono noccioli, pini e legno durissimo di *arzan* (cedro). Attorno a essa vi sono molte costruzioni e numerose specie di alberi da frutta. Nelle sue alture ci sono degli sfiatatoi da cui escono fuoco e fumo. [...] I *rūm* dicono che i filosofi si recavano in quest'isola per vedere le sue meraviglie, nonché per osservare il congiungimento del fuoco e della neve[21].

La memoria degli antichi era attestata, a detta di altri autori, anche da tracce a dir poco concrete. Molti parlarono di antiche costruzioni che si sarebbero incontrate sulle pendici dell'Etna: rovine e grandi vestigia (*aṯar*) di popoli scomparsi[22]. Altri fecero cenno all'acquedotto (*ǧalab al-mā'*) che dall'Etna sarebbe sceso verso Catania[23]. Qualcosa fu certamente inventato, qualcosa sicuramente fu visto davvero: il vulcano, insomma, narrava anche di una storia profonda e antica dell'isola. Una storia di cui i musulmani, o almeno gli autori arabi, si fecero in un certo senso eredi.

4. *L'isola e le tracce degli antichi*

Alla descrizione dell'isola che abbiamo appena incontrato, al-Mas'ūdī faceva seguire una notizia a dir poco curiosa:

> Questo aṭma è conosciuto come l'aṭma di Sicilia; in esso è la tomba (*qabar*)[24] di Furfūris (Porfirio) il saggio (*al-ḥakīm*), che compose la *Aysāġūǧ* (*Isagoge*), ossia l'introduzione alla logica (*'ilm al-manṭiq*). E questo libro [è conosciuto anche con il nome] di quest'uomo[25].

Nel vulcano, o più probabilmente sulle sue pendici si sarebbe dunque trovata una tomba; una tomba eccezionale peraltro, dato che avrebbe contenuto i resti mortali di Porfirio, il filosofo neoplatonico del III secolo che fu allievo di Plotino. A dire il vero si tratta molto probabilmente di una lettura erronea perché in altri manoscritti e soprattutto in un'altra sua opera al-Mas'ūdī non parlò in realtà di una tomba, bensì più semplicemente della morte del filosofo nel vulcano: il che inviterebbe a collocare la storia di Porfirio assieme a quella tradizione antica di rapporti tra filosofi e vulcani di cui la tradizione greca e latina è a dir poco ricca.

In realtà sappiamo da Porfirio stesso che egli soggiornò a lungo in Sicilia[26]; e questa sua frequentazione con l'isola divenne in un qualche modo famosa (Agostino di Ippona lo chiamò «il siciliano»); non è vero invece che vi morisse, dato che, a quanto sappiamo, egli terminò i suoi giorni a Roma. Ciò che qui interessa, però è altro. Questa storia riportata da al-Mas'ūdī (e poi da al-Ḥimyarī) può essere letta in molti modi[27] ma in senso generale sembra essere un buon esempio di quella tendenza propria della cultura araba a collocare in Sicilia le vestigia di un passato antico e autorevole. Vestigia monumentali, certo, ma soprattutto memorie di uomini illustri, che sarebbero state iscritte nella storia dell'isola attraverso le loro sepolture.

È infatti a dir poco considerevole il numero di filosofi che secondo la tradizione araba avrebbero la loro tomba in Sicilia. Una delle prime e più famose notizie in tal senso viene ancora da Ibn Ḥawqal, secondo il quale a Palermo prima dell'arrivo dei musulmani, la chiesa che un giorno sarebbe diventata moschea dell'adunanza avrebbe ospitato la bara del filosofo greco Aristotele, «sospeso tra il cielo e la terra (*ta'līqu-hu bayna al-samā' wa l-'arḍ*)» all'interno di un sacello (*haykal*) e adorato dai cristiani che si rivolgevano a lui per chiedere la pioggia o una guarigione[28].

È quasi impossibile recuperare altre conferme a tale notizia. Amari, nella sua minuziosa rassegna delle fonti arabe siciliane, non trovò altre menzioni di Aristotele, ma solo il caso isolato del tardo al-Bākuwī (sec. XV)[29], il cui cenno pareva ricalcato in parte sul testo di Ibn Ḥawqal, anche se in quel caso l'«imponente sacello» (*haykal 'aẓīm*) non avrebbe contenuto il corpo di Aristotele, bensì quello di Socrate[30].

Molto probabilmente tale tradizione è spiegabile in parte con una polemica antibizantina ampiamente diffusa nel mondo musulmano a cavallo del X secolo, dove l'adorazione idolatrica di Aristotele da parte dei cristiani dimostrerebbe implicitamente la loro incapacità di riconoscerne la vera statura filosofica[31]. Ma questa, se è vera, è solo una spiegazione parziale, perché non tiene conto delle altre tombe. Quella di Galeno soprattutto.

Così come Aristotele, anche Galeno nel mondo islamico era stato innalzato al rango di assoluta autorità. Di lui si disse che fosse vissuto a lungo[32] e che fosse stato contemporaneo di Cristo; tesi queste su cui non tutti gli autori concordavano, per la verità[33]. Anche sulla sua morte vi furono più ipotesi: alcuni, come al-Mubaššir (seconda metà dell'XI secolo)[34], la collocarono in Egitto, ma presto cominciò a diffondersi anche la convinzione che Galeno fosse morto in Sicilia. La testimonianza più antica in tal senso, è probabilmente quella di un autore andaluso del X secolo, Ibn Ǧulǧul, che in una raccolta di biografie di medici (*Ṭabaqāt al-aṭibbā' wa l-ḥukamā'*) sostenne che Galeno fosse morto in Sicilia mentre si trovava in viaggio per incontrare i compagni di Gesù e avere notizie su di lui[35]. Una leggenda questa che sarebbe stata ripetuta a lungo (ad esempio dal maghrebino Ibn al-Šabbāṭ nel XIII secolo)[36]; una leggenda soprattutto che meriterebbe di essere approfondita tanto sul piano letterario quanto sul piano della sua reale diffusione siciliana. In fondo, infatti, tale memoria non doveva essere così vaga (almeno per qualcuno) se è vero che un certo 'Alī ibn Abī al-Harawī (m. 1215), in una sua sorta di guida ai luoghi di pellegrinaggio (*Kitāb al-ziyarāt*: «Libro dei luoghi da visitare») forniva indicazioni piuttosto precise su dove trovare la tomba: «Chi dal Qasr al-amīr (Castello dell'emiro, *Misilmeri*) muove alla volta della città [capitale della Sicilia] scorge a sinistra di quel castello la tomba di Galeno, della quale abbiam fatta parola». Amari propose di vedervi il cimitero islamico adiacente a quel Qaṣr Sa'd citato nel XIII secolo dal viaggiatore Ibn Ǧubayr, cioè la Cannita, a circa sette chilometri da Palermo, presso il luogo detto Portella di Mare[37]. Oggi, forse, interessa meno cercare simili gradi di verosimiglianza in una tradizione del genere, ma questo rapporto tra la Sicilia e gli antichi non è da scartare. Varrebbe la pena chiedersi in che misura i musulmani rielaborarono e riecheggiarono informazioni e tradizioni precedenti. Varrebbe la pena inoltre chiedersi attraverso quali meccanismi simili memorie continuarono a perpetuarsi; perché forse è solo una suggestione (o forse più che altro è un dato che esula dalle possibilità di analisi di uno storico), ma è difficile non accostare la presenza di Porfirio sull'Etna a una lunga catena di racconti che dal suicidio sull'Etna di Empedocle giungono sino alle tante figure che la tradizione vorrà vedere tra le fiamme del vulcano: Teodorico[38], Artù, Federico II. Anche per questo varrebbe la pena chiedersi infine perché proprio la Sicilia. In che misura cioè si tratti davvero di una specificità isolana relativa alla memoria araba degli antichi: una presenza di tombe illustri, segni del passato greco-romano, che non ha paralleli nel resto del Mediterraneo occidentale, né in Ifriqīya né tantomeno in al-Andalus[39].

[1] G. Vercellin, *Istituzioni del mondo musulmano*, Torino, Einaudi, 1996, p. 22.

[2] Su questo A. Miquel, *La géographie humaine du monde musulman jusqu'au milieu du XIe siècle*, vol. 2: *Géographie arabe et représentation du monde: la terre et l'étranger*, Paris, Moutoun, 1975, pp. 372-373; N.M. El Cheikh, *Byzantium Viewed by the Arabs*, Cambridge, Mass., Harvard University Press, 2004, pp. 152-157.

[3] Su questo Miquel, *Géographie arabe*, cit., pp. 343-354.

[4] *Ibidem*, p. 357.

[5] Sul problema del rapporto tra medicina araba e tradizione ellenistica la bibliografia è notoriamente sterminata; si vedano come introduzioni G. Strohmaier, *La ricezione e la tradizione: la medicina nel mondo bizantino e arabo*, in M.D. Grmek, *Storia del pensiero medico occidentale*, vol. I: *Antichità e Medioevo*, Roma-Bari, Laterza, 1993, vol. I, pp. 167-215; D. Gutas, *Pensiero greco e cultura araba*, Torino, Einaudi, 2002, in part. pp. 166-177.

[6] Platone, *Repubblica*, IV, 435.

[7] Su come in seguito le fonti arabe avrebbero descritto i normanni di Sicilia si veda A. De Simone, *Il Mezzogiorno normanno-svevo visto dall'Islam africano*, in G. Musca (a cura di), *Il Mezzogiorno normanno-svevo visto dall'Europa e dal mondo mediterraneo*, Bari, Dedalo, 1999, pp. 261-293.

[8] Non tutti infatti ritenevano corretto assegnare una casa zodiacale come ascendente di un luogo geografico: si veda al-Bīrūnī, *The Book of instruction in the elements of the art of astrology*, a cura di R. Ramsay Wright, London, Luzac & Co., 1934, par. 393.

[9] *Kitāb ġarā'ib al-funūn wa mulaḥ al-'uyūn*, trad. in J. Johns, *Una nuova fonte per la geografia e la storia della Sicilia nell'XI secolo*, in «Mélanges de l'École française de Rome», 116 (2004), p. 437.

[10] Miquel, *La géographie humaine*, cit., pp. 362-363.

[11] Su tutto questo è fondamentale il contributo di A. De Simone e G. Mandalà, *L'immagine araba di Roma*, Bologna, Pàtron, 2002.

[12] Su questo si veda M. di Branco, *Storie arabe di greci e di romani. La Grecia e Roma nella storiografia arabo-islamica medievale*, Pisa, Pisa University Press, 2009, pp. 107-142.

[13] Al-Balāḏūrī, *Futūḥ al-buldān*, a cura di M.G. de Goeje, Leiden, Brill, 1866, p. 235.

[14] Ibn Ḥawqal, *Kitāb ṣūrat al-'arḍ*, a cura di J.H. Kramers, II ed., in *Bibliotheca Geographorum Arabicorum*, Leiden, Brill, 1938, vol. II, p. 118.

[15] Più precisamente quaderni di cartapecora. Su questo termine di origine greca mi sembra che rimangano valide le osservazioni fatte da M. Amari in *Storia dei Musulmani in Sicilia*, Catania, Prampolini, 1937, vol. III, p. 324.

[16] Al-Mas'ūdī (Abū al-Ḥasan 'Alī ibn al-Ḥusayn), *Murūğ al-ḏahab*, a cura di C. Barbier de Meynard-Pavet de Courteille, Paris, Société Asiatique/Imprimerie Impériale, 1861, vol. III, pp. 67-68.

[17] Sul meraviglioso e la letteratura araba medievale si vedano M. Rodinson, *La place du merveilleux et de l'étrange dans la conscience du monde musulman médiéval*, in *Coll. de l'Association pour l'Avancement des Travaux Islamiques*, Paris, Brill, 1974; C. Picard, *Récits merveilleux et réalité d'une navigation en océan Atlantique chez les auteurs musulmans*, in *Miracles, prodiges et merveilles au Moyen Âge*, Atti del XXV congresso della Société des historiens médiévistes de l'enseignement supérieur public, Orléans, 1994, Paris, Pubblications de la Sorbonne, 1995, pp. 75-87.

[18] Una rassegna di tali descrizioni fu fornita, con riguardo in particolare all'Etna, da A. De Simone, *L'Etna nei geografi e viaggiatori arabi del medioevo*, in *Studi arabo-islamici*, Mazara del Vallo, Liceo ginnasio «Gian Giacomo Adria», 1989, pp. 10-33.

[19] Derivato da *uṭum*, col significato originario di torre, o castello, nella forma *aṭīma* prese a indicare sempre più precisamente il «camino di fuoco» e il «focolare». Si veda M. Amari, *BAS*, cit., vol. I, p. 2, n. 4; inoltre De Simone, *L'Etna*, cit., pp. 18-19.

[20] Al-Ḥimyarī, *Kitāb al-rawḍ al-mi'ṭar fī ḫabar al-aqṭār*, a cura di Iḥsān 'Abbās, Beyrut, Dār al-Sirāğ, 1975, pp. 30, 89; si veda la trad. it. di A. De Simone, *La descrizione dell'Italia nel Rawḍ al-mi'ṭar di al-Ḥimyarī*, Mazara del Vallo, Liceo Ginnasio «Gian Giacomo Adria», 1984, pp. 19-20.

[21] Al-Qazwīnī, *'Ağā'ib al-maḫlūqāt wa ġarā'ib al-mawğūdāt* (*Le meraviglie del creato e le stranezze degli esseri*), a cura di Amari, in *BAS*, cit., pp. 138-139.

[22] Il passo è nell'opera del geografo Yāqūt (m. 1229): Yāqūt al-Ḥamawī, *Mu'ğam al-buldān*, a cura di Amari in *BAS*, cit., p. 118.

[23] Al-Ḥimyarī, *Kitāb al-rawḍ*, cit., p. 465.

[24] Amari segnala più precisamente che dei due manoscritti da lui utilizzati, quello parigino da lui designato B (*anc. Fond.* 598) presenta la lezione «qui si trova la tomba di Porfirio», mentre l'A (*Sup. ar.* 714) riporta «in casa però Porfirio» (quest'ultima è la traduzione offerta da Amari in *BAS*, cit., vol. I, p. 2).

[25] *Murūğ al-ḏahab*, cit., vol. III, p. 68.

[26] Lo racconta nella sua *Vita di Plotino*, che lo vede in parte protagonista in quanto allievo del famoso filosofo neoplatonico: *Vita di Plotino*, 11, a cura di G. Faggin, Milano, Rusconi, 1992, pp. 20-21.

[27] Su questo mi permetto di rimandare al mio articolo di prossima pubblicazione: *Le philosophe et le Volcan*, in «Cahiers de Civilisation Médiévale».

[28] Ibn Ḥawqal, *Kitāb ṣūrat al-'arḍ*, a cura di J.H. Kramers, II ed., in *Bibliotheca Geographorum Arabicorum*, Leiden, Brill, 1938, vol. II, pp. 118-119.

[29] Si tratta di 'Abd ar-Rašīd al-Bākuwī, autore di un *Kitāb talḫīṣ al-aṯār wa 'ağā'ib al-malik al-qahhār* (*Brevi note sui monumenti e altre me-*

raviglie dei regni precedenti), scritto attorno al 1430. Già Amari (*Storia dei musulmani*, cit., vol. II, p. 345, n. 2) aveva notato, probabilmente con ragione, il calco da Ibn Ḥawqal e si chiedeva se l'autore non avesse forse letto una qualche altra edizione del *Kitāb ṣūrat al-'arḍ* a noi non pervenuta.

[30] Al-Bākuwī, in *BAS*, cit., App. p. 60.

[31] Mi sono occupato di questo in un precedente lavoro: A. Vanoli, *Tra cielo e terra. Idoli e immagini nel Mediterraneo medievale*, in «Miscelánea de Estudios árabe y hebraicos. Sección de Hebreo», 57 (2008), pp. 247-278.

[32] Un'autorità come Isḥāq ibn Ḥunayn, il grande traduttore del IX secolo, dichiarò che Galeno era morto nell'anno 88 d.C., all'età di 87 anni: F. Rosenthal, *Isḥāq b. Ḥunayn's Ta'rīḫ al-Aṭibbā*, in «Oriens», 7 (1954), pp. 55-71; inoltre P. Starr, *Arab Sources on the Life of Galen*, in «Journal of Arts and Sciences», 9 (2008), pp. 89-99, in part. pp. 90-92.

[33] Già un'autorità come al-Mas'ūdī, nel capitolo del *Tanbīh* dedicato agli imperatori pagani che regnarono su Roma (*Kitāb al-tanbīh wa al-išrāf*, a cura di M.J. de Goeje, Leiden, Brill, 1894, pp. 123-137), ricordò che Galeno era vissuto sotto l'imperatore Commodo e che dunque dovesse essere vissuto circa duecento anni dopo Cristo.

[34] Abū l-Wafa al-Mubaššir ibn Fātik, *Kitāb muḫtār al-ḥikam wa-maḥāsin al-kilam*, a cura di 'Abd al-Raḥmān al-Badawī, Madrid, Instituto egipcio de estudios islámicos, 1958; F. Rosenthal ed E. Marmorestein, *The Classical Heritage in Islam*, New York, Routledge, 1992 (I ed. Zürich, Artemis Verlags, 1965), pp. 33 ss.; Starr, *Arab Sources on the Life of Galen*, cit., pp. 92-93. Su al-Mubaššir si veda F. Rosenthal, *Al-Mubashshir ibn Fatik*, in «Oriens», 13-14 (1961), pp. 132-158.

[35] Citato da Ibn Abī Uṣaibi'a, *'Uyūn al-anbā' fī ṭabaqāt al-aṭibbā'* (*Informazioni essenziali sulle generazioni di medici*), a cura di A. Müller, Königsberg, 1884, par. V.

[36] Ibn al-Šabbāṭ, in Amari, *BAS*, cit., XXXIV, p. 210.

[37] M. Amari, *Sul sepolcro di Galeno alla Cannita*, in Id., *Tardi studi di storia arabo-mediterranea*, a cura di F. Giunta, Palermo, Accademia nazionale di scienze lettere e arti di Palermo, 1985, pp. 161-169. Il testo di al-Harawī si conserva nel *Tārīḫ al-ḥukamā* di al-Qifṭī.

[38] Almeno il tema di Teodorico è peraltro ben precedente alla presenza islamica sull'isola, essendo citato da Gregorio Magno: J. Le Goff, *Naissance du Purgatoire*, Paris, Gallimard, 1981, p. 130; D. Motta, *Percorsi dell'agiografia. Società e cultura nella Sicilia tardoantica e bizantina*, II ed., Catania, Edizioni del Prisma, 2004, pp. 156-157.

[39] Si veda R.B. Tate, *Mythology in Spanish historiography of the middle ages and renaissance*, in «Hispanic Review», 22 (1954), pp. 1-18; J. Hernández Juberías, *La península imaginaria. Mitos y leyendas sobre al-Andalus*, Madrid, CSIC, 1996; J. Abellán Pérez, *El Cádiz islámico a través de sus textos*, Cádiz, Universidad de Cádiz, 1996; inoltre C. Picard, *Le passé antique et l'histoire d'al-Andalus chez les auteurs arabes*, in «Pallas», 63 (2003), pp. 97-106.

CAPITOLO DODICESIMO

LA FINE DELLA SICILIA MUSULMANA

1. *I cambiamenti dello spazio mediterraneo*

Tra la fine del X secolo e gli inizi dell'XI, molto stava cambiando attorno all'isola di Sicilia. A nord, l'impero era in pieno travaglio di successione: un processo lungo, che si sarebbe assestato solo con l'incoronazione di Corrado II il Salico (1024). Più a ovest, in Francia, aveva avuto luogo un cambiamento realmente epocale: con la morte del ventenne Luigi V si era estinta definitivamente la dinastia carolingia e nel 987 era salito al trono Ugo Capeto. I domini della nuova dinastia confinavano a ovest con i duchi normanni di Normandia, che stavano consolidando il loro dominio territoriale. A oriente erano anni di gloria e fortuna per Bisanzio: le imprese di Giovanni I Zimisce e di Basilio II avevano permesso di arrestare l'avanzata dei russi e di inglobare il territorio della Bulgaria. Questo ritrovato protagonismo politico e militare consentì anche un maggiore controllo di molte regioni mediterranee. Ma agli inizi dell'XI secolo, anche in quei mari molto stava cambiando[1]. Innanzi tutto cresceva sempre di più il potere di alcune città marinare. Venezia da tempo stava fornendo un valido sostegno a Bisanzio nella lotta contro slavi e saraceni, guadagnando peraltro sempre più autonomia da Costantinopoli: istituzioni più forti e una crescente autorità dei dogi, che ora non utilizzavano più il titolo di *dux Venetiae provinciae* bensì quello di *dux Venetiarum*. Anche Amalfi continuava a sfruttare il suo legame con Bisanzio incrementando i suoi traffici col levante; ancora per poco, però: con la conquista normanna (1073), la sua storia avrebbe preso un corso ben diverso; un corso che un giorno lontano l'avrebbe fatta diventar parte del regno di Sicilia (1131). In quegli anni, in realtà, erano Pisa e Genova che stavano vedendo crescere sempre più il loro potere politico e commerciale. Pisa stava consolidando le sue istituzioni politiche: nel 1075 si sarebbe data un codice mercantile, le *Consuetudini del mar*, e nel 1081 sarebbe stata riconosciuta come comune da Enrico IV, con ampie franchigie e privilegi. Allo stesso modo, anche Genova vedeva crescere la propria autonomia, favorendo l'organizzazione dei suoi cittadini in varie «compagne», associazioni volontarie a vocazione commerciale e militare che sarebbero state il presupposto del futuro comune. Per entrambe le città, l'impegno contro i saraceni divenne in quegli anni uno dei principali motori dell'espansione commerciale e militare.

Nella Penisola iberica la grande stagione del califfato volgeva al termine: frammentato in piccoli e litigiosi regni, il mondo islamico iberico non riuscì ad arrestare per molto le incursioni e le offensive dei cristiani del nord. Nel giro di un ventennio, attorno al 1020 il regno di León organizzò infatti la sua strategia offensiva; e questo mentre, attraverso i monasteri pirenaici di Catalogna e Aragona, penetrava in Spagna il movimento cluniacense, che avrebbe costituito uno dei pilastri (solo uno, come è stato recentemente sottolineato)[2] della futura politica cristiana della penisola.

Spagna, Africa settentrionale, Sicilia: in questi spazi di scontro con il mondo musulmano gli interessi di molti territori cristiani del Mediterraneo cominciarono a convergere. In queste ostilità non era neppure estraneo il papato, che cominciava allora ad assumere un ruolo importante nella costituzione di un fronte difensivo contro i «saraceni» (tra gli storici ancora si dibatte se sia il caso di vedervi o meno un segno precursore delle crociate)[3]. A più riprese, tra il 1004 e il 1016 la flotta pisana si volse contro Muǧāhid ibn 'Abd Allāh al-'Amirī, un comandante musulmano proveniente da al-Andalus che aveva attaccato pochi anni prima la Sardegna[4]. Alcuni anni dopo, nel 1025, la flotta dei toscani sarebbe stata determinante per il grande saccheggio dell'isola di Maiorca, orchestrato dai conti catalani. A metà del secolo, esattamente nel 1050, sarebbe stato poi un appello del papa a far unire pisani e genovesi per una spedizione volta a cacciare gli ultimi pirati saraceni dalla Sardegna. Infine, tra il 1062 e il 1063, i pisani sarebbero giunti anche in Sicilia, attaccando Palermo mentre era ormai cominciata la conquista normanna.

Il mondo mediterraneo – e non solo – mostrava una sempre più massiccia militarizzazione del territorio, che condusse quasi ovunque a problemi e soluzioni analoghe. In un senso molto generale si assistette a una crescente capillarizzazione del controllo del territorio e a una conseguente moltiplicazione di soggetti dotati di un qualche potere militare. Il che comportò anche una certa semplificazione dei rapporti sociali: chi riusciva ad accedere ai ranghi militari poteva compiere una scalata sociale che lo poneva a contatto con l'aristocrazia medio-alta. In Spagna fu il destino di Rodrigo Díaz, il Cid Campeador; in Italia sarebbe stato il destino di molti signori dell'epoca, compresi naturalmente molti normanni.

Anche nel mondo musulmano, però, le cose stavano cambiando.

All'inizio dell'XI secolo i territori mediterranei della *dār al-islām* dipendevano ormai da ben tre califfati, cioè da tre poteri a pretesa teoricamente universale[5]. Per riassumere. Il primo era il vecchio califfato ʻabbaside di Baghdad, simbolo dell'unità della comunità sunnita, ma che in quel momento si trovava ormai, paradossalmente, sotto la tutela di un potere politico sciita: quello degli emiri Buyidi, la cui autorità si estendeva principalmente all'Iraq e all'Iran. Il secondo era l'ancora potente califfato fatimide, che dalla fine del X secolo aveva cominciato a spostare il suo potere verso oriente, trasferendo la sua capitale da Qayrawān al Cairo (970) ed estendendo il controllo politico a una parte della Siria e alla Penisola arabica. Come abbiamo visto, questo spostamento comportò una crescita del potere di coloro che per conto dei Fatimidi governavano i territori occidentali: gli Ziriti nel Maghreb e i Kalbiti in Sicilia. Il terzo grande califfato, infine, era quello degli Omayyadi di al-Andalus, dove negli ultimi anni del X secolo il potere era detenuto ormai dal potente «ciambellano» (*ḥāǧib*)[6] di corte. Attorno agli anni trenta dell'XI secolo la *fitna*, la guerra civile, travolse quella costruzione politica, frammentando al-Andalus, come si diceva sopra, in un gruppo di piccoli e deboli regni, noti alla storiografia spagnola come regni di *taifas* (dal termine arabo *ṭāʼifa*, partito).

Non solo, mentre le istituzioni politiche, militari e amministrative sfuggivano sempre più al controllo centrale, nell'islam, come si è notato in precedenza, cresceva intanto l'importanza politica delle forze nomadiche, degli eserciti tribali e dei leader carismatici che li guidavano. Così nella seconda metà del secolo XI la dinastia dei Selgiuchidi, guidando le forze dei nomadi turchi, sarebbe giunta all'occupazione della stessa Baghdad (1055). Così negli estremi lembi occidentali del Maghreb e in al-Andalus sarebbe giunta la stagione delle grandi tribù berbere degli Almoravidi prima e degli Almohadi dopo: nomadi sahariani che si coprivano con il velo come i tuareg ed erano difensori intransigenti della purezza della dottrina malikita. Così, proprio a sud della Sicilia, in Africa settentrionale, sarebbero giunti gli anni delle devastazioni operate dalla tribù dei Banū Hilāl. Tale fatto è legato a un mutamento politico su cui occorre intendersi. In Ifrīqiya, infatti, il potere era passato sempre più chiaramente nelle mani degli Ziriti, dinastia berbera del grande raggruppamento tribale dei ṣanhāǧa e che, come i Kalbiti, governava la regione per conto dei sempre più lontani Fatimidi. Ora, attorno alla metà dell'XI secolo, gli Ziriti guidati da al-Mu'izz avevano deciso di spezzare definitivamente il vincolo politico con i Fatimidi e di riconoscere i califfi 'Abbasidi. È a questo punto che irruppero i Banū Hilāl, i quali non erano probabilmente quello «sciame di locuste» che avrebbe raccontato alcuni secoli dopo Ibn Ḫaldūn: si trattava piuttosto di tribù semisedentarie che giungevano dalle oasi occidentali dell'Egitto e avevano già avuto contatti con gli Ziriti[7]. In ogni caso essi sarebbero diventati lo strumento della vendetta dei Fatimidi: in pochi anni, verso il 1057, le forze ziriti furono annientate: al-Mu'izz e suo figlio furono costretti all'esilio e la loro capitale Qayrawān fu saccheggiata.

Il mondo attorno al mare Mediterraneo, il mondo attorno all'isola di Sicilia, stava insomma trasformandosi velocemente. Molti degli antichi riferimenti politici stavano frantumandosi o almeno cambiando profondamente forma; e questo mentre i cristiani, i *rūm*, come li chiamavano le fonti arabe senza più distinguere a quel tempo tra greci e latini, spingevano sempre di più ai confini dei territori dell'islam.

2. *Le ribellioni in Sicilia*

Tutto questo mutare di equilibri, unito al progredire di una pesante crisi economica, aveva reso la situazione politica della Sicilia sempre più instabile: gli emiri kalbiti reagirono intensificando la tassazione sul commercio e sui generi alimentari, e facendo così aumentare, inevitabilmente, il dissenso interno.

Nel gennaio del 1015 ʻAlī, il fratello dell'emiro Ǧaʻfar, guidò senza successo una grande ribellione nell'isola. Stando a quanto riportano le fonti (come al solito molto più tarde)[8] sembra che il ribelle si fosse alleato con «berberi e schiavi» (*ʻabīd*) e che proprio la sua sconfitta, dunque, avesse portato alla deportazione di tutti i berberi presenti sull'isola assieme alle loro famiglie. Un'esagerazione ovviamente, anche perché possediamo consistenti prove di presenza berbera sull'isola dopo il 1015. Forse, come è stato sostenuto[9], si deve leggere qui un riferimento alla sola tribù dei Kutama, sino a quel momento parte rilevante dell'esercito. In ogni caso questo non bastò a fermare le rivolte.

A partire dal 1004, le fonti registrano un lungo periodo di carestie che ciclicamente per tutto il secolo avrebbero colpito tanto la Sicilia quanto l'Ifrīqiya: declino economico e crisi politica cominciarono a seguire la stessa strada. Nel 1019 Ḥasan ibn Muḥammad al-Bāġā'ī, il segretario (*kātib*) del governatore kalbita Ǧaʻfar tentò di introdurre una riforma delle tasse che avrebbe colpito una vasta parte della popolazione. Il risultato fu un tumulto ancora peggiore dei precedenti: i rivoltosi marciarono verso Palermo e posero l'assedio al palazzo dei Kalbiti. Al-Nuwayrī racconta che Ǧaʻfar si sarebbe salvato solo grazie all'arrivo del suo vecchio padre Yusuf, il quale riuscì a mediare con i rivoltosi, imponendo un altro suo figlio alla guida della Sicilia, Aḥmad al-Akḥal (1019-1036). Ǧaʻfar e Yusuf, temendo per la propria incolumità, avrebbero poi lasciato l'isola alla volta della corte fatimide in Egitto. Una fuga, questa, di cui abbiamo una fortunata controprova da una fonte che ricorda come molte delle sue ricchezze fossero state saccheggiate proprio al momento della sua partenza[10].

Gli abitanti della Sicilia mantennero dunque il precedente sistema di tassazione e il nuovo governatore al-Akḥal a quanto sembra si dimostrò all'altezza della situazione, facendo ricorso, tra l'altro, all'usuale sistema del *ǧihād* per ricompattare la popolazione. Un *ǧihād* interno, contro i cristiani dell'isola, che avrebbero tramato contro i Kalbiti (e qui il condizionale è ancor più necessario, considerando che la sola fonte è il solito al-Nuwayrī)[11]. E un *ǧihād* esterno, forse neppure troppo cercato, contro l'ormai sempre più minacciosa avanzata bizantina.

3. *La politica bizantina negli ultimi anni della Sicilia musulmana*

Alla morte di Giovanni Zimisce, nel 976, il trono di Bisanzio era passato al legittimo rappresentante della dinastia, Basilio II (il quale riuscì in realtà a esercitare di fatto il potere solo a partire dal 985, dopo essersi liberato della tutela del suo prozio). Basilio è una delle più complesse figure della storia di Bisanzio e certamente il più grande sovrano dell'età macedone. Il suo lungo regno fu quasi interamente speso nel contrastare i molteplici nemici dell'impero. Nel Mediterraneo, la grande controffensiva bizantina cominciò attorno al 1001, quando Basilio II, di ritorno dall'Asia era riapparso nei Balcani per arrestare la crescente potenza dei bulgari. Il sud Italia, però rappresentava da tempo un problema complesso per Bisanzio; e di tale complessità, prima di procedere, sarà meglio dare qualche elemento in più.

L'Italia meridionale, come si è già accennato nei capitoli precedenti, era da tempo tra gli interessi dell'impero germanico: Ottone I (m. 973) e Ottone II (m. 983) avevano esteso la loro iniziativa ai territori del Mezzogiorno, opponendosi così alle mire greche su quegli stessi territori. Questo aveva fatto sì, ovviamente, che quei poteri locali che Bisanzio aveva osteggiato, avessero trovato infine un alleato negli imperatori d'occidente, in particolare Pandolfo Capodiferro, principe di Capua e di Benevento, che mirava a riunire sotto di sé tutti i domini longobardi. Si tentò di ricomporre politicamente la frizione tra i due imperi, attraverso l'unione del figlio di Ottone I con la principessa bizantina Teofano[12]. Ma Ottone I scese nuovamente in Puglia: una violenta invasione che però non produsse grandi risultati; anzi: l'alleato Pandolfo Capodiferro fu fatto prigioniero e condotto a Costantinopoli; l'unità delle sue terre longobarde non avrebbe retto alla sua morte. Nel 971 tra i due imperi si giunse a un accordo che sanciva il dominio bizantino nei *thémata* di Calabria e di Puglia in cambio della rinuncia a ogni diritto su Capua e Benevento che mantenevano i propri rapporti privilegiati con l'impero germanico. Il matrimonio tra Ottone II e Teofano fu celebrato e così, alla fine del X secolo, un'intesa tra i due imperi era infine siglata. In realtà però, malgrado tutto questo, i tentativi di ingerenza germanica in meridione non cessarono. Anzi, la politica di Ottone II in questo senso fu meno prudente di quella del padre, risolvendosi nello scontro disastroso contro le armate kalbite.

Quando dunque Basilio II, in quei primi decenni dell'XI secolo, prese a interessarsi dell'Italia meridionale, la frammentazione e le tensioni politiche rendevano la situazione a dir poco complessa. I principi di Capua stavano tentando di imporsi a Gaeta e a Napoli; i signori di Salerno agivano con identici propositi contro Amalfi e Sorrento, avanzando anche pretese sulla Puglia bizantina; ma soprattutto vi era la crisi generata dalla ribellione di un certo Melo, esponente dell'aristocrazia barese, che dal 1017 prese ad arruolare longobardi e normanni, dotandosi di un'armata con cui contrastare l'esercito bizantino; ma già l'anno seguente, nel 1018, Melo era sconfitto dal catepano Basilio Boioannes. In quel periodo, Basilio II consolidò il controllo militare della regione anche attraverso la costruzione dei nuovi insediamenti fortificati di Troia, Melfi, Fiorentino, Montecorvino, Dragonara e Civitate. Il popolamento e lo sviluppo di questa vasta area sembrava preludere a un pieno ripristino della sovranità bizantina sull'intero mezzogiorno. Nel 1021 Basilio II cominciò a progettare anche una grande spedizione contro la Sicilia, ma la sua morte, avvenuta nel 1025, fece naufragare tale disegno: i bizantini furono sconfitti dai musulmani, la riconquista dell'isola rimase per i greci un sogno irrealizzato.

Negli anni successivi, gli imperiali sarebbero penetrati nuovamente nell'isola, chiamati da rivalità interne all'emirato siciliano: attorno al 1033, secondo Giovanni Scilitze, il governatore Aḥmad al-Akḥal (qui chiamato «Apolaphar Mouchoumet»), coinvolto in una nuova guerra civile, avrebbe avviato trattative con l'imperatore bizantino Michele IV, per avere aiuto contro il fratello «Apochaps» (Abū Ḥafṣ?) sostenuto dagli Ziriti di Ifrīqiya. L'emiro mandò a Costantinopoli il figlio, che ricevette il titolo nobiliare di magistros e nel 1035 venne conclusa un'alleanza che mise per il momento fine agli attacchi «saraceni» nel sud Italia. Poi Aḥmad al-Akḥal fu ucciso e la confusione che scoppiò nella Sicilia musulmana spinse i bizantini a tentare un nuovo attacco decisivo. Così, nel 1038 giunse sull'isola uno dei più famosi generali del momento, Giorgio Maniace, che dall'imperatore aveva ricevuto i pieni poteri di *stratēgós autokrátor*. Il suo esercito riportò in principio alcune vittorie significative, riconquistando Messina e Rometta. Le fonti greche parlano della presa di tredici città e della sconfitta delle forze ziriti tra Randazzo e Troina. Fu a quel punto, però, che l'imperatore lo fece tornare a Costantinopoli, preoccupato a quanto sembra dalle ambizioni politiche del generale. Una mossa che si sarebbe rivelata presto a dir poco sbagliata.

4. *Dai Kalbiti ai «regni di "ṭā'ifa"»*

Negli anni trenta dell'XI secolo, la situazione politica in Sicilia stava dunque peggiorando[13]. La notizia fornita dalle fonti greche e riguardante la richiesta di aiuto a Bisanzio da parte Aḥmad al-Akḥal fa il paio con quanto riportano le fonti arabe riguardo alla richiesta di aiuto che la «gente di Sicilia», ribelle al governatore kalbita, avrebbe rivolto agli Ziriti in Ifrīqiya (attorno al 1035) offrendo di sottomettersi alla loro autorità. In risposta a tale appello, lo zirita al-Mu'izz avrebbe dunque inviato suo figlio 'Abd Allāh, il quale penetrò in Sicilia sino a Palermo, assediando Aḥmad al-Akḥal nella cittadella della Ḫāliṣa. Proprio lì l'emiro kalbita sarebbe stato ucciso da alcuni congiurati.

Da quel momento il potere musulmano in Sicilia cominciò a frammentarsi. Ḥasan, fratello di Aḥmad al-Akḥal, ribadì la sua lealtà ai Fatimidi del Cairo (provata dall'emissione di monete che recavano inciso il nome dell'imām/califfo), ma il suo potere era ormai condiviso con un consiglio (*šūrā*) formato dalla «gente di Sicilia». Inoltre l'unica forza militare che ora controllava realmente l'isola era l'esercito zirite.

Si capisce meglio ora perché proprio in quel momento l'imperatore bizantino Michele IV decidesse di attaccare l'isola. Notevoli, si è detto, furono i successi di Giorgio Maniace a est e nord-est dell'isola. È stato notato[14] come questo rapido consolidamento militare dei bizantini possa essere spiegato anche con il supporto di elementi della popolazione locale: non a caso la zona è sostanzialmente quella del Val Demone, dove gli insediamenti cristiani e i legami con l'oriente greco erano probabilmente più forti. In ogni caso, come sappiamo, Maniace fu fatto tornare a Costantinopoli, ma la sua spedizione ebbe comunque un effetto considerevole sugli equilibri dell'isola, contribuendo ad accelerare il processo di destabilizzazione della Sicilia musulmana.

Malgrado le considerevoli lacune, le fonti arabe testimoniano il processo di rapida frammentazione politica dell'isola. Al-Nuwayrī usò il termine *ṭā'ifa* («fazione») per descrivere i piccoli staterelli in cui l'isola si divise in quegli ultimi anni di governo musulmano[15]. La stessa parola usata dalle cronache arabe per descrivere la contemporanea frammentazione politica di al-Andalus dopo il crollo del califfato. Al di là delle macroscopiche differenze tra i due casi, autori come al-Nuwayrī o Ibn al-Aṯīr, che scrivevano di quella storia avendo negli occhi i fatti delle crociate, videro una connessione tra il movimento dei «franchi» verso il sud del Mediterraneo e l'arretrare del potere islamico. A quei tempi, insomma, certi eventi sembravano parlare chiaro e davano la misura di tre grandi spazi: la Sicilia (Palermo sarebbe caduta nel 1072); la Spagna (Toledo caduta nel 1085); la Palestina (Gerusalemme nel 1099). Non importa che le cause del declino musulmano e della spinta cristiana in queste tre aree fossero piuttosto differenti e molto più complesse: per autori che le guardavano così da lontano il senso della storia poteva apparire ormai spiegabile.

In realtà anche intendersi sulla parabola di questi piccoli regni non è affatto facile. Riguardo agli anni tra il 1040 e il 1050, le fonti arabe parlano sostanzialmente di due principali protagonisti: Muḥammad ibn Ibrāhīm ibn al-Ṯumna e ‘Alī ibn Ni‘ma ibn al-Ḥawwās. Da qui, però, l'idea che l'isola fosse davvero divisa in chiare sfere di controllo suscita non pochi problemi. Molte parti della Sicilia ad esempio ne paiono escluse: la costa settentrionale, la parte sud-est del Val di Noto e altre ancora. Su un piano più ampio è forse possibile cogliere una separazione tra parte orientale e parte occidentale dell'isola; è però difficile dire che grado di reale controllo militare fosse esercitato dai singoli governanti: forse davvero in molte zone esso era ridotto a una scala cittadina o persino di villaggio. Castrogiovanni (Enna), assieme a Girgenti (Agrigento) e Castronuovo erano sotto il controllo di Ibn al-Ḥawwās, mentre Trapani, Marsala, Mazara e Sciacca e Castelvetrano dipendevano da un certo Ibn Mankūd, forse di origine berbera. A Palermo, pur con le limitazioni di cui già si è accennato, il fratello di Aḥmad al-Akḥal, Ḥasan, detto Ṣamṣam al-Dawla, avrebbe continuato a governare sino circa al 1052. Catania era in mano a un certo Ibn al-Maklātī. Siracusa infine era governata da Ibn al-Ṯumna.

Le cronache sono molto vaghe su quanto accadde in quegli ultimi anni. Vi fu una guerra civile (le fonti specificano che i protagonisti erano collegati tra loro attraverso strategie matrimoniali): Ibn al-Ṯumna marciò contro Ibn al-Ḥawwās e conquistò il controllo sulla maggior parte dell'isola. Il titolo che adottò, *al-Qādir bi-Llāh* (il Potente per Dio) lascerebbe supporre una certa vicinanza con i Fatimidi, anche se è quasi impossibile stabilire se e quanto il conflitto di quegli anni ebbe una più ampia dimensione politica o ideologica.

In ogni caso una parte di questa storia stava giungendo al suo termine: a Castrogiovanni Ibn al-Ṯumna subiva una disastrosa sconfitta a opera di Ibn al-Ḥawwās. Fu così che decise di assoldare mercenari tra quei «franchi» (*Ifranğ*) che ormai da alcuni decenni combattevano sul continente, in Italia meridionale. Era arrivata l'ora dei normanni.

NOTE AL CAPITOLO DODICESIMO

1 In una bibliografia sterminata, mi limito qui a fare riferimento alle aggiornate pagine della sintesi offerta da D. Abulafia, *The Great Sea*, Oxford, Oxford University Press, 2011, pp. 271-286.

2 Importanti le considerazioni a tale proposito di C.M. Reglero de la Fuente, *Cluny en España: los prioratos y sus redes sociales (1073 ca. 1270)*, León, Centro de Estudios e Investigación «San Isidoro», 2008.

3 Per quanto mi riguarda sarei per un'estrema prudenza: A. Citarella, *The Relations of Amalfi with the Arab World before the Crusades*, in «Speculum», 42 (1967), 2, pp. 299-312.

4 M.G. Stasolla, *Arabi e Sardegna nella storiografia araba del Medioevo*, in «Studi Magrebini», 14 (1982), pp. 1-40, appendice II; inoltre D.J. Wasserstein, voce *Mudjāhid al-'Āmirī*, in *Encyclopédie de l'Islam*, Leiden-Paris, Brill, 1993.

5 Si veda P. Guichard, *L'Espagne et la Sicile musulmanes aux XIe et XIIe siècles*, Lyon, Presses universitaires de Lyon, 1991, pp. 11-16.

6 Il titolo di *hāğib*, letteralmente «colui che vela, che nasconde», appare sin dai primi tempi dell'islam e le sue funzioni evolveranno rapidamente in quelle di una sorta di sovrintendente di palazzo, figura in qualche modo speculare al ciambellano occidentale. Se in oriente, all'inizio del secolo X è il *wazīr* a ricoprire tale funzione, è in occidente, e in particolare in al-Andalus, che il potere dello *hāğib* aumenterà sino ad assumere responsabilità di governo. Si veda D. Sourdel, *«Wazîr» et «Hâjib» en occident*, in *Études d'orientalisme dédiées à la mémoire de Lévi-Provençal*, Paris, Maisonneuve et Larose, 1962, t. 2, pp. 749-755.

7 Su questo e sulla narrazione di Ibn Ḫaldūn, si vedano le fondamentali considerazioni di M. Brett ed E. Fentress, *The Berbers*, Oxford, Blackwell, 1996, pp. 131-142.

8 Il primo a darci tale notizia è al-Nuwayrī, *Nihāyat al-arab*, Il Cairo, Dār al-Kutub al-Misriyya, 1923, vol. XXIV, p. 376.

9 A. Metcalfe, *The Muslims of Medieval Italy*, Edinburgh, Edinburgh University Press, p. 73.

10 Ibn al-Zubayr (sec. XI), *Kitāb al-ḏaḫā'ir al-tuḥaf*, a cura di M. Hamīd Allāh e S. al-Dīn Munaǧǧid, Kuwayt, Dā'irat al-Maṭbū'āt wa-al-Našr, 1959, pp. 83-84 e 193; trad. ingl. *The Book of Gifts and Rarities*, Harvard, Harvard University Press, 1996, pp. 115, 193.

11 Al-Nuwayrī, *Nihāyat*, cit., p. 378.

12 Sui rapporti tra l'Italia e l'impero sassone si veda R. Hiestand, *Byzanz und das Regnum Italicum im 10. Jahrhundert*, Zürich, Fretz und Wasmuth, 1964; R. Eickhoff, *Theophanu und der König. Otto III. und seine Welt*, Stuttgart, Klett-Cotta, 1996.

[13] Sulla crisi siciliana della prima metà dell'XI secolo si vedano i passaggi riguardanti Palermo in A.M. Eddé, H. Bresc e P. Guichard, *Les autonomismes urbains des cités islamiques*, Atti del XVI congresso della Société des historiens médiévistes de l'enseignement superieur public, Rouen, Université de Rouen, 1990, pp. 97-119.

[14] Metcalfe, *The muslims of Medieval Italy*, cit., p. 82.

[15] Al-Nuwayrī, *Nihāyat*, cit., p. 379.

CAPITOLO TREDICESIMO

LA CADUTA DELL'ISOLA

1. *Invasioni e conquiste: i normanni*

Possiamo dunque ricominciare da quel momento di incertezza e di grande disordine politico e da quei «franchi» che in quegli anni appaiono sempre più presenti nella politica e nelle armi del Mezzogiorno. Quegli uomini vengono dal nord, come ricorderanno i cronisti latini chiamandoli *Northmanni*: Sono i discendenti degli scorridori vichinghi, danesi, norvegesi e svedesi, che a partire dall'VIII secolo avevano iniziato ad assalire le coste baltiche e del Mare del Nord. Verso la metà del IX secolo questi pirati, commercianti e conquistatori si erano stanziati alle foci della Senna e un loro capo, Rollone, aveva infine ottenuto la dignità ducale da parte del re franco Carlo (c. 911); quella regione avrebbe preso da loro il nome, Normandia.

Poi alcuni di essi cominciarono a spingersi verso sud. I motivi sono stati ampiamente dibattuti dagli storici: sovrappopolazione della Normandia, rivolte, aspre faide, generate spesso da un regime di indivisibilità dei beni nella trasmissione ereditaria. Il che diede origine a folte schiere di cadetti che cercarono nel mestiere delle armi un'occasione di riscatto o di ascesa sociale.

Le cronache successive, a cominciare dall'opera di Amato di Montecassino, avrebbero affermato che i primi normanni giunti in Italia fossero stati un gruppo di pellegrini di ritorno da Gerusalemme, i quali nel Mezzogiorno dilaniato da guerre intestine e minacciato dai saraceni avrebbero visto un terreno ricco di opportunità per dei professionisti della guerra come loro. Tutta questa storia è in parte un mito[1]: anche se la trama del pellegrinaggio contiene un ragionevole fondo di verità, i motivi dell'interesse normanno per l'Italia sono in realtà più complessi e vanno rintracciati negli antichi legami ecclesiastici che dal X secolo avevano condotto chierici italiani nel nord Europa, ma anche nelle reti commerciali che da tempo portavano i mercanti della Manica nel Mediterraneo[2].

Il primo insediamento normanno in Italia meridionale forse fu Ariano[3]; da lì fu possibile ottenere ulteriori rapide acquisizioni a Gaeta e Capua. Ben presto si aggiunse poi la contea di Melfi; e fu qui che la guida dei normanni passò a una famiglia destinata a grandi fortune: gli Hauteville o Altavilla. Figli di un modesto vassallo del Cotentin, Tancredi d'Hauteville, in cinque sarebbero diventati conti o duchi in Italia meridionale. Non senza combattere naturalmente: la loro presenza e la loro aggressività presto gli inimicarono più o meno tutti: papa, bizantini e imperatore germanico. Ma fu papa Leone IX a intervenire nel 1053 subendo una schiacciante sconfitta nella battaglia di Civitate. È una pagina di storia ben nota e molto idealizzata: il racconto della loro vittoria ci è pervenuto in un lungo poema di Guglielmo di Puglia che esalta soprattutto l'allora ancora giovane Roberto il Guiscardo[4]. Era l'inizio di una grande parabola politica.

Negli anni seguenti Roberto, detto sin dalla nascita «il Guiscardo», cioè l'«acuto» (dalla lingua d'Oil *viscart*)[5] e suo fratello minore Ruggero avrebbero ridotto all'ubbidienza una buona parte del'Italia meridionale gettando le fondamenta del futuro regno. Attorno alla metà dell'XI secolo cominciarono le prime razzie in Calabria e in Puglia, dove l'autorità bizantina manteneva ancora alcune posizioni di rilievo[6]. Nel 1060 la città di Reggio cadeva. Ruggero si trasferì a Mileto, che sarebbe diventata la sua base militare e la sua vera capitale prima della conquista della Sicilia.

2. *Le prime fasi della conquista normanna della Sicilia*

Al sinodo di Melfi, indetto nell'estate del 1059, il Guiscardo aveva stabilito un'alleanza formale col papa Niccolò II: riconosciuto duca di Puglia e di Calabria oltre che futuro duca di Sicilia («Dei gratia et sancti Petri dux Apulie et Calabrie et utroque subveniente futurus Sicilie»). Il normanno aveva prestato due giuramenti, uno di *homagium* con cui si impegnava a versare al papa una pensione annua ogni Pasqua, e uno di *fidelitas*, con cui assicurava al pontefice un costante aiuto armato per mantenere e difendere il papato. In quel riferimento alla Sicilia come futuro ducato si esplicitava il rapporto con Leone IX e si definiva una sorta di legalizzazione della conquista che sarebbe cominciata solo pochi anni dopo[7].

Ma in realtà Roberto nella conquista della Sicilia avrebbe avuto un ruolo minore: sarebbe morto alcuni decenni dopo su altre coste, combattendo contro i bizantini a Cefalonia nel 1085. La sua eredità dinastica avrebbe avuto maggior gloria in oriente, quando suo figlio Beomondo, all'alba dell'avventura crociata, sarebbe diventato il primo principe di Antiochia. Fu il fratello del Guiscardo, Ruggero, che guidò di fatto la conquista. Quello che accadde immediatamente dopo lo sappiamo soprattutto dalle fonti latine (una volta tanto quasi coeve, essendo tutte e tre della fine dell'XI secolo): Amato di Montecassino, Goffredo Malaterra e Guglielmo di Puglia[8]. In una comprensibile alternanza di interesse nei confronti della regione, le fonti arabe sono invece vaghe e imprecise sull'argomento. Così è Malaterra, un monaco di Catania della fine dell'XI secolo, a dirci che i contatti tra Ruggero e Ibn al-Ṯumna sarebbero stati intrapresi nel febbraio 1061 e che nei mesi seguenti sarebbero cominciate le prime incursioni contro Rometta, Milazzo e Messina.

Come è stato sottolineato[9], la conquista dell'isola, che avrebbe occupato quasi trent'anni, fu caratterizzata, più che da grandi battaglie in campo aperto, dall'uso sistematico della razzia, una tecnica che peraltro aveva già funzionato egregiamente in Calabria negli anni precedenti: incursioni che si succedevano con tale insistenza e rapidità da ingenerare nel nemico una costante sensazione di paura. Le fonti, ancora Malaterra ad esempio, hanno cura di ricordare come i normanni fossero sempre in minoranza e ne esaltano la determinazione (*strenuitas*), ma dicono molto poco (ed è comprensibile) degli alleati musulmani o dell'incorporazione di soldati musulmani nelle fila dell'esercito normanno. Nei primi anni della conquista,

Ibn al-Ṯumna e i suoi soldati operarono in stretta collaborazione con i normanni: questi suoi nuovi alleati gli permisero infatti di avere ragione di Ibn al-Ḥawwās nel centro e nell'ovest dell'isola. Almeno per lui, però, la cosa durò poco: Ibn al-Ṯumna fu ucciso nel 1062, sembra in un agguato, nei pressi di Entella, nella Sicilia occidentale. La sua morte la menzionò un mercante ebreo in una lettera datata 12 agosto 1062, dando la notizia con una certa soddisfazione: in fondo non erano pochi gli ebrei morti per mano sua e dei normanni durante la presa di Messina[10].

Come al solito, come in Spagna negli stessi anni soprattutto (la storia del Cid è esemplare), la guerra quasi più che la pace, mischiava gli uomini, le etnie e le reciproche identità: i musulmani continuarono a ingrossare le fila dell'esercito normanno, giungendo a diventarne, ci dice ancora Malaterra, la parte numericamente più consistente (*Saracenorum, quorum maxima pars exercitui intererat*)[11]. Era l'inizio di una lunga e controversa tradizione che avrebbe visto a lungo contingenti musulmani impiegati negli eserciti normanni.

E difficile è peraltro distinguere con chiarezza i vari gruppi che da parte islamica si trovarono in quegli anni nell'isola. Sappiamo che Ayyūb e 'Alī, nipoti dello zirite al-Mu'izz, giunsero in Sicilia partecipando allo scontro: attorno al 1063 Ayyūb prese il controllo di Palermo mentre 'Alī quello di Agrigento. Nel descrivere i nemici dei normanni, Malaterra distingue spesso tra «arabi» e «africani» e tra «africani» e «siciliani». Come è stato suggerito[12], questo forse può essere letto come una distinzione tra i vari contingenti ziriti e i soldati musulmani di Sicilia.

3. *Il procedere della conquista normanna*

Fu una conquista fatta di assedi e razzie. Vi furono però anche alcune battaglie in campo aperto che sarebbero state determinanti (o giudicate tali *a posteriori*) per la conquista dell'isola. La prima si svolse nel 1063 nella piana di Cerami, a nord-est dell'isola. Difficile scindere i dati concreti dagli elementi letterari. Ruggero e suoi cavalieri si scontrarono contro l'esercito guidato da «Arcadius di Palermo»[13]: non un nome proprio ma l'adattamento latino per il più generico *al-qā'id*, «il comandante». Alcune decine di soldati normanni avrebbero massacrato più di tremila musulmani (e si può sorvolare, come sempre, sulla dimensione del tutto letteraria di simili numeri). Non è irrilevante il fatto che tale vittoria sarebbe stata assicurata, sempre secondo Malaterra, dall'apparizione di san Giorgio, *splendidus in armis*, su un cavallo bianco e recante un vessillo col segno della croce[14]. Al di là di ogni facile parallelismo, pare per lo meno significativo che solo pochi anni dopo, una cronaca iberica, la *Historia Silense*, narrasse per la prima volta dell'apparizione di Santiago, sopra un cavallo bianco, alla testa dell'esercito cristiano per battersi contro i mori[15].

Comunque, al di là di simili prospettive letterarie o ideologiche, rimaneva il fatto di una grande vittoria: di un enorme bottino in termini di beni, cammelli e schiavi; parte del quale sarebbe stato inviato sino alla corte papale di Alessandro II, il quale

> lieto più per la vittoria concessa da Dio sui pagani che per i doni ricevuti, mandò al conte e a tutti quelli che avevano contribuito a liberare la Sicilia dai pagani e a mantenerla poi nella fede di Cristo, la benedizione apostolica e, per la potestà di cui era investito, l'assoluzione dei peccati[16].

Ormai da molto tempo gli storici discutono su come la guerra tra cristiani e musulmani cominciò a essere percepita in modo nuovo proprio durante l'XI secolo, su come l'idea di una guerra santa si legò alla riforma del papato, e se e come queste trasformazioni anticipassero a loro volta il movimento crociato. Non potendo entrare in questa sede all'interno di un simile dibattito, qui ci accontenteremo di notare come attorno alla metà del secolo, il vescovo di Roma e i re dell'occidente Mediterraneo cominciassero sempre più chiaramente a considerare lo scontro con i musulmani in un'ottica diversa[17].

Intanto la conquista dell'isola proseguiva. Nel 1068 un'altra battaglia campale, l'ultima di questo tipo a dire il vero. Fu nei pressi di Misilmeri, a pochi chilometri da Palermo. Si dice che dopo la battaglia Ruggero decidesse di servirsi dei piccioni viaggiatori catturati ai musulmani sconfitti per inviare messaggi «scritti a carattere di sangue» con i quali annunciava ai palermitani la disfatta subita dai loro concittadini e dava loro uno sconvolgente preavviso di quanto avrebbero dovuto aspettarsi a breve[18]. Sappiamo qualcosa di più di quanto accadde in quegli anni all'interno delle mura della capitale musulmana grazie ad alcune lettere della *genizah* che ci raccontano di come nel 1069, un anno dopo la sconfitta di Misilmeri, avesse preso il potere a Palermo un certo Ibn al-Ba'bā', fortemente legato ai gruppi mercantili tanto musulmani quanto ebraici, tanto da aver fatto supporre, con buone ragioni peraltro, che egli potesse provenire da una famiglia di ebrei convertiti all'islam[19]. In ogni caso fu un momento determinante per l'insediamento dei normanni nel sud Italia: in Puglia nel 1071, la città di Bari cadeva finalmente nelle mani del Guiscardo. Pochi mesi dopo cominciava l'assedio di Palermo, per terra e per mare. Ci volle tempo, naturalmente: cinque mesi per l'esattezza, durante i quali le mura della città continuarono a essere validamente difese da frombolieri e arcieri[20]. Ci vollero anche alcuni non irrilevanti aiuti esterni, come quello delle navi pisane che seppero forzare infine il porto di Palermo. E la città cadde, il 10 gennaio 1072: la grande moschea, che prima ancora era stata chiesa bizantina e tempio pagano, fu distrutta e sulle sue fondamenta sorse una nuova chiesa dedicata alla Vergine.

Dopo quella data ci sarebbero voluti ancora molto tempo e altri assedi: Trapani cadde nel 1077, Cinisi nel 1079, Siracusa nel 1086. Attorno al 1090 anche l'isola di Malta. A quel punto sembra che le scarse sacche di resistenza islamica in Sicilia fossero ridotte ormai al livello di villaggi e fortezze.

4. *Gli ebrei negli ultimi anni della Sicilia musulmana*

Non dovette essere facile per gli ebrei (e per i mercanti in particolare) vivere in Sicilia negli ultimi decenni di dominazione islamica. I conflitti stavano aumentando e con essi l'insicurezza sociale ed economica.

Gli ebrei di Sicilia subivano le conseguenze anche degli eventi politici e militari che accadevano nel triangolo fra l'isola, il Nordafrica e l'Egitto. Nel Nordafrica un centro ebraico di rilevante importanza, a Qayrawān, fu distrutto dai Banū Hilāl (si veda precedentemente) a metà dell'XI secolo. Le violenze che scoppiarono nella lotta tra i Fatimidi e i ribelli ziriti spinsero alcuni ebrei di Ifrīqiya a stabilirsi in Egitto e in Sicilia[21]. Nel 1053, Ben Faraḥ scriveva da Alessandria a suo figlio raccontandogli di navi giunte in porto con un carico di 500 rifugiati ebrei, provenienti «da una terra maledetta», probabilmente il Nordafrica[22].

In realtà pochi anni dopo gli ebrei avrebbero scoperto che anche in Sicilia la situazione era ben lungi dall'essere tranquilla. Prima, infatti, venne la guerra fra i piccoli regni in cui si era diviso il potere politico islamico nell'isola; e inevitabilmente questo finì col danneggiare non poco gli affari dei mercanti ebrei. Poi cominciò a incombere lo spettro dei normanni. Nel 1058, Labrāṭ ben Moses ben Sughmār, giudice (*dayyān*) di al-Mahdiyya, scriveva preoccupato al fratello parlandogli dei «franchi che stavano ammassando enormi forze» contro la Sicilia e che erano già entrati «da vittoriosi nella Penisola spagnola, distruggendo molti villaggi [...] uccidendo molta gente e sottomettendo molte città». Il peggio doveva ancora arrivare.

Le condizioni instabili in Sicilia e nei suoi mari convinsero le autorità egiziane a limitare i viaggi verso l'isola. Tali ordini, poi ritirati, rivelavano il crescente grado di incertezza che dominava ormai nel Mediterraneo meridionale. Poi, negli anni sessanta cominciò l'invasione. Un'altra lettera di Labrāṭ ben Moses ben Sughmār definisce la situazione in Sicilia «in continuo peggioramento»: i «nemici», scrive, «avrebbero già conquistato la maggior parte dell'isola» e avrebbero preso prigioniere dodici famiglie ebraiche e «molti musulmani» e «molti altri ebrei sarebbero già morti»[23]. Non conosciamo l'anno esatto in cui scriveva queste parole, forse in parte stava esagerando; forse solo Messina era per il momento caduta. In ogni caso le comunità ebraiche stavano già cominciando a toccare con mano la fine di un'era.

[1] Su questo si veda H. Taviani-Carozzi, *Le mythe des origines de la conquête*, in E. Cuozzo e J.-M. Martin, *Cavalieri alla conquista del Sud*, Roma-Bari, Laterza, 1998, pp. 57-89.

[2] Su questo M. Arnoux, *I Normanni prima della conquista. Costruzione politica e identità nazionale*, in R. Licinio e F. Violante (a cura di), *I caratteri originari della conquista normanna*, Bari, Dedalo, 2006, pp. 51-66.

[3] È stato Errico Cuozzo a proporre Ariano al posto di Aversa come primo insediamento: E. Cuozzo, *Intorno alla prima contea nell'Italia meridionale*, in Cuozzo e Martin, *Cavalieri alla conquista del Sud*, cit., pp. 171-193.

[4] G. de Pouille, *La Geste de Robert Guiscard*, a cura di M. Mathieu, Palermo, Istituto siciliano di studi bizantini e neoellenici, 1961.

[5] Su di lui si veda almeno l'ottima biografia offerta da H. Taviani-Carozzi, *La terreur du monde, Robert Guiscard et la conquête normande en Italie*, Paris, Fayard, 1996.

[6] Sulla situazione calabrese in particolare si veda G. Noyé, *La Calabre entre Byzantins, Sarrasins et Normands*, in Cuozzo e Martin, *Cavalieri alla conquista del Sud*, cit., pp. 90-116.

[7] Su tutto questo si veda G. Andenna, *Dalla legittimazione alla sacralizzazione della conquista (1042-1140)*, in Licinio e Violante, *I caratteri originari*, cit., pp. 384-393.

[8] A onor del vero, di Amato di Montecassino, che redasse la sua opera attorno al 1080, ci rimane solo un volgarizzamento in antico francese noto come *Ystoire de li Normant*. Su queste fonti la bibliografia è imponente. Si vedano tra gli altri P. Delogu, *I Normanni in Italia. Cronache della conquista e del regno*, Napoli, Liguori, 1984 e l'ottima e più recente messa a punto di P. Toubert, *La première historiographie normande de l'Italie méridionale (XIe siècle)*, in Licinio e Violante, *I caratteri originari*, cit., pp. 15-49.

[9] A.A. Settia, *Gli strumenti e la tattica della conquista*, in Licinio e Violante, *I caratteri originari*, cit., p. 114.

[10] In S. Simonsohn, *The Jews in Sicily*, Leiden-New York-Köln, Brill, pp. 305, 319.

[11] Gaufridus Malaterra, *De rebus gestis Rogerii Calabriae et Siciliae comitis*, a cura di E. Ponteri, in *Rerum Italicarum Scriptores*, Bologna, Zanichelli, 1928, vol. IV, 26, p. 104.

[12] A. Metcalfe, *The Muslims of Medieval Italy*, Edinburgh, Edinburgh University Press, 2009, p. 96.

[13] Malaterra, *De rebus gestis*, cit., vol. II, 33, p. 44.

[14] *Ibidem*.

[15] La *Historia silense* è degli inizi del XII secolo: si veda A. Vanoli, *La reconquista*, Bologna, Il Mulino, 2009, pp. 147-149.

[17] Malaterra, *De rebus gestis*, cit., vol. II, 33, p. 45.

[17] Per una sintesi su tale problema generale si veda C. Tyerman, *God's War*, London, Penguin, 2007, pp. 45-57. Su molti di questi problemi, con particolare riferimento al caso siciliano si veda la raccolta di studi curata da G. Musca, *Il mezzogiorno normanno-svevo e le crociate*, Atti delle XIV giornate normanno-sveve, Bari, 17-20 ottobre 2000, Bari, Dedalo, 2002.

[18] Malaterra, *De rebus gestis*, cit., vol. II, 19, p. 77.

[19] M. Gil, *Sicily 827-1072, in the light of the Geniza documents and parallel sources*, in *Italia Judaica. Gli ebrei in Sicilia sino all'espulsione del 1492*, Roma, Archivi ministero per i Beni culturali e ambientali, 1995, pp. 125-130.

[20] Si veda A.A. Settia, *Gli strumenti e la tattica della conquista*, in Licinio e Violante, *I caratteri originari*, cit., p. 130.

[21] Doc. 99, in Simonsohn, *The Jews in Sicily*, cit., pp. 101-102.

[22] Doc. 100 in Simonsohn, *The Jews in Sicily*, cit., pp. 104-105; M. Ben-Sasson, *The Jews of Sicily 825-1068*, Jerusalem, Magnes Press, 1991, pp. 175 ss.; Gil, *Sicily 827-1072*, cit., pp. 118 ss. Riguardo al numero di 500, già S.D. Goitein (*A Mediterranean Society. The Jewish Communities of the Arab World as Portrayed in the Documents of the Cairo Geniza*, 4 voll., Berkeley-Los Angeles-London, University of California Press, 1967-1988, vol. I, p. 315) richiamava a una certa prudenza, «data la predilezione dei frequentatori della *Genizà* per il numero cinque».

[23] Doc. 129, in Simonsohn, *The Jews in Sicily*, cit., pp. 101-102. Su questo anche Ben-Sasson, *The Jews in Sicily*, cit., pp. 558 ss.; Gil, *Sicily 827-1072*, cit., pp. 120 ss.

CAPITOLO QUATTORDICESIMO

MUSULMANI IN UN'ISOLA CRISTIANA

1. *Il regno normanno*

L'islam non scomparve dalla Sicilia con la fine delle sue istituzioni politiche. Uomini e donne di cultura araba o di religione islamica avrebbero continuato a vivere sull'isola per secoli, intrecciando i propri destini con quelli dei nuovi conquistatori.

Cominciamo allora dalla storia degli eventi, come la si chiamava qualche tempo fa. Solo un accenno, è ovvio, di una grande storia, che è stata narrata così tante volte da rendere quasi imbarazzante il tentativo di riassumerla.

All'inizio del XII secolo il potere dei normanni sull'Italia meridionale era ormai consolidato. I due grandi prìncipi che avevano guidato la conquista erano ormai morti: Roberto il Guiscardo si era spento nel 1085 e il conte Ruggero di Sicilia nel 1101; la loro successione non fu però affatto scontata. Occorsero, infatti, molte guerre perché il figlio di Ruggero, ottenesse il consenso dei suoi duchi e la Sicilia diventasse un regno: Ruggero II cinse la corona il 25 dicembre 1130, grazie anche a una strumentale alleanza con l'antipapa Anacleto II, anche se l'invenzione del regno fu fatta risalire al già defunto papa Onorio II[1].

La raffigurazione ideale di quel momento è illustrata in un famosissimo mosaico di Palermo risalente alla metà del XII secolo e conservato nella chiesa di S. Maria dell'Ammiraglio (la Martorana), fondata da Giorgio di Antiochia. Vi si vede Ruggero che riceve la corona direttamente da un Cristo con i tratti del viso a lui molto simili[2]. Palermo, la capitale della Sicilia musulmana, diventava la sede gloriosa della nuova monarchia. Il cronista Alessandro di Telese, nella prima metà del XII secolo, avrebbe ricordato anche una tradizione secondo cui già nell'antichità sarebbe esistito in Sicilia un regno con capitale Palermo[3]; tradizione ovviamente priva di fondamento ma che rendeva pensabile storicamente un regno che da ora si estendeva dalla Sicilia alla Calabria e alla Puglia, sino quasi a Roma.

Il cuore di quel regno fu, in un certo senso, il Palazzo dei normanni: in esso ebbero sede la cancelleria, i comandi militari e un vero ministero, che nel 1133 fu affidato appunto a Giorgio di Antiochia, quell'ammiraglio (dall'arabo *al-amīr*, «emiro») di cui si è appena accennato. Si trattava di una struttura amministrativa complessa, divisa in più uffici fiscali e politici. Vi è un dibattito ormai antico tra gli storici sulle reali forme e sulle modificazioni dell'amministrazione normanna. È comunque piuttosto nota l'istituzione della *duana*, o *dohana*, che prendeva il nome dall'arabo *diwān* e che designava sostanzialmente la stessa cosa[4]: un organismo di controllo e verifica delle entrate derivanti dalla tassazione di terre, sudditi e attività commerciali. Questo organismo – di cui molte cose a dire il vero rimangono da chiarire – è stato spiegato da alcuni autori[5] come diviso in alcune parti differenti: il *diwān al-ma'mūr* (lett. «il *diwān* popolato»)[6], che curava l'amministrazione dei diritti e proprietà del demanio reale, e il *diwān al-taḥqīq al-ma'mūr* («il *diwān al-ma'mūr* della verificazione») che era l'ufficio responsabile per la registrazione dei confini delle terre oltre alla gestione delle donazioni di terre e di uomini. Dal 1168 sarebbe stata poi istituita anche una *duana baronum*, per controllare i domini feudali del regno nell'Italia meridionale.

Il regno di Ruggero II presentava elementi di ascendenza araba non solo sul piano amministrativo ma anche nella gestione e nella rappresentazione del potere. L'esercito e l'amministrazione erano infatti largamente composti anche da musulmani o da convertiti. A tale proposito, ad esempio, è piuttosto noto l'uso di eunuchi, procurati per lo più attraverso il mercato degli schiavi e utilizzati per la guida di uffici o di particolari servizi di palazzo; li conosciamo attraverso il nome assunto dopo la conversione al cristianesimo, preceduto dal titolo onorifico, in arabo siciliano, di *qā'id* (letteralmente «capo»)[7]. Oltre agli uomini vi erano poi i segni e gli atti pubblici e privati: la sovranità, infatti, veniva rappresentata tanto da simboli bizantini (il vestito del re, la corona con i pendenti, le tombe di porfido) quanto islamici, come il baldacchino sotto il quale il re faceva il suo ingresso in città. Riguardo alla provenienza di tali influssi islamici, oggi si tende a ritenere che Ruggero II e i suoi eredi non attinsero tanto alla tradizione insulare (cioè al potere kalbita) quanto alla cultura mediterranea che li circondava. In questo senso, assieme ai bizantini, furono più che altro i Fatimidi del Cairo a fornire il gusto e i modelli di riferimento[8].

Questa dimensione mediterranea del regno non si espresse solo nelle istituzioni ma anche nelle strategie politiche. Gli storici continuano a discutere anche sulla politica africana di Ruggero II: alcuni ritengono che il suo interesse nei confronti del Mediterraneo meridionale e in particolare dell'Ifrīqiya nascesse dalla necessità di controllare le proprie vie commerciali; altri vi vedono – con qualche buona ragione – una vera e propria politica di dominio mediterraneo. Così i normanni occuparono l'isola di Gerba nel 1135 e Tripoli nel 1146 (ma si spinsero a minacciare anche le coste bizantine, saccheggiando l'Epiro e il Peloponneso e conquistando l'isola di Corfù). Per alcuni anni le coste dell'Ifrīqiya costituirono una sorta di regno africano normanno, un arcipelago di città autonome governate da guarnigioni di Ruggero. Un regno effimero, però: dopo la morte del re (1154), la rivolta delle città, di Sfax e di Gabes, avrebbe ridotto il regno alla sola capitale, Mahdia, anch'essa perduta nel 1160.

Il figlio di Ruggero, Guglielmo I, si trovò ad affrontare da subito una ribellione dell'aristocrazia. Nel 1161 fu persino deposto da una congiura nobiliare, durante la quale vennero distrutti gli archivi del fisco e i musulmani subirono una violenta persecuzione. Recuperato il trono a seguito di una sollevazione guidata dalla fazione opposta, Guglielmo I reagì con una repressione durissima. Suo figlio, Guglielmo II, ereditò il trono nel 1166 sotto la tutela della madre Margherita di Navarra e assunse poi personalmente il potere nel 1172[9]: storia complessa, la sua (troppo complessa, soprattutto, per queste pagine), e che per essere scritta doverosamente dovrebbe tener conto, oltre che del Mediterraneo musulmano, dei rapporti col papa, con l'imperatore e persino col re d'Inghilterra (di cui Guglielmo, il 3 febbraio 1177, sposò una figlia, Giovanna). In quell'intreccio si deve vedere una strategia politica articolata, che, tra le altre cose, permise a Guglielmo II, di essere acclamato come difensore dei luoghi santi e di dar corpo a nuovi progetti di espansione mediterranea[10]: attaccò l'Egitto, poi le Baleari musulmane nel 1180 e infine nel 1185 strappò ai bizantini Tessalonica.

Guglielmo si avvicinò alla casa imperiale germanica e nel 1186 concluse l'accordo per il matrimonio tra sua zia Costanza, figlia di Ruggero II ed Enrico VI il figlio ed erede del Barbarossa. Quando Guglielmo morì, nel 1189, si mise così in moto un processo politico, di enorme violenza: quasi tutti quelli che potevano vantare diritti sul regno decisero di intervenire; i normanni rifiutarono l'unione con l'impero tedesco e preferirono proclamare re Tancredi, nipote bastardo di Ruggero II. Tancredi riuscì ad arginare la guerra civile e a respingere l'esercito imperiale, ma la sua morte permise la rapida conquista dell'isola e l'incoronazione di Enrico VI e di Costanza nel Natale del 1194. La parabola dei normanni in Sicilia, almeno sul piano della storia politica, era finita.

2. *I musulmani durante il regno normanno*

Le cronache recano tracce anche di quanto accadde subito dopo la caduta del potere islamico in Sicilia[11]. Il primo patto di cui abbiamo menzione riguarda la città di Rometta nel 1061, in cui i musulmani giurarono fedeltà, dice Malaterra, sul «libro delle loro superstizioni» (*libris superstitionis legis suae coram positis*)[12]. Su quanto accadde a Palermo siamo anche meglio informati. Malaterra ricorda come essi affermassero di non voler contravvenire la loro legge (*legem*) e che se fossero stati sicuri di non essere oppressi da nuove ingiuste leggi allora sarebbero stati obbligati dalle presenti circostanze ad arrendersi, dando la loro fedeltà e rendendo il dovuto tributo[13].

Non sempre andò così: molte città non ebbero la possibilità di negoziare la propria resa e gli abitanti furono uccisi o più spesso fatti prigionieri e rivenduti come schiavi. Ma in generale quello che è possibile cogliere sin dai primi anni del nuovo regno normanno, è la base di una diplomazia interreligiosa, che per quanto imposta dai normanni appare da subito influenzata dalle precedenti istituzioni islamiche[14]. Così il *tributum* pagato ora dai musulmani appare di fatto equivalente alla precedente *ǧizya*; ma anche il termine *confoederati* pare richiamare giuridicamente i *ḏimmī*. È un problema metodologico che si riscontra in parte anche per la storia delle istituzioni iberiche: non abbiamo quasi mai prove dirette di come avvenne tale travaso giuridico ma abbiamo testimonianze della situazione immediatamente posteriore che sembra attestare questo passaggio di conoscenze. Forse vi furono incontri tra giuristi, forse vi furono in tutti quei decenni di guerra continui scambi di informazioni tra soldati e mercenari di differenti provenienze. Sul piano storiografico queste sono ovviamente solo illazioni, ma in assenza di prove, vale la pena considerare simili tracce *a posteriori* come buoni punti di partenza.

Ruggero II, dunque, sancì che costumi e leggi (*mores, consuetudines et leges*) locali continuassero a sussistere purché non contrastassero con la legislazione regia. La questione religiosa era comunque complessa.

Vi era innanzi tutto il rapporto con la chiesa greca. Dove possibile, i normanni insediarono dei vescovi latini, ma in alcuni casi si accontentarono del riconoscimento da parte di prelati greci della supremazia del papato. Anche così, i conflitti con i vescovi greci (sottoposti all'autorità del patriarca di Costantinopoli) e con la stessa popolazione furono spesso inevitabili. Anche se è vero che i nuovi conquistatori spesso favorirono anche istituzioni ecclesiastiche greche (su tutte la fondazione di San Salvatore in *lingua phari* a Messina tra il 1131 e il 1134, che sarebbe servita come punto focale per rianimare il monachesimo greco dell'isola)[15].

Riguardo alla presenza araba, occorre distinguere, ricordando ancora una volta come tale termine includa tutti coloro che parlavano arabo o facevano riferimento alla tradizione culturale fondata sulla lingua araba. Vi erano infatti i cristiani arabizzati, di cui si è accennato molti capitoli fa e che ancora a lungo, addirittura a quanto sembra sino al XIV secolo, sarebbero stati presenti in Sicilia[16]. Vi erano poi, ovviamente, i musulmani, che forse rimasero la maggioranza della popolazione per l'intero periodo della dominazione normanna. Erano un *populus* debole e sconfitto: perseguitati per la diversità religiosa ma tollerati e strettamente legati al potere centrale della monarchia. Alcuni di loro costituirono anzi il nerbo dell'esercito, forse un suo corpo specializzato: *Sarracenorum Regis*, i *saraceni del re*, espressione che sintetizzava al meglio quel loro legame col potere monarchico. Ma al di là di questo, i musulmani all'interno del regno ricoprirono quasi ogni tipo di incarico: furono burocrati, mercanti e artigiani, contadini. A sentire le voci dei contemporanei, essi erano ovunque: nelle masserie dell'isola, in ogni villaggio e nelle varie città. Tra i *villani*, poi, una buona parte (almeno in certe parti dell'isola), fu probabilmente composta da musulmani: l'occupazione normanna aveva avuto l'effetto di legare alla terra molti contadini arabo-musulmani precedentemente proprietari dei loro appezzamenti[17]. I musulmani, forse, a ben guardare, erano talvolta anche più nascosti, magari celati nei comportamenti quotidiani di molti che per quanto convertiti recentemente al cristianesimo continuavano a mantenere, più o meno segretamente, atteggiamenti e pratiche legate alla loro precedente religione. Lo narrarono in molti, ad esempio, di quegli eunuchi, di quei *qā'id* che spesso ricoprivano importanti uffici nell'amministrazione regale: cristiani solo nell'apparenza, musulmani nell'intimo delle loro convinzioni[18].

Il discorso meriterebbe di essere approfondito (e come già si è detto, ciò esula dalle possibilità di queste pagine) soprattutto perché, meglio di tante facili generalizzazioni, aiuterebbe a capire come lingua, appartenenza religiosa e identità politica furono in realtà elementi a dir poco sfumati, in Sicilia come altrove.

3. *La lingua e la cultura araba presso i normanni*

L'ultima stagione dell'islam siciliano presentò nuovi importanti caratteristiche sul piano culturale. Lo sappiamo come al solito grazie anche alle *ṭabaqāt*, le raccolte biografiche: sino a quel periodo la maggior parte degli intellettuali era giunta da fuori, ora le cose avevano cominciato a cambiare; lo si coglie soprattutto dagli espliciti riferimenti a scuole, come quella di lettura coranica a Palermo, ma anche dalla *nisba* di molti di loro, che per la prima volta fa riferimento a città siciliane (*al-Mazārī*, «di Mazara», *al-Saraqūsī*, ecc.)[19]. Di questi conosciamo anche, talvolta il percorso di formazione, quasi per tutti esterno allo spazio insulare (talvolta in Ifrīqiya, talvolta in oriente). Nel processo di islamizzazione culturale dell'isola tra le discipline più importanti vi erano state il *fiqh* (la giurisprudenza), e la scienza degli *ḥadīṯ* (la tradizione relativa ai detti e i fatti del Profeta). In quell'ultimo periodo grande rilevanza ebbe anche la produzione dei lessicografi e dei filologi. Così, sappiamo ad esempio di Abū 'Abd Allāh bin al-Ḥasan al-Ṭawbī al-Ṣiqillī, che compose una raccolta (*diwān*) di lettere e un trattato sulla prosa. Oppure al-Māzarī, che produsse un trattato di scienza coranica. Le loro opere, come tante di quel periodo non ci sono giunte; qualche importante eccezione però c'è. Soprattutto Ibn Makkī, che emigrò in Ifrīqiya, dove divenne *qāḍī* e dove sarebbe morto nel 1108. A lui dobbiamo il celebre *Taṯqīf al-Lisān* («Educazione della lingua»), un'opera piuttosto nota, a cui si è fatto spesso cenno, e che in tempi recenti ha ricevuto, giustamente, nuova attenzione da parte degli storici e dei linguisti[20]. Si tratta infatti di un trattato dedicato agli errori commessi nel parlare la lingua araba (*laḥn al-'āmma*)[21] da parte dei siciliani; «errori» e sbagli di pronuncia che erano ovviamente la spia di varianti e specificità regionali assunte ormai dall'arabo parlato in Sicilia alla vigilia della conquista normanna. È infatti proprio il lavoro su opere come questa e sulle fonti amministrative e diplomatiche di età normanna, che ha permesso di tracciare le linee generali di un arabo, quello siciliano, dalle caratteristiche a dir poco peculiari[22]: pur appartenendo (come l'andaluso, il maltese e il cipriota), al blocco linguistico maghrebino[23], esso presenta infatti alcuni fenomeni derivati dall'intreccio delle differenti comunità linguistiche, greca e latina[24].

Così ad esempio è stata notata la confusione tra alcune lettere (ad esempio tra wāw e yā' o tra ḥā' e ẖā'), oppure la relativa frequenza del fenomeno chiamato in arabo *imāla*, cioè la tendenza a pronunciare la vocale «a» con sfumatura in «e» o in «i»: *kiṯīr* per *kaṯīr* («numeroso»), *ğilīl* per *ğalīl* («illustre») o *birbir* per *barbar* («berberi»). Inoltre sono stati sottolineati alcuni fenomeni di nasalizzazione come nella parola araba *ḥağğām* (flebotomo, colui che effettua un salasso), da cui hanno origine nomi siciliani come Cangemi, Cancemi, Cognemi, ecc.[25]. Sul piano sintattico poi sono stati notati alcuni fenomeni peculiari, come la ripetizione sistematica di certi nomi, spesso legati ad aspetti geografici e introdotti dall'articolo *al-* per esprimere il senso di continuità o di misura: così ad esempio *al-ṭarīq al-ṭarīq* («il cammino il cammino»)[25].

Tra i tanti problemi legati allo studio di questi fenomeni vi è inevitabilmente anche la difficoltà di collocare tali usi, oltre che in uno specifico periodo, anche in un determinato contesto sociale. Un autore come Ibn Makkī, infatti, parlava a un pubblico colto e cittadino e gli «errori», o meglio la variante della lingua araba che tali errori registravano, era di fatto quella delle élite urbane di Sicilia; presumibilmente lo stesso contesto culturale all'interno del quale poco a poco si era sviluppata anche la pratica della poesia. Sappiamo abbastanza, anche se spesso purtroppo per interposta persona, di quella tradizione poetica che si sviluppò in Sicilia proprio in quell'ultimo scorcio di storia islamica dell'isola. Una tradizione legata profondamente ai grandi centri culturali del tempo, al-Andalus in primo luogo; una tradizione che ci ha lasciato non solo versi d'amore ma anche preziose testimonianze della vita del tempo e delle drammatiche vicende politiche e militari che segnarono la Sicilia a cavallo dei secoli XI e XII.

Di questo mondo letterario ci restano i *diwān*, i canzonieri, di due poeti, Ibn Ḥamdīs e al-Billanūbi, e le tracce di molti altri, conservate per lo più grazie all'opera di Ibn al-Qaṭṭā' (m. 1121), autore di una purtroppo perduta *Storia di Sicilia* e di una raccolta antologica intitolata *al-Durra al-ḫaṭīra fī šu'arā' al-ğazīra* («La perla preziosa sui poeti dell'isola»), che comprendeva notizie di 170 poeti siciliani e 20.000 dei loro versi; opera che però ci è arrivata solo attraverso due brevi compendi[27].

Ibn Ḥamdīs era nato a Siracusa nel 1055 e fu tra i molti uomini di cultura e di lettere che lasciarono l'isola negli anni dell'invasione normanna. Fu a Siviglia, in al-Andalus, alla corte di al-Mu'tamid ibn 'Abbād e ne cantò i magnifici giardini e i palazzi; vicende politiche e personali lo trascinarono poi a lungo per le coste e le isole del Mediterraneo musulmano: da al-Mahdiyya sino, forse, all'isola di Maiorca, dove stando alla maggior parte delle fonti sarebbe morto attorno al 1133, senza aver mai dimenticato la terra della sua giovinezza:

> Ricordo la Sicilia e il dolore ne suscita nell'anima il ricordo
> Un luogo di giovanili follie ora deserto, animato un dì dal fiore dei nobili ingeni
> Se son stato cacciato da un paradiso, come posso io darne notizia?
> Se non fosse l'amarezza delle lacrime, le crederei i fiumi di quel paradiso[28].

Sono versi famosi e molto citati. In essi come in altri è stato notato un certo grado di conservatorismo poetico; e forse fu proprio tale conservatorismo a fargli prediligere certi temi della poesia classica, come appunto quello della nostalgia per la propria terra natale (e proprio per questo varrebbe la pena chiedersi quanto conti in tali versi il ricordo personale e quanto il possibile *topos* letterario)[29].

Naturalmente i temi di Ibn Ḥamdīs come degli altri poeti siciliani a noi noti furono in realtà molto più vari: cantarono l'amore, gli oggetti quotidiani, gli animali, gli astri; cantarono ovviamente anche i prìncipi che li protessero, come Ibn al-Ḫayyāṭ, che cominciò la sua carriera presso la corte dei Kalbiti e poi la continuò celebrando le gesta del *qā'id* Ibn al-Ṯumna. E quando giunse l'era dei normanni furono in molti ad adattarsi cantando le glorie dei nuovi padroni dell'isola, come nel caso di questi versi, altrettanto famosi, di 'Abd al-Raḥmān di Trapani sui giardini della Favara di Ruggero II:

> Favara dal duplice lago, ogni desiderio in te assommi: vista soave e spettacol mirabile

Le tue acque si spartiscono in nove rivi: oh bellissime diramate correnti!
Dove i tuoi due laghi si incontrano, ivi l'amore si accampa e sul tuo canale la passione pianta le tende.
O splendido lago dalle due palme, e ostello sovrano circondato dal lago![30]

4. *L'arte islamica presso la corte normanna*

Si tratta forse di uno dei temi più dibattuti e più problematici. È ben noto, infatti, che di un'arte islamica siciliana risalente al periodo di dominazione islamica dell'isola non c'è quasi alcuna traccia[31]. La maggior parte di quanto è possibile documentare risale al periodo normanno. Per questo (ma molte volte solo per scarso senso storico) le vestigia risalenti al regno di Ruggero e dei suoi successori sono state spesso utilizzate per illuminare l'epoca precedente, partendo dall'assunto più o meno implicito di una sostanziale continuità tra i due periodi.

L'elenco (almeno quello più turistico) è molto conosciuto ma val la pena riprenderlo rapidamente. A cominciare ovviamente dalla Cappella Palatina, che fu realizzata più o meno tra il 1140 e il 1147, all'interno del palazzo di Ruggero II a Palermo e il cui soffitto ligneo conserva una delle più strabilianti sequenze pittoriche del periodo. La complessa struttura, con cassettoni che includono cupolette lobate e si raccordano alle pareti d'ambito mediante il *muqarnaṣ* (cioè attraverso l'intaglio di piccoli alveoli a decorare le nicchie), è rivestita da un sottile strato di gesso sul quale è stata poi dipinta a tempera la decorazione. In quest'opera, unica nel suo genere (ma affine ad alcune produzioni coeve egiziane)[32], si presenta un caleidoscopico repertorio figurativo, carico di figure umane e animali: protagonista è il principe, immaginato generalmente in trono, circondato dalla sua corte composta da dignitari in atto di bere e intenti ad ascoltare suonatori di diversi strumenti e ad ammirare danzatrici in abiti velati; non manca la raffigurazione del suo passatempo preferito, la caccia, e dunque dei vari animali, sia reali, sia fantastici. Arte bizantina e arte islamica, ispirata presumibilmente a quella della corte fatimide del Cairo, si mescolano in questa celebrazione del potere regale, raffigurata e ripetuta dalle iscrizioni sui perimetri dei pannelli[33]. La Cappella Palatina assolveva infatti alle funzioni di spazio di ricevimento regale e, non necessariamente negli stessi periodi, di cappella per i servizi liturgici[34].

Non è scontato né facile intendersi su questa mescolanza di stili; la stessa mescolanza che si nota altrettanto bene nei ritiri che i sovrani normanni si fecero costruire al di fuori delle mura di Palermo. Nel padiglione della Cuba, ad esempio: la fece erigere Guglielmo II attorno al 1180, per le cerimonie e i suoi svaghi (lo testimonierebbero sia le dimensioni abbastanza ridotte, sia l'estrema semplicità dell'impianto). La disposizione degli ambienti, con due vaste sale che si aprono su una centrale, di smistamento e in origine cupolata (il nome Cuba deriva dall'arabo *qubba*, appunto «cupola») sono state messe in relazione con una caratteristica struttura egiziana, la *qa'a*, che comprende anch'essa tre ambienti con analoghe funzioni ufficiali e della quale l'esempio più antico si trova al Cairo e risale al periodo fatimide. Ma in realtà pressoché tutti gli elementi strutturali e decorativi sono ricorrenti nell'architettura maghrebina dell'XI secolo. Altro monumento di profondo influsso islamico è naturalmente il palazzo della Zisa a Palermo, risalente alla seconda metà del XII secolo e fatto costruire da Guglielmo I e da Guglielmo II. Esso presenta una complessa struttura architettonica. Comprendente un'antisala rettangolare che precede la vasta sala cruciforme decorata a *muqarnaṣ*; sul muro di fondo dell'alcova, in asse con l'ingresso, è collocata una fontana il cui canale attraversa tutto il vano.

Ciò che oggi è visibile rende difficilmente l'idea della meraviglia che simili costruzioni dovevano suscitare nei visitatori: «cose da abbagliare la vista e sbalordire le menti» le definirono i viaggiatori arabi, rievocando magari le immagini e la topografia stessa dei giardini celesti del paradiso islamico[35]. Le iscrizioni arabe che adornavano questi palazzi ricordavano ai sudditi (o più precisamente ai dignitari arabi della corte), del loro sovrano magnifico e degno di ossequio[36].

Questa mescolanza di gusti e di prospettive si poteva cogliere anche in tante altre produzioni: dalla tessitura delle stoffe all'oreficeria. Certo, vedervi il riflesso anacronistico del dialogo e della fratellanza tra culture è decisamente un po' troppo ingenuo. Non è questo ovviamente lo spazio per approfondire un simile tema. Bisognerebbe almeno distinguere tra l'immagine e le rappresentazioni della regalità e una più difficilmente identificabile «tolleranza» verso altre culture.

In questo senso occorre intendersi su un'immagine antica, quella della Sicilia delle tre lingue: greco, latino e «saraceno». Un'immagine già medievale: fu Pietro da Eboli, infatti, nel XIII secolo a parlare di Palermo come una città felice abitata da «un popolo trilingue»[37], rifacendosi presumibilmente, però, a un modello ancora più antico, già presente nelle *Metamorfosi* di Apuleio (XI, 5: *Siculi trilingues*)[38]. Al di là dei più ingenui entusiasmi ideologici, questa immagine rimane a ben guardare difficile da leggere e trascina con sé numerose domande sulla capacità che ebbero i normanni di capire il mondo in cui entrarono e di riprodurne i modelli e le istituzioni. È stato sostenuto[39] come in realtà i normanni non sarebbero riusciti a mantenere efficiente il sistema che trovarono sull'isola e anche nelle pagine precedenti si è ripetuto come in realtà gran parte dei loro modelli «islamici» siano stati importati da fuori, dalla corte fatimide. È stato sostenuto altrettanto che l'adozione di questi modelli e di certi canoni estetici sarebbe stata in un certo senso superficiale dato che molto dell'originario codice religioso sarebbe stato perso. Certo rimane che quel diffuso uso dell'arabo fu percepito già ai tempi come qualcosa di meraviglioso; ovviamente soprattutto da parte dei musulmani (o più precisamente da parte di quei relativamente pochi musulmani che avevano accesso alla corte, il che è un'altra cosa).

Tutto questo non toglie necessariamente valore alla prospettiva multiculturale, ma obbliga piuttosto a porsi altre domande: chiedendosi ad esempio, quanto contò la tradizione antica che la Sicilia – prima dei normanni e prima dei musulmani stessi – sperimentò nel rapporto tra culture differenti e su come questo, al di là delle corti e degli eventi contingenti produsse un terreno capace di perpetuare atteggiamenti e abitudini; oppure quanto le specifiche dinamiche di rapporti tra culture variarono nelle differenti parti dell'isola. Tutto questo lavoro è in parte ancora da fare.

5. *L'immagine araba dell'isola all'epoca dei normanni: geografi e viaggiatori*

Anche le descrizioni del nuovo regno dei normanni prodotte all'interno della corte non potevano che essere profondamente influenzate dai modelli arabi. Per un motivo semplice innanzi tutto: lo sviluppo del *diwān* e dei modelli amministrativi arabi, portò con sé anche l'assunzione di quei modelli geografici che i musulmani avevano secoli prima desunto dai greci ed elaborato per le necessità amministrative dell'impero califfale. Inoltre (ed è altrettanto ovvio) gli uomini di cultura che in quel periodo attraversavano quella parte di mediterraneo erano per lo più gli eredi della tradizione araba (questo, tra l'altro, vale tendenzialmente anche per gli ebrei di quel periodo). Così fu anche per al-Idrīsī, giunto da al-Andalus (o forse nato in Sicilia da una famiglia di origini andaluse)[40]. Fu a lui che Ruggero commissionò una delle più ambiziose opere di quel periodo: una descrizione del mondo che aggiornò le fonti precedenti integrandole con informazioni recenti, scritte e orali, e illustrò il tutto con una serie di mappe in cui il mondo appariva diviso in sette climi, secondo il modello d'origine tolemaica a quel tempo ormai consolidato nella geografia araba. Probabilmente il già citato *Libro delle curiosità* (*Kitāb al-Ġarā'ib*) di un secolo precedente (cioè dell'XI) costituì uno dei modelli cartografici di al-Idrīsī; anche se questo naturalmente non cambia di nulla l'importanza della sua opera. Il suo *Kitāb nuzhat al-muštāq fī iḫtirāq al-āfāq* (*Il sollazzo per chi si diletta di girare il mondo*), meglio noto come *Libro di Ruggero* terminava agli inizi del 1154, dopo un lavoro di una quindicina d'anni e pochi giorni prima che Ruggero II morisse. Occorrerebbe ricordare le mappe, una per ognuna delle settanta sezioni in cui era diviso il mondo; ma qui sarà sufficiente accennare solo all'isola e al ricordo, ancora ben vivo, del suo passato musulmano:

Diciamo subito che la Sicilia è la gemma del secolo per pregi e bellezze; lo splendore della natura, il complesso edilizio e il remoto suo passato ne fanno un paese veramente unico. [...] Quando fu l'anno dell'egira 453 (1061) conquistò le più importanti città di quel paese e assieme ai suoi soggiogò la ribellione dei governatori (*walāya*) e delle milizie (*ağnād*), l'eccelso re, l'illustre campione, il potentissimo e glorioso Ruggero (*Ruğār*), figlio di Tancredi, rampollo eletto dei re dei Franchi. [...] E quando ne divenne il padrone assoluto e vi consolidò il trono della sua regia potestà, egli vi estese la pratica della giustizia tra le sue genti (*ahl*), le quali furono mantenute nelle rispettive confessioni (*dīn*) e leggi ed ebbero garantite la vita e le sostanze per sé e per i loro congiunti.

Dopo la necessaria lode del sovrano, al-Idrīsī proseguiva con una lunga descrizione delle città costiere, così come apparivano ormai alla metà del XII secolo:

Gli edifici di Palermo (*Balarm*) sono talmente splendidi che i viaggiatori ne decantano le bellezze dell'architettura, le finezze della struttura e la loro sfolgorante originalità. La città è divisa in due settori: il Cassero (*qaṣr*) e il Borgo (*rabaḍ*). [...] Nel Cassero sorge la grandiosa moschea cattedrale, che fu un tempo chiesa cristiana e oggi è restituita alla sua pristina funzione. È difficile che mente umana possa immaginarne l'aspetto per la superba sua fattura, i peregrini motivi ricchi di estro e di fantasia, le svariate immagini, i fregi dorati e gli intrecci calligrafici. Quanto al Borgo, è una vera e propria città che circonda da ogni parte il Cassero: vi si trovano il vecchio centro urbano chiamato al-Ḫālisa, residenza del sultano e della sua corte al tempo della dominazione musulmana, la Porta del Mare (*Bāb al-baḥr*) e l'arsenale adibito alla costruzione di navi. Le acque attraversano da tutte le parti la capitale della Sicilia, dove scaturiscono anche fonti perenni. Palermo abbonda di alberi da frutto ed è dotata di edifici e luoghi di delizie talmente sontuosi da disorientare chi si accinga a descriverli e abbagliare le menti degli intenditori: a dirla in una parola sono una vera seduzione per chi li ammira[41].

Il viaggio continuava poi verso oriente, sino a Messina:

A Messina (*Masīnā*), dove si raccolgono le grandi navi nonché i viaggiatori dei più svariati paesi dei rūm e musulmani, i mercati sono fiorenti, le mercanzie hanno smercio e numerosi vi affluiscono gli avventori. I monti del territorio messinese hanno miniere di ferro che viene esportato nei paesi vicini; il porto è un'autentica meraviglia e se ne fa un gran parlare in tutto il mondo dato che non vi è nave, di qualsiasi stazza essa sia, che non possa gettar l'ancora nei pressi della spiaggia in modo da procedere allo scarico delle merci passandole di mano in mano sino alla terra ferma[42].

A pochi giorni di viaggio, verso sud, dopo Taormina, vi era poi Catania, il cui volto islamico a quel tempo era ancora evidente:

Gran bella città Catania (*Qaṭāniya*) nota anche col nome di «Città dell'Elefante» (*Balad al-Fīl*); essa gode di un gran prestigio e vasta fama. È situata sulla costiera, ha mercati molto frequentati, splendide abitazioni, moschee grandi e piccole, bagni pubblici, caravanserragli e un porto ben sistemato. Alla volta di Catania muovono i viaggiatori da ogni contrada per caricarvi cospicui quantitativi di merci di ogni specie. [...] Vaste sono le superfici coltivate di Catania, ubertosa e produttiva è la campagna, robuste le mura della città, ampio il territorio di sua pertinenza. L'elefante con cui essa divenne famosa è un talismano (*ṭilsam*) di pietra dalla forma di quell'animale, che in antico stava sulla cima di un alto edificio; ora invece esso è stato dislocato in città e sistemato nella chiesa dei monaci[43].

Nelle descrizioni di al-Idrīsī, insomma, la Sicilia normanna di Ruggero II mostra ancora un volto estremamente «islamico», mediterraneo forse si dovrebbe dire. In ogni caso il volto di un mondo che ancora guardava a oriente e meridione, verso i mercati e i porti d'Africa e dell'Asia minore.

Qualcosa di apparentemente simile traspare anche dalle parole di un altro viaggiatore di quel tempo: di ritorno da Mecca, il valenciano Ibn Ǧubayr naufragò davanti alle coste messinesi alla fine del 1184 e trascorse così quattro mesi sull'isola, incontrando i più alti rappresentanti della comunità musulmana e molti dignitari della corte di Guglielmo II. Ma erano passati circa trent'anni dallo scritto di al-Idrīsī e un po' si nota: le sue descrizioni ci parlano certo di un'isola prospera e della grande potenza dei sovrani normanni, ma anche delle tensioni interne e di una più generale e crescente ostilità nei confronti del mondo cristiano. L'opera di Ibn Ǧubayr inoltre (e come sempre), non offre una testimonianza ingenua o neutra: il suo racconto di viaggio (*riḥla*) in fondo appartiene a un genere letterario, dotato di codici e forme; non solo, la sua visita a un luogo di frontiera come la Sicilia era una pratica ricercata tra gli intellettuali musulmani (peraltro strettamente legata al pellegrinaggio alla Mecca)[44]; e soprattutto in quegli anni ovunque nell'islam mediterraneo si stava assistendo a una esplicita reazione contro l'avanzata del mondo latino e la spinta del movimento crociato. Così, ad esempio, la sua descrizione di Palermo pare oscillare tra l'ammirazione e l'odio:

[a Palermo] i musulmani conservano ancora tracce della loro fede, ne popolano la maggior parte delle moschee, vi tengono la preghiera canonica con l'appello rituale. Hanno dei sobborghi in cui abitano a parte, distinti dai cristiani; e di essi vivono i mercati, dove loro esercitano la mercanzia. [...] Hanno in città un loro *qāḍi*, cui ricorrono per i loro giudizi e una moschea cattedrale (*ǧāmi'*) in cui si radunano per la preghiera, e vi convengono in questo mese benedetto (di Ramaḍān) con gran luminaria. Le moschee minori sono molte, innumerevoli, la maggior parte sede di insegnamento dei maestri coranici. Costoro insomma sono isolati dai loro confratelli musulmani e posti sotto tutela degli infedeli (Dio li stermini con atto benigno della sua grazia!), senza sicurezza per i loro beni, le loro donne e i loro figli[45].

6. *La fine dei musulmani in Sicilia*

Al termine della parabola normanna, in Sicilia le tensioni tra cristiani e musulmani presero a farsi più evidenti e ripetute. Si ricordava alcune pagine fa dei massacri di musulmani che insanguinarono Palermo nel 1161. Dopo quei giorni di violenza, molti superstiti cercarono scampo in territori più sicuri, in «castelli saraceni» come Corleone, Jato, Cinisi e Calatrasi. Quella zona sarebbe diventata di lì a poco parte della vasta arcidiocesi di Monreale: un territorio estremamente vasto che avrebbe costituito l'ultimo rifugio dei musulmani in Sicilia. L'arcidiocesi si sviluppò tra il 1174 e il 1186, accorpando vasti territori della Sicilia occidentale; fu investita di eccezionali poteri amministrativi e giudiziari e per qualche tempo continuò a controllare, gestire e sempre più asservire gli agricoltori musulmani del territorio. Riguardo a quel periodo il materiale è piuttosto abbondante: si tratta di carte e registri per lo più in greco e in arabo che ha permesso di gettare considerevole luce sulla vita di quell'ultima comunità di musulmani in Sicilia[46].

Le tensioni ormai erano destinate a continuare e a crescere. Così alla notizia della morte di Guglielmo II (18 novembre 1189), i cristiani di Palermo assalirono nuovamente i musulmani della città i quali a loro volta fuggirono nuovamente verso le fortezze di Monreale e dell'agrigentino. Tentativi di riconciliazione seguirono a nuove stragi: quelle soprattutto del 1189-1190: da quel momento in poi, per anni, località montane come Jato, Cinisi ed Entella divennero luoghi di sedizione. In quei primi anni del XIII secolo, durante la minorità di Federico II, la ribellione islamica si allargò comprendendo di fatto quasi tutta la zona oggi compresa tra le province di Palermo, Trapani e Agrigento. In quel periodo subirono attacchi tanto Monreale quanto la stessa Palermo. Un certo Muḥammad ibn 'Abbād (*Mirabettus* nelle fonti latine) divenne capo riconosciuto di tutti i musulmani dell'isola avocando a sé il titolo califfale di *amīr al-mu'minīn*, «principe dei credenti». La sua autorità sembra essersi estesa a tutto l'interno della Sicilia occidentale, sino ad Agrigento, che cadde in mano musulmana per qualche tempo. Federico II reagì contro questa rivolta a partire dal 1221, ma lo scontro era destinato a durare a lungo. Caddero alcune fortezze, ne furono giustiziati i capi, ma altre rivolte scoppiarono negli anni successivi. Sembra che nel 1229-1230, le fortezze di Jato, Entella, Cinisi, Gallo fossero ancora teatro di rivolta. Un conflitto lungo e complesso e purtroppo non ben documentato. Nel novembre 1246 Federico scriveva a Ezzelino da Romano annunciando che gli ultimi ribelli erano definitivamente scesi dalle montagne. Le fortezze di Jato ed Entella erano definitivamente abbandonate (lo mostrano drammaticamente gli scavi)[47]. Nell'ottobre del 1239 un gruppo di musulmani fu trasferito dalla Sicilia occidentale e Palermo. Pochi mesi dopo cominciava il trasferimento verso la colonia pugliese di Lucera. Secondo la nuova legislazione voluta da Federico II e ispirata al Concilio Laterano IV (1215), i musulmani di Lucera, così come gli ebrei di Sicilia e di Germania furono considerati *servi camerae*, cioè protetti in quanto personale proprietà della Camera Reale. A Lucera i musulmani godettero a lungo di un certo grado di libertà religiosa e di autonomia nei loro affari. Verso la fine del secolo, però, le cose volsero al peggio: un assedio nel 1268 e poi, nel 1300 la definitiva soppressione della colonia da parte di Carlo II d'Angiò. Ma questa è in parte un'altra storia[48].

Si è scritto molto su quegli anni e ormai sappiamo che per leggere correttamente tali eventi occorre anche in questo caso allargare lo sguardo. Occorre guardare alla Castiglia di Alfonso X il Saggio, per fare un esempio, ma anche alla Francia di Luigi IX il Santo: quei nuovi rapporti che si definivano con le minoranze religiose facevano parte di un più complesso rafforzamento dell'autorità regale e dello sviluppo di nuovi strumenti amministrativi, giuridici e politici. Il mondo, non solo quello mediterraneo che circondava la Sicilia, stava cambiando considerevolmente; e per quello che ci riguarda un'epoca cominciava lentamente a chiudersi.

NOTE AL CAPITOLO QUATTORDICESIMO

[1] La questione è complessa ma deve essere perlomeno accennata: dopo la morte di papa Onorio II (m. 1130), Anacleto fu in lotta con un altro papa, Innocenzo II. E proprio Innocenzo II (che godeva dell'appoggio dell'imperatore Lotario II) tentò di scatenare una guerra contro Ruggero, ma fu sconfitto pesantemente e costretto a riconoscere la legittimità del regno con un'invenzione storica: Innocenzo II infatti non poteva riconoscere Ruggero senza essere costretto a riconoscere pubblicamente anche la sua sconfitta; l'invenzione del regno fu così fatta risalire al papa precedente e da poco defunto, appunto Onorio II.

[2] Su questo si veda E. Kitzinger,*The Mosaics of St. Mary of the Admiral in Palermo*, in Washington, D.C., Dumbarton Oaks Research Library and Collection, 1992.

[3] *Alexandri Telesini abbatis ystoria Rogerii regis Sicilie, Calabrie atque Apulie*, a cura di L. de Nova, in *Fonti per la storia di Italia*, Roma, Istituto storico italiano, 1991, vol. II, p. 23. Su Alessandro di Telese e la sua opera si veda M. Oldoni, *Realismo e dissidenza nella*

storiografia su Ruggero II: Falcone di Benevento e Alessandro di Telese, in *Società, potere e popolo nell'età di Ruggero II*, Atti delle III giornate normanno-sveve, Bari, Dedalo, 1979, pp. 259-284.

[4] In arabo e in persiano *dīwān* significa in genere «dipartimento di governo» o «ufficio». Altri significati più tardi sono stati quelli di corte o consiglio di un sovrano, raccolta completa delle composizioni di un poeta; infine in ambito ottomano, udienza, ricevimento, ma anche sofà o divano: B. Lewis, *Il linguaggio politico dell'islam*, Roma-Bari, Laterza, 1996, p. 137, n. 10.

[5] In particolare il riferimento è agli studi di J. Johns, *Arabic Administration in Norman Sicily*, Cambridge, Cambridge University Press, 2002. Ma si faccia riferimento anche al fondamentale lavoro di H. Takayama, *The Administration of the Norman Kingdom of Sicily*, Leiden-New York, Brill, 1993.

[6] Tale terminologia araba farebbe la sua comparsa dagli anni quaranta dell'XI secolo: Johns, *I re normanni e i califfi*, cit., pp. 18-20, dove sottolineava le affinità fra tale struttura amministrativa e simili istituzioni contemporanee dell'Egitto fatimide.

[7] Sugli eunuchi nel mondo musulmano in generale: D. Ayalon, *Eunuchs, Caliphs and Sultans. A Study in Power Relationships*, Jerusalem, The Hebrew University Magnes Press, 1999. Sulla Sicilia in particolare si veda Johns, *Arabic Administration*, cit., pp. 212-234.

[8] A. Marongiu, *A model State in the Middle Ages. The Norman and Swabian Kingdom of Sicily*, in «Comparative Studies in Society and History», 6 (1964), 3, pp. 307-320. Si veda soprattutto l'analisi offerta in tempi più recenti da J. Johns, *The Normand kings of Sicily and the Fatimid caliphate*, in «Anglo-Norman Studies», 15 (1993), pp. 133-159; Id., *I re normanni e i califfi fatimiti. Nuove prospettive su vecchi materiali*, in B. Scarcia Amoretti (a cura di), *Del nuovo sulla Sicilia musulmana*, Roma, Accademia dei Lincei, 1995, pp. 9-50.

[9] Su di lui A. Schlichte, *Der «gute» König. Wilhelm II. von Sizilien (1166-1189)*, Tübingen, Niemeyer, 2005.

[10] Schlichte, *Der «gute» König*, cit., pp. 273-280; inoltre G. Cantarella, *La cultura di corte*, in R. Licinio e F. Violante (a cura di), *Nascita di un regno*, Bari, Adda Editore, 2008, pp. 295-330.

[11] Su questo si veda A. Metcalfe, *The Muslims of Medieval Italy*, Edinburgh, Edinburgh University Press, 2009, pp. 102-105.

[12] Gaufridus Malaterra, *De rebus gestis. Rogerii Calabriae et Siciliae comitis*, a cura di E. Ponteri, in *Rerum Italicarum Scriptores* 2, vol. 1, Bologna, Zanichelli, 1928, III, 13, p. 33.

[13] *Ibidem*, 45, p. 53.

[14] Johns, *Arabic Administration*, cit., pp. 31-39.

[15] H. Houben, *Possibilità e limiti della tolleranza religiosa nel Mezzogiorno Normanno-Svevo*, ora in Id., *Mezzogiorno normanno-svevo*, Napoli, Liguori, 1996, pp. 216-217.

[16] Ancora verso il 1340, un viaggiatore tedesco, Ludolfo di Sud-

heim incontrò in Sicilia cristiani di rito latino, greco e «saraceno» (*ritum sarracenorum*): *ibidem*, p. 229.

[17] La recente storiografia (Nef e Petralia ad esempio) ha dimostrato quanto sia prevalsa la tendenza a proiettare indietro, fino al momento della conquista normanna, una condizione di assoggettamento del mondo rurale frutto invece di una lunga evoluzione. A tale proposito è stato rilevato quanto la consueta distinzione fra *cives* e *oppidani* da un lato, e *villani* saraceni e greci dall'altro sia da prendere con molta prudenza: si veda su questo S. Carocci, *Angarii e Franci. Il villanaggio meridionale*, in E. Cuozzo e J.-M. Martin (a cura di), *Studi in margine all'edizione della platea di Luca arcivescovo di Cosenza (1203-1227)*, Avellino, Sellino Editore, 2009, pp. 205-241.

[18] Sono più o meno le parole che il cronista latino Falcando utilizzò per il *qā'id* Pietro (p. 25), eunuco di palazzo attorno agli anni sessanta del XII secolo e poi trasferitosi in Africa nel 1167 al servizio degli Almohadi: Johns, *Arabic Administration*, cit., pp. 222-228. Il discorso potrebbe comunque essere esteso a molti altri casi: Metcalfe, *The Muslims of Medieval Italy*, cit., pp. 193-208.

[19] Su questo e quanto segue si veda A. Nef, *Les élites savantes urbaines dans la Sicile islamique*, in «Mélanges de l'École française de Rome. Moyen Âge», 116 (2004), 1, pp. 458-468.

[20] Oltre all'ormai classico lavoro di G. Caracausi, *Arabismi medievali di Sicilia*, Palermo, Centro di studi filologici e linguistici siciliani, 1983, si vedano soprattutto A. De Simone, *Per un lessico dell'arabo di Sicilia*, in J.M. Brincat (a cura di), *Languages of the Mediterranean*, Malta, University of Malta, 1994, pp. 105-158; D.A. Agius, *Siculo Arabic*, London-New York, Kegan Paul, 1996, pp. 123-157; A. Nef, *L'analyse du Taṯqīf al-Lisān d'Ibn Makkī et son intérêt pour la connaissance de la variante sicilienne de l'arabe: problèmes méthodologiques*, in «Oriente Moderno», 77 (1997), pp. 1-17.

[21] Il termine *laḥn al-ʿāmma* designa un vero e proprio genere letterario dedicato appunto alla correzione degli «errori» linguistici; si veda C. Pellat, *laḥn al-ʿāmma*, in *Enciclopédie de l'Islam*, II ed., 1986, vol. V, pp. 605-610.

[22] Adalgisa De Simone (1992) è stata la prima linguista a effettuare uno studio sul vocalismo dell'arabo siciliano sulla base di un *corpus* che includeva anche le *ǧarā'id* e i diplomi della cancelleria araba normanna: A. De Simone, *Gli antroponimi arabo-greci ed il vocalismo dell'arabo di Sicilia*, in *Onomastica e trasmissione del sapere nell'islam medievale*, a cura di B. Scarcia Amoretti, Roma, Bardi, 1992, vol. XII, pp. 59-90.

[23] Tra i più importanti studi recenti si veda J. Grand'Henry, *L'arabe sicilien dans le contexte maghrébin*, in M. Moriggi (a cura di), Atti XII incontro italiano di linguistica camito-semitica (Afroasiatica), Soveria Mannelli, Rubbettino, 2007, pp. 35-44; J. Lentin, *Sur quelques spécificités du Moyen Arabe de Sicile*, in Atti XII incontro italiano di linguistica camito-semitica, cit., pp. 45-53.

[24] Per uno stato della questione su questi studi linguistici si veda

C. La Rosa, *Moyen Arabe de Sicile: état de la question et nouvelles perspectives*, in «Synergies. Monde arabe», 7 (2010), pp. 59-65.

[25] A. Metcalfe, *Muslims and Christians in Normand Sicily. Arabic Speakers and the End of Islam*, London, Routledge, 2003, pp. 155, 171-172.

[26] *Ibidem*, pp. 118-124; le origini di tale fenomeno rimangono oscure.

[27] Su Ibn al-Qaṭṭā si veda U. Rizzitano, *Notizie bio-bibliografiche su Ibn al-Qaṭṭā «il Siciliano»*, in «Rendiconti dell'Accademia nazionale dei Lincei», 9 (1954), pp. 260-294. I due compendi sono quello dell'egiziano Ibn al-Ṣayrafī (m. 1147) e quello di al-Iṣfahānī. Per un approfondimento e una dettagliata bibliografia sulla poesia araba siciliana si veda A. Borruso, *La poesia araba in Sicilia*, in Id., *Arabeschi*, Milano, Angeli, 2002, pp. 82-99.

[28] *Canzoniere di 'Abd al Ǵabbâr Ibn Abî Bakr Ibn Muḥammad Ibn Ḥamdîs, poeta arabo di Siracusa (1056-1133)*, a cura di C. Schiapparelli, Roma, Casa Editrice Italiana, 1897, vol. CX, p. 32. Seguo in questo caso la bella traduzione di F. Gabrieli in *La letteratura araba*, Firenze, Sansoni, 1967, p. 160.

[29] W. Granara, *Ibn Ḥamdīs and the poetry of Nostalgia*, in M.R. Menocal, R.P. Sheindlin e M. Sells (a cura di), *The Literature of al-Andalus*, Cambridge, Cambridge University Press, 2000, pp. 388-403.

[30] Traduzione di F. Gabrieli, *Arabi di Sicilia e arabi di Spagna*, in Id., *Pagine arabo-siciliane*, Mazara del Vallo, Liceo ginnasio «Gian Giacomo Adria», 1986, p. 28.

[31] Sui problemi storiografici e metodologici che tale fatto porta con sé val la pena leggere l'intelligente contributo di E. Galdieri, *Sull'architettura islamica in Sicilia. Lamento di un architetto ignorante sopra una architettura inesistente*, in «Rivista degli studi orientali», 74 (2000), pp. 41-74.

[32] Johns, *I re normani e i califfi fatimidi*, cit., pp. 24-25.

[33] Quasi una litania in cui ventinove epiteti regali (*aqlāb mamlakāt*) sono ripetuti più e più volte: «La vittoria e la perfezione e la perfezione e l'abilità e la possanza e la reputazione e il durevole bene e le ricchezze e l'acquisto e la vittoria e la possanza [...]»: *ibidem*, p. 25.

[34] Sulle funzioni della cappella reale si veda l'ormai classico U. Monneret de Villard, *Le pitture musulmane al soffitto della Cappella Palatina in Palermo*, Roma, Istituto Poligrafico dello Stato, 1950; inoltre W. Tronzo, *The Cultures of His Kingdom: Roger II and the Cappella Palatina in Palermo*, Princeton, Princeton University Press, 1997.

[35] La bibliografia relativa ai giardini reali è considerevole. Si vedano H. Bresc, *Les Jardins de Palerme (1290-1460)*, in «Mélanges de l'École française de Rome. Moyen Âge-Temps Modernes», 84 (1972), 1, pp. 55-127; P. Caselli, *La Conca d'Oro e il giardino della Zisa a Palermo*, in A. Petruccioli (a cura di), *Il giardino islamico. Architettura, natura, paesaggio*, Milano, Electa, 1994, pp. 185-200.

[36] G. Cantarella, *La Sicilia e i normanni. Le fonti del mito*, Bologna, Pàtron, 1989, pp. 103-107.

[37] Pietro da Eboli, *De Rebus Siculis carmen*, part. III, v. 1, a cura di

E. Rota, in *Rerum Italicarum Scriptores*, Città di Castello, Lapi, 1904, p. 16: «urbs felix, populo dotata trilingui». Su questo si veda Johns, *Arabic Administration*, cit., pp. 284-286.

[38] È piuttosto noto come dalla forma triangolare dell'isola in poi, l'idea di una costante presenza del numero tre nelle descrizioni della Sicilia (La Trinacria...) ritorni con grande frequenza e in contesti diversi sin dalla letteratura classica: si veda Metcalfe, *The Muslims of Medieval Italy*, cit., p. 247.

[39] A cominciare dal già citato J. Johns.

[40] Gli elementi biografici su di lui sono piuttosto scarsi. Si veda C.E. Dubler, *Idrisiana Hispanica I*, in «al-Andalus», 30 (1965), pp. 89-137; M. Hadj Sadok, *Al-Idrīsī, le Maghrib au 12e siècle de l'hégire*, Paris, Publisud, 1983, pp. 11 ss.; G. Oman, *Al-Idrīsī*, in *Enciclopédie de l'Islam*, cit., vol. III, pp. 1032-1035. Recentemente, con buone argomentazioni è stata proposta la nascita siciliana: A. Amara e A. Nef, *Al-Idrīsī et les Ḥammūdides de Sicile: nouvelles données biographiques sur l'auteur du Livre de Roger*, in «Arabica», 48 (2001), pp. 121-127.

[41] *Al-Idrīsī: Opus geographicum, sive Liber ad eorum delectationem qui terras peragrare studeant*, a cura di E. Cerulli *et al.*, Napoli-Roma, Istituto Universitario Orientale di Napoli/Istituto Italiano per il Medio ed Estremo Oriente, 1970, pp. 590-591. Seguo la traduzione di U. Rizzitano, *Il libro di Ruggero*, Palermo, Flaccovio, s.d.

[42] *Ibidem*, p. 595.

[43] *Ibidem*, pp. 596-597.

[44] H. Touati, *Islam et voyage au Moyen Âge. Histoire et anthropologie d'une pratique lettrée*, Paris, Seuil, 2000, pp. 237-258. Su questo e quanto segue si vedano le considerazioni di Y. Dejugnat, *La Méditerranée comme frontière dans le rècit de voyage (riḥla) d'Ibn Ǧubayr*, in «Mélanges de la Casa de Velázquez», 38 (2008), 2, consultabile online presso http://mcv.revues.org/842.

[45] Ibn Ǧubayr, *Riḥla*, Il Cairo, Dār al-Ma'ārif, s.d., p. 262.

[46] Due importanti contributi rimangono quelli di H. Bresc, *Féodalité coloniale en terre d'Islam. La Sicile*, in «Mélanges de l'École française de Rome», 44 (1970), pp. 631-647; I. Peri, *Uomini, città e campagne in Sicilia dall'XI al XIII secolo*, Roma-Bari, Laterza, 1977; si veda inoltre Johns, *Arabic Administration*, cit., in particolare pp. 170-192.

[47] Su questo e quanto segue si veda F. Maurici, *L'emirato sulle montagne, note per una storia della resistenza musulmana in Sicilia nell'età di Federico II di Svevia*, Palermo, Centro di Documentazione e Ricerca per la Sicilia Antica «Paolo Orsi», 1987.

[48] D. Abulafia, *Ethnic Variety and Its Implications. Frederick II's Relations with Jews and Muslims*, in W. Tronzo (a cura di), *Intellectual Life at the Court of Frederick II Hohenstaufen*, Hannover-London, National Gallery of Art, 1994, pp. 213-224; J.A. Taylor, *Lucera Sarracenorum: una colonia musulmana nell'Europa medievale*, in «Archivio Storico Pugliese», 52 (1999), pp. 227-242; Id., *Muslims in Medieval Italy. The Colony at Lucera*, Oxford, Lexington Books, 2003.

INDICE DEI NOMI

INDICE DEI NOMI